Guadeloupe

SOMMAIRE

EN UN CLIN D'ŒIL

La Guadeloupe vue d'un satellite ou par le petit bout de la lorgnette : des chiffres et des données pour cerner l'identité de cette île en forme de papillon.

POPULATION

L'archipel guadeloupéen compte 400 000 habitants. 98 % de la population insulaire réside en ville contre seulement 77,5% en France métropolitaine.

Habitants
383 000

SUPERFICIE

L'archipel guadeloupéen couvre 1 630km² (soit la taille du département de l'Essonne).

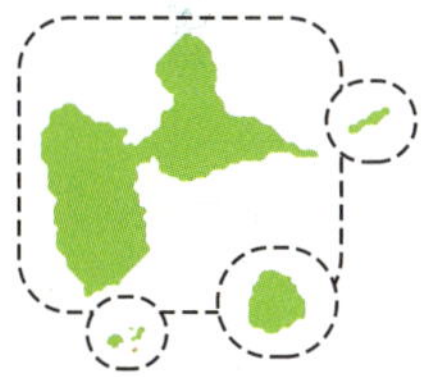

1630 km²

27 AVRIL

1848

Le deuxième décret abolissant l'esclavage est signé en France le 27 avril 1848. Il a été adopté sous l'impulsion de Victor Schœlcher.

EXPORTATIONS VEDETTES

Derrière la banane et le rhum, le melon est le troisième produit agricole d'exportation.

4 NOVEMBRE 1493

Christophe Colomb débarque à Karukéra, l'"île aux belles eaux", qu'il rebaptise Guadalupe.

Préparez votre voyage

Dans une eau à 26°C...

BIODIVERSITÉ

Au patrimoine naturel de la région figurent quelque 300 espèces d'arbres et d'arbustes, dont 270 variétés de fougères, une centaine d'orchidées, ainsi qu'une quarantaine d'oiseau endémique rares.

1467 m

Le toit de l'île, le volcan de la Soufrière, est aussi celui des Petites Antilles.

CÔTÉ MER

La Guadeloupe totalise 70km de plages aménagées pour plus de 620km de côtes et une vingtaine de sites de plongée

CÔTÉ TERRE

On compte 364km de traces et sentiers de randonnée dans l'archipel, dont 200km dans le parc national de la Guadeloupe.

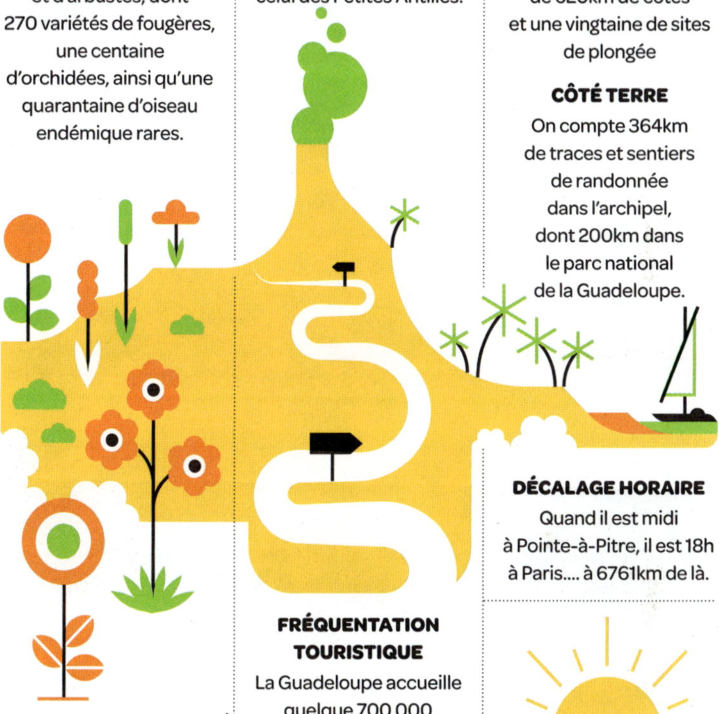

DÉCALAGE HORAIRE

Quand il est midi à Pointe-à-Pitre, il est 18h à Paris.... à 6761km de là.

FRÉQUENTATION TOURISTIQUE

La Guadeloupe accueille quelque 700 000 visiteurs par an, dont 80% viennent de métropole.

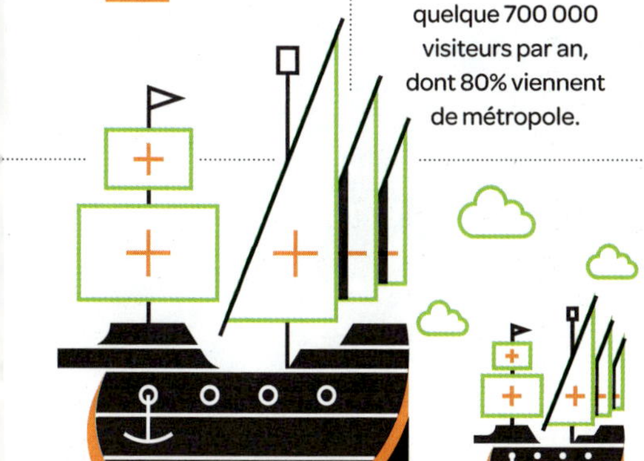

C'est le nombre de jours d'ensoleillement par an dont bénéficie la Guadeloupe.

★ LES INCONTOURNABLES

★ **PLONGEZ AUTOUR DES ÎLETS PIGEON** (p.136). Appréciez la richesse des fonds marins de l'archipel.

★ **SAINTE-ANNE**, sur la Grande-Terre (p.56). La station balnéaire familiale par excellence : une plage en pente douce, une foule d'activités et un marché coloré où faire ses emplettes.

★ **MÉMORIAL ACTe** à Pointe-à-Pitre (p.47). Une plongée poignante dans le passé esclavagiste des Antilles.

★ **TERRE-DE-HAUT** aux Saintes (p.178). L'une des plus belles baies du monde et une île un peu hors du temps, où les voitures sont rares.

★ **L'ASCENSION DE LA SOUFRIÈRE**, en Basse-Terre (p.128). Bien sûr, il faut être en bonne condition physique. Mais quelle récompense une fois atteint le point culminant des Antilles !

★ **LE GRAND CUL-DE-SAC MARIN** (p.88). Un immense lagon semé d'îlots à fleur d'eau et, sur le rivage, une épaisse mangrove... À découvrir en excursion à partir de Vieux-Bourg (p.87) ou de Sainte-Rose (p.164).

★ **LA ROUTE DE LA TRAVERSÉE** (p.144). La seule route qui traverse la Basse-Terre d'est en ouest vous conduira au cœur du parc national de la Guadeloupe et de la forêt tropicale.

★ **LA POINTE DE LA GRANDE-VIGIE** (p.80). Une promenade spectaculaire sur les falaises du nord de la Grande-Terre.

★ **LA PLAGE DU SOUFFLEUR** (p.209), la plus belle de la Désirade.

★ **LA PLAGE DE LA FEUILLÈRE** à Marie-Galante (p.199). Un kilomètre de sable blanc frangé de cocotiers, les eaux transparentes du lagon et des poissons multicolores à foison.

★ **LA POINTE DES CHÂTEAUX** (p.63). À l'extrémité orientale de la Grande-Terre, les vagues de l'océan viennent se fracasser sur les rochers. Magique !

★ **LE JARDIN BOTANIQUE DE DESHAIES** en Basse-Terre (p.154). Un enchantement que les plus jeunes s'amuseront à découvrir à l'aide d'une tablette tactile.

EN VOILÀ DES IDÉES !

Personnalisez votre séjour en multipliant vos expériences selon vos goûts et vos envies.

Profitez des plus belles plages

Sable blanc et cocotiers, lagons transparents, fonds en pente douce pour les enfants, rouleaux pour les plus téméraires… Que demander de plus ?

- **Plage de la Caravelle (Sainte-Anne)** (p.57) Cadre idyllique, un côté du lagon pour la trempette, l'autre pour les véliplanchistes.
- **Plage de l'anse à la Gourde (Saint-François)** (p.65) De beaux fonds à explorer avec un masque et un tuba.
- **Anse du Souffleur (Port-Louis)** (p.82) Équipée et propice à la baignade.
- **Plage de Grande-Anse (Trois-Rivières)** (p.114) Sable noir, rouleaux à *rider* et belle vue sur les Saintes.
- **Plage de Malendure (Bouillante)** (p.136) Tout pour s'amuser sur et sous l'eau.
- **Plage de Grande-Anse (Deshaies)** (p.155) Immense et sauvage : la plage de carte postale.
- **Baie de Pompierre (Terre-de-Haut)** (p.182) La plus belle plage des Saintes.
- **La Feuillère (Capesterre-de-Marie-Galante)** (p.199) Le rendez-vous des planchistes, des explorateurs palmés et des amateurs de farniente.
- **Plage du Souffleur (Le Souffleur)** (p.209) La plus désirable de la Désirade.

Glissez sur les vagues

En Guadeloupe, la mer invite en permanence à jouer dans les vagues. Sur une planche de surf, en kite ou en kayak, explorez le littoral à votre guise… ou embarquez pour une croisière au large.

- **Seatour (Le Gosier)** (p.50) Pour une brève sortie en mer ou une journée de croisière en catamaran.
- **À Sainte-Anne** (p.57) L'endroit idéal pour s'initier aux sports nautiques.
- **À Saint-François** (p.66) Tout un éventail d'activités nautiques, dont le kitesurf, et des croisières !
- **Au Moule** (p.77) Le rendez-vous des surfeurs.
- **De Vieux-Bourg et Petit-Canal** (p.87) Explorez la mangrove en pédalo, en kayak ou en vedette.
- **Plage de Bananier (Capesterre-Belle-Eau) (Capesterre-Belle-Eau)** (p.108) Pour une initiation au surf.
- **Le Nautilus (Bouillante)** (p.138) Faites le tour des îlets Pigeon en bateau à fond de verre.

Deshaies Fishing (Deshaies) (p.156) Pour une partie de pêche au gros.
Centre UCPA (Terre-de-Haut) (p.184) Tout pour les sports nautiques aux Saintes.

Palmez au-dessus des jardins de coraux

L'archipel possède des fonds marins exceptionnels. Voici quelques spots à découvrir avec des bouteilles ou un simple tuba, en compagnie d'instructeurs de confiance.
Anse à la Cuve (Le Moule) (p.77) Un super spot de snorkeling.
Plage de Malendure (Bouillante) (p.136) Vous y trouverez plusieurs centres de plongée.
Plage de Petite-Anse (Bouillante) (p.138) De jolis fonds à explorer en apnée.
Îlets Pigeon (p.136) Une réserve sous-marine et ses spots appréciés des plongeurs avec bouteille.
Plage Caraïbe (Pointe-Noire) (p.150) Elle accueille plusieurs prestataires.
Deshaies (p.157) Moins fréquentés que ceux des îlets Pigeon, des fonds peu profonds et fourmillants de vie !

Étoile de mer, Grand Cul-de-Sac marin

Randonnez de mornes en cannaies

Nul besoin d'être un marcheur aguerri pour aller admirer les trésors de la forêt tropicale et les sublimes paysages de l'archipel. Seule l'ascension de la Soufrière demande quelques efforts... Alors lancez-vous !
Trace des Falaises (Anse-Bertrand) (p.83) Une balade côtière de 4km jusqu'au Trou du Souffleur et ses geysers.
Chutes Moreau (Petit-Bourg) (p.103) Un itinéraire sportif de 6,5km à travers une mini-jungle jusqu'à une belle cascade.
Chutes du Carbet (Capesterre-Belle-Eau) (Capesterre-Belle-Eau) (p.109) Trois parcours en forêt, de difficulté et de longueur variables.
Sentier de découverte du Grand-Étang (Capesterre-Belle-Eau) (p.110) Ce sentier d'interprétation fait le tour (2,3km) du plus grand lac de Basse-Terre.
Pas du Roy (La Soufrière) (p.127) Une balade tranquille (2km) sur les basses pentes du volcan, à travers une forêt tropicale bien conservée jusqu'à un beau point de vue.

Ascension de la Soufrière (p.128) Comptez au moins 4h30 AR si vous voulez grimpez jusqu'au sommet de la "vieille dame" (1 467m), toit des Petites Antilles, et profiter de ses vues fabuleuses.

Le Chameau (p.185) Prévoyez une bonne heure d'efforts pour atteindre le point culminant (309m) et belvédère principal des Saintes.

Faites-vous du bien

Des eaux sulfureuses jaillies des flancs de la Soufrière aux bains de boue à prendre en bord de mer : tout pour garder la forme.

Plage de Babin (Morne-à-l'Eau) (p.86) Profitez des vertus de l'argile... et d'une belle vue sur les Saintes.

Bain des Amours (Trois-Rivières) (p.115) Barbotez dans une eau minérale soufrée à 35°C.

Bains Jaunes (La Soufrière) (p.125) Soulagez rhumatismes et affections cutanées dans une eau soufrée à 30°C... à l'orée de la forêt.

Bains chauds de Thomas (Bouillante) (p.140) Les mêmes vertus à tester, en bord de mer cette fois !

Spa et massages du parc aux Orchidées (Pointe-Noire) (p.151) Dans un cadre de verdure enchanteur, offrez-vous un massage ayurvédique ou suédois, bercé par le chant des oiseaux.

Trace des Ruisseaux, Basse-Terre

Herborisez

Chaleur et pluie font le bonheur des jardiniers. Certains ont transformé leur propriété en un véritable paradis végétal. Laissez-vous ensorceler !

Arboretum de Montebello (p.100) Pour ses essences rares et sa collection d'orchidées.

Jardin de Cantamerle (Capesterre-Belle-Eau) (p.108) Une collection particulière comptant plus de 500 spécimens végétaux.

Jardin de Beauvallon (Basse-Terre) (p.119) Ce "jardin remarquable" prospère autour d'une belle maison créole du 19e s.

Sylvathèque (Gourbeyre) (p.121) Une présentation ludique de la forêt guadeloupéenne et du jardin créole.

Domaine de Vanibel (Vieux-Habitants) (p.131) Pour tout savoir sur les cultures de la vanille, du café et de la banane.

La Maison du cacao (Pointe-Noire) (p.149) Devenez incollable sur le cacao !
Jardin botanique de Deshaies (p.154) Des plantes et des fleurs tropicales, bien sûr, mais aussi des oiseaux chanteurs, une cascade, un étang...
Jardin pédagogique Éloi-Germain (Les Saintes) (p.181) Plantes grasses et belle collection de plantes médicinales.
Jardin botanique du Désert (La Désirade) (p.206) Plusieurs centaines de cactées et de succulentes de tous les horizons !

Pour l'amour des vieilles pierres

Places militaires, modestes cases créoles, maisons de maître et moulins à sucre d'*antan lontan* : l'archipel vous invite à découvrir son histoire à travers son patrimoine bâti et ses quelques écomusées.
Musée Saint-John-Perse (Pointe-à-Pitre) (p.45) Costumes et mobilier anciens dans une demeure 19e s.
Habitation Zévallos (Le Moule) (p.72) Décor 1900 pour cette maison de planteurs.
Musée de la Vie d'antan (Morne-à-l'Eau) (p.87) Le quotidien des Guadeloupéens d'hier.
Habitation La Grivelière (Vieux-Habitants) (p.131) Une exploitation de café en activité depuis plus de trois siècle et ses bâtiments classés.
Habitation Côte-sous-le-vent (Pointe-Noire) (p.148) Pour sa reconstitution d'une case créole.
Fort Napoléon (Les Saintes) (p.179) Quand il s'agissait de tenir les navires de la perfide Albion en respect...

L'envers du décor

Le douloureux passé esclavagiste de la Guadeloupe a laissé des traces visibles dans tout l'archipel.
Musée Schœlcher (Pointe-à-Pitre) (p.45) Gloire au pourfendeur de la traite !
Mémorial ACTe (Pointe-à-Pitre) (p.47) L'histoire de l'esclavage depuis l'Antiquité et de spectaculaires reconstitutions du commerce négrier.
Escalier des Esclaves (Petit-Canal) (p.87) Le chemin qu'empruntaient les captifs africains à l'issue de leur épouvantable traversée transatlantiques, avant d'être vendus.
Fort Louis-Delgrès (Basse-Terre) (p.119) Hommage à un héros de la lutte contre l'esclavage.
Écomusée de Marie-Galante (p.190) La reconstitution d'une grande plantation esclavagiste.

Avec des enfants

La Guadeloupe est une destination familiale. Voici quelques suggestions pour amuser les plus jeunes entre deux baignades.

Aquarium de la Guadeloupe (Pointe-à-Pitre) (p.48) Pour observer tortues placides, raies languides et requins impavides.

L'ANASA, L'Aventure nautique de Sainte-Anne (p.57) L'endroit idéal où s'initier aux sports aquatiques.

Jardins de Valombreuse (Petit-Bourg) (p.101) Sentier d'interprétation, aire de jeux aquatiques, mini-ferme...

Jardin d'Eau (Petit-Bourg) (p.101) Un jardin de conte de fées placé sous le signe de l'eau.

Sylvathèque (Gourbeyre) (p.121) Familiarisez-vous en famille avec la flore guadeloupéenne.

Zoo de Guadeloupe (route de la Traversée) (p.144) Approchez singes et jaguar et cheminez à la cime des arbres.

C'est Vaval !

Le Tapeur (route de la Traversée) (p.145) Plusieurs parcours d'accrobranche de difficulté variable.

Sentier de découverte de la Maison de la forêt (route de la Traversée) (p.146) Pour mieux connaître la forêt guadeloupéenne.

Habitation Côte-sous-le-vent (Pointe-Noire) (p.148) Pour sa mini-ferme et sa serre aux papillons.

Centre Éco-nautique (Les Saintes) (p.185) Un bateau à fond de verre pour admirer les poissons du lagon sans se mouiller.

Sucre et rhum : humez, dégustez !

Suivez les étapes de la transformation de la canne à sucre, longtemps le pivot de l'économie locale. Goûtez son plus fameux dérivé, le rhum, dans les distilleries de la Grande-Terre et de Marie-Galante.

Usine Gardel (Le Moule) (p.73) L'une des dernières usines sucrières de l'archipel.

Distillerie Damoiseau (Le Moule) (p.73) La plus importante distillerie de Guadeloupe. Santé !
Beauport, le pays de la canne (Anse-Bertrand) (p.81) Une usine sucrière transformée en musée.
Distillerie Montebello (Petit-Bourg) (p.105) Artisanale, elle ouvre ses portes aux curieux en période de récolte de la canne (fév.-juin).
Distillerie Longueteau (Capesterre-Belle-Eau) (p.107) Cette entreprise familiale se visite toute l'année.
Distillerie Bologne (Basse-Terre) (p.120) Moins fréquentée que la précédente.
Musée du Rhum (Sainte-Rose) (p.161) Du rhum, des outils anciens... et une collection d'insectes du monde entier.
Distillerie du Père Labat (Marie-Galante) (p.194) Elle produit l'un des rhums guadeloupéens les plus prisés.
Sirop de batterie Siblet (Marie-Galante) (p.194) Le meilleur sirop de batterie de l'île.
Distillerie Bellevue (Marie-Galante) (p.197) La plus importante distillerie de Marie-Galante.

Péchez par gourmandise

Poissons et fruits de mer, épices et gratins, découvrez la gastronomie guadeloupéenne en piochant dans cette sélection d'établissements, tables reconnues ou bistrots familiaux particulièrement recommandables.
Chez Dolmare (Pointe-à-Pitre) (p.52) Son court-bouillon de poisson déplace les foules.
Koté Sud (Sainte-Anne) (p.60) Une cuisine créole inventive.
Chez Man Michel (Saint-François) (p.69) Cuisine *peyi* et soirée zouk le vendredi.
Chez Tof (Port-Louis) (p.85) Une table d'hôtes remarquable !
Habitation Desmarets (Basse-Terre) (p.121) Une cuisine de marché recherchée dans un cadre 19e.
La Table du poisson rouge (Deshaies) (p.159) Pour le pot-au-feu de la mer, le cadre et la vue !
La Sucrerie de Nogent (Sainte-Rose) (p.166) Toutes les saveurs du terroir dans une ancienne sucrerie...
Chez Eugénette (Les Saintes) (p.187) La table incontournable des Saintes.
La Playa (Marie-Galante) (p.204) Pour une langouste sauce mangue.

Quatre itinéraires à travers l'archipel pour vous laisser guider selon vos inclinations et le temps dont vous disposez.

Le mur d'eau du jardin botanique de Deshaies, Basse-Terre

Neuf jours en Guadeloupe

Quatre jours sur la Grande-Terre, le temps de décompresser sur ses plages, d'explorer le plateau intérieur dédié depuis des siècles à la culture de la canne, et de faire des balades romantiques sur des falaises battues par l'océan. Cinq jours pour apprécier la biodiversité de la Basse-Terre, la moitié luxuriante de la Guadeloupe, avec au programme, forêts tropicales, cascades, jardins... et quelques pauses sur des plages paradisiaques.

JOUR 1

Matinée Découverte de **Pointe-à-Pitre** (p.44) : façades coloniales, musée Saint-John-Perse (p.45), marchés... Déjeunez légèrement au **Petit Jardin** (p.51).

Après-midi **Mémorial ACTe** (p.47) : un bâtiment audacieux et des évocations spectaculaires de l'histoire de l'esclavage. Prenez ensuite la route de **Sainte-Anne** (p.56), où vous attendent un pittoresque marché et une jolie plage municipale.

Soirée **Koté Sud** (p.60). Pensez à réserver votre table : la cuisine créole évolutive de ce restaurant fait fureur.

JOUR 2

Matinée **Saint-François** (p.62) : flânez sur le petit marché couvert et surtout au marché aux poissons, avant de prendre la route de la pointe des Châteaux (p.63). Première étape chez **Kreol West Indies** (p.62), une splendide collection consacrée à l'histoire de la Guadeloupe. Déjeunez à **La Rhumerie du Pirate** (p.70) face au large.

Après-midi À la **pointe des Châteaux** (p.63), avancez-vous jusqu'au bord des falaises au pied desquelles les vagues viennent se briser. Baignade sur la splendide **plage des Salines** (p.65). Retour à Saint-François pour un *drink* à la marina où le **Café Wango** (p.68) est tout indiqué.

Soirée Offrez-vous un festin de poisson et de crustacés aux **Frères de la Côte** (p.69).

JOUR 3

Matinée Faites d'abord un petit tour au **musée archéologique Edgar-Clerc** (p.74) pour en savoir plus sur les premiers habitants de la

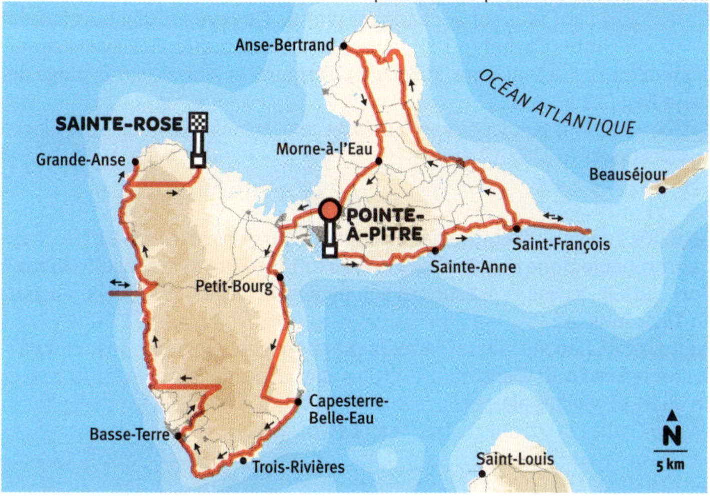

Guadeloupe. Promenez-vous ensuite dans le centre du **Moule** (p.72) pour admirer ses maisons en bois vivement colorées et profiter de son animation. Déjeunez au **Spot** (p.78) tout en contemplant les arabesques des surfeurs.
Après-midi Visitez l'**habitation Zévallos** (p.72), une collection de mobilier colonial dans une demeure à l'architecture métallique de la fin du 19e s. Si vous voyagez entre février et mai, période de la récolte de la canne, rendez-vous ensuite à la **distillerie Damoiseau** (p.73). Sinon, découvrez la **Maison du crabe** (p.77), un élevage dont le propriétaire vous présentera les hôtes.
Soirée La région du Moule ne brille pas par sa vie nocturne. Si vous recherchez un peu d'animation, retournez à Saint-François prendre un verre les pieds dans l'eau au **restaurant La Plage** (p.68), puis allez déguster une bonne viande au **Resto des Artistes** (p.69).

JOUR 4

Matinée Après un détour par l'**anse Sainte-Marguerite** (p.74), où ont été exhumés les restes émouvants d'un cimetière d'esclaves, poussez jusqu'au **lagon de la Porte d'Enfer** (p.80), point de départ de la spectaculaire **Trace des Falaises** (p.83). Comptez 3h A/R. Reprenez des forces **Chez Coco** (p.84).
Après-midi Détente sur la **plage de la Chapelle** (p.82) : du sable, des cocotiers et un lagon paisible.
Soirée Soupez sur le balcon cosy de **L'Océane** (p.85), à Anse-Bertrand.

JOUR 5

Matinée Direction la Basse-Terre (env. 50km et 1h de route jusqu'à Petit-Bourg). Pour mieux connaître la végétation tropicale, visitez les **jardins de Valombreuse** (p.101). Allez jusqu'à la cascade (1h de marche A/R et possibilité de baignade). Déjeunez chez **Zézette et Poupouille** (p.105).
Après-midi Petit tour sur le charmant port de **Goyave** (p.103), puis balade jusqu'aux **chutes Carbet** (p.109) : au choix la deuxième (1h A/R avec vue sur la première) ou la troisième (1h30 A/R). Terminez la journée sur la **plage de Belle-Eau** (p.106).
Soirée Allez vous régaler de spécialités du coin, en musique et face à la plage, aux **Cocotiers** (p.117).

JOUR 6

Matinée Tentez de déchiffrer les inscriptions laissées par les Amérindiens au **parc archéologique des Roches gravées** (p.112). Découvrez ensuite **Vieux-Fort** (p.113), ses jolies maisons et son petit port. Dégustez la pêche du jour au **Terminus** (p.116).
Après-midi Cap sur Basse-Terre, la première capitale de la Guadeloupe : visitez le **fort Louis-Delgrès** (p.119) puis allez flâner dans le centre historique en quête de vieilles pierres.
Soirée Goûtez la cuisine de terroir au **Lewoz** (p.121).

JOUR 7

Matinée Grimpez au sommet de la **Soufrière** (p.128) (comptez 4h30 A/R). Si vous n'avez pas prévu de pique-nique, rendez-vous à la plage de **Vieux-Habitants** (p.130) pour vous attabler sous le carbet d'**An Ba Rezen La** (p.134).
Après-midi Profitez du panorama de l'**Anse à la Barque** (p.130) avant de gagner **Malendure** (p.136), la plage la plus renommée de la Basse-Terre. Vous pourrez vous offrir une balade en bateau jusqu'aux **îlets Pigeon** (p.136).
Soirée À Bouillante, savourez la cuisine raffinée de **La Touna** (p.143)... et appréciez la brise du large.

Le Moule, Grande-Terre

JOUR 8

Matinée Rendez-vous au **parc des Mamelles** (p.144) pour découvrir la faune des Caraïbes et vous promener sur les passerelles installées à la cime des arbres. Roulez ensuite jusqu'à **Pointe-Noire** (p.148) pour visiter l'**habitation Côte-sous le-vent** (p.148), une maison créole traditionnelle transformée en musée. Déjeunez en toute simplicité **Au coin de l'amitié** (p.152), à Pointe-Noire.
Après-midi Déambulez entre les grands arbres et les massifs de fleurs du **jardin botanique de Deshaies** (p.154), puis filez à **Grande-Anse** (p.155), sans doute la plus belle plage de toute la Guadeloupe.
Soirée Offrez-vous un dîner de fête à **La Table du poisson rouge** (p.159), à Deshaies.

JOUR 9

Matinée Apprenez à reconnaître les plantes insulaires utiles à l'**écomusée créole Art de la Guadeloupe** (p.161) et faites un détour par le **musée du Rhum** (p.161) avant de gagner le port de **Sainte-Rose** (p.160). Halte gourmande sur la terrasse ombragée du **Poulpe** (p.165).
Après-midi Découvrez la mangrove du Grand Cul-de-Sac marin (p.88) en bateau ou, si vous n'avez pas le pied marin, en empruntant le **sentier littoral de Sainte-Rose** (p.162).

Plage du Souffleur, La Désirade

Trois jours à la Désirade

Quarante minutes de traversée à partir de Saint-François – pas toujours de tout repos, mais avec peut-être la chance de croiser des baleines, cf. Liaisons inter-îles (p.240) – et, au bout, un havre de tranquillité à savourer sans modération.

JOUR 1

Matinée Prenez le pouls du chef-lieu, **Beauséjour** (p.206). Faites un tour au marché et un crochet par la chapelle **Notre-Dame-du-Calvaire** (p.206) avant de prendre la direction le **jardin botanique du Désert** (p.206). N'oubliez pas de vous annoncer.

Après-midi Après vous être régalé d'une langouste grillée aux **Pieds dan'l sable** (p.210), paressez sur la **plage à Fifi** (p.208). Sable blanc et cocotiers : les tropiques !

Soirée Dînez au **Lagranlag** (p.176), le restaurant incontournable de la Désirade. Fricassées, colombos, acras... les spécialités créoles tiennent la vedette.

JOUR 2

Matinée Un peu d'exercice avec la découverte à pied du versant nord de l'île sur **le sentier du Grand Nord** (p.176) : comptez 4 heures pour couvrir les 7km, avec, en intermède, la possibilité d'une baignade.

Après-midi Allez vous prélasser sur le sable blond de la **plage du Souffleur** (p.209), incontestablement la plus belle de l'île.

Soirée Cap sur Beauséjour et sa **Payotte** (p.211) plantée sur la plage à Fifi pour déguster du poisson, de la langouste ou du poulet aux noix de cajou, la spécialité de la maison.

JOUR 3

Matinée Après avoir acheté de quoi pique-niquer, partez en promenade à **Baie-Mahault** (p.207). Sur les rochers cinglés par les vents, vous croiserez à coup sûr d'imposants mais paisibles iguanes. Descendez vers le rivage, où affleurent des roches cristallines multicolores. Mais pas touche ! Ce site géologique est classé.

Après-midi Déballez votre pique-nique sur la page de l'**anse Petite-Rivière** (p.209) – sans doute la plus paisible de l'île. Après une sieste à l'ombre, jetez-vous à l'eau !

Soirée Redescendez vers Le Souffleur pour savourer une bonne cuisine créole joliment présentée à **La Roulotte** (p.211). Attention, les tables sont dressées jusqu'à 17h !

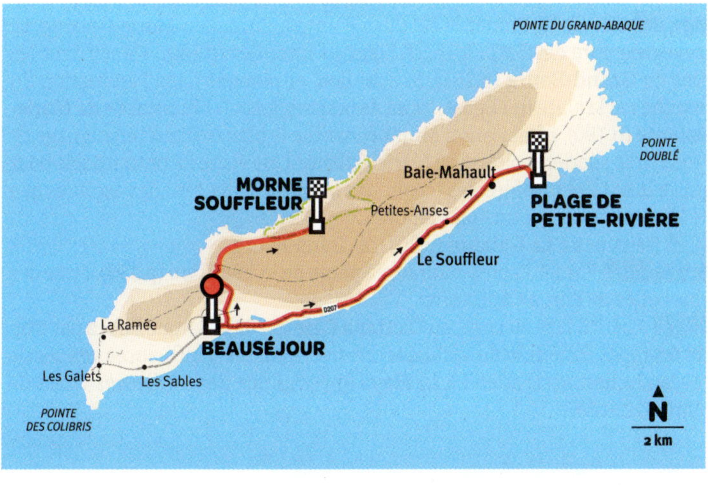

Habitation Murat, Marie-Galante

Trois jours à Marie-Galante

Découvrez Grand-Bourg, entre marché, écomusée et distillerie ; laissez-vous conduire par le sentier de Murat et celui des Falaises ; adonnez-vous à la plongée et au farniente.

JOUR 1

Matinée Dès 8h15, Prenez le bateau à Pointe-à-Pitre pour Marie-Galante. La **traversée** dure de 45min à 1h, cf. Liaisons inter-îles (p.240). Flânez dans les rues de **Grand-Bourg** (p.261), le chef-lieu, et plongez dans l'animation du **marché** sur la place de l'Église, avant de poussez jusqu'à l'**Écomusée de Marie-Galante** (p.190). L'habitation Murat constitue le plus édifiant témoignage de l'économie sucrière coloniale à Marie-Galante. Une visite incontournable pour qui veut se faire une idée des conditions de vie de jadis, tant des esclaves que de leurs maîtres, sur une plantation.

Midi Déjeunez à **La Galante** (p.201), à Grand-Bourg.

Après-midi Passez l'après-midi sur la **plage de la Feuillère** (p.199), l'une des plus belles de l'île, à Capesterre.

Soirée Apéritif face au large, au **Dantana Café** (p.202). Mais ne forcez pas trop sur les tapas : une cuisine antillaise créative, mâtinée d'influences venues de l'océan Indien, vous attend à **La Playa** (p.204), l'une des meilleures tables de Marie-Galante.

JOUR 2

Matinée Visitez la **Distillerie Bellevue** (p.197), le plus gros producteur de rhum de la Guadeloupe. Sillonnez la campagne marie-galantaise et assistez à la concentration du jus de canne à la **fabrique de sirop de batterie Moysan** (p.197).
Midi Déjeuner "terroir" au **Pomme Cannelle** (p.203).
Après-midi Explorez les galeries creusées par la mer sur la **côte sud-est**, puis enfilez masque et tuba pour profiter des fonds colorés de l'**anse Feuillard** (p.199). En fin de journée, suivez le **sentier des Falaises** (p.199), sur le littoral nord, pour admirer les vagues qui se jettent dans la Gueule Grand-Gouffre.
Soirée Attablez-vous **Chez Henri** (p.203), où l'art culinaire se marie à l'art tout court : profitez de l'expo du moment ou du spectacle du samedi soir.

JOUR 3

Matinée Partez à la découverte des fabuleuses **plages** du nord-ouest de l'île : celle de **Vieux-Fort** (p.198) puis celle de l'**anse Canot** (p.198), plus intime. Enchaînez avec une **balade en kayak ou en pédalo** sur la rivière Saint-Louis, bordée par la mangrove (p.200).
Midi Accordez-vous une pause à Saint-Louis, **Aux plaisirs des marins** (p.202).
Après-midi Découvrez l'univers du rhum à la **Distillerie du Père Labat** (p.194), avec dégustation à la clé. Offrez-vous ensuite une balade sur la **plage de Grand-Bourg** (p.197), avec trempette si le cœur vous en dit.
Soirée Après un dernier ti-punch à la terrasse de **La Galante** (p.201), face à l'embarcadère, délectez-vous de la cuisine antillaise évolutive du **Sun 7 Beach** (p.202).

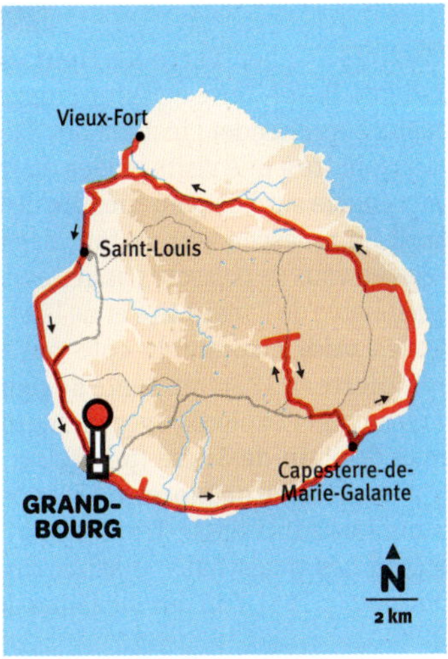

Le Bourg, Terre-de-Haut, Les Saintes

Deux jours aux Saintes

Passez deux jours dans ce petit archipel pour goûter, en compagnie des Saintois, la paix retrouvée après le départ du bateau du soir et prendre le temps de découvrir Terre-de-Bas !

JOUR 1

Matinée Gagnez **Terre-de-Haut** (p.178) à partir de Pointe-à-Pitre, Trois-Rivières, Basse-Terre ou Saint-François, cf. Liaisons inter-îles (p.240). Afin de mieux appréhender l'histoire des Saintes et leurs traditions, commencez par vous joindre à une visite guidée du **fort Napoléon** (p.179). Profitez de sa vue imprenable sur l'île pour prendre de bons repères.

Midi En redescendant du fort, déjeunez aux **Couleurs du monde** (p.187). Régalez-vous de poisson, s'assiettes créoles ou d'une salade, face au panorama inoubliable de l'anse Mire et de l'îlet à Cabrit.

Après-midi Cap sur la côte nord-est et la belle **plage de la baie de Pompierre** (p.182) : farniente de rigueur sous les cocotiers ! Les curieux préféreront aller explorer, avec un masque et des palmes, les fonds de la **petite anse du Pain-de-Sucre** (p.182), sur la côte sud-ouest. En fin d'après-midi, gravissez le **morne Morel** (p.185) pour jouir du coucher du soleil et d'un beau panorama sur la Basse-Terre et Marie-Galante.

Soirée Les pieds dans le sable, dînez de poisson au restaurant **1 Ti Bo Doudou** (p.188), l'un des meilleurs de l'île.

Le "papillon" Guadeloupe est formé de deux îles que tout oppose. Calcaire, sèche et relativement plate, destinée par tradition à la culture de la canne et ourlée de belles plages de sable blond, Grande-Terre est un paradis pour les amateurs de farniente et de sports nautiques. La volcanique Basse-Terre, royaume de la forêt tropicale de montagne, fait plutôt le bonheur des randonneurs et des naturalistes... mais aussi celui des plongeurs avec ses splendides fonds coralliens. L'île-papillon volette allègrement vers la modernité, laissant à ses satellites le soin de perpétuer les coutumes régionales : la production de rhum à Marie-Galante, la "Grande Galette", la pêche aux Saintes et à La Désirade, îlot dont le nom rime avec robinsonnade.

Ces îlets antillais bordés de catalpas,
Verts bouquets rassemblés en corbeille marine,
Sur leur rive où vient battre une vague câline
J'ai vécu d'heureux jours qui ne s'effacent pas.
Gilbert de Chambertrand

JOUR 2

Matinée Embarquez pour **Terre-de-Bas** (p.180) : 15 min. de traversée à partir du bourg de Terre-de-Haut. La **boucle de Terre-de-Bas** (p.185) vous permettra de repérer les lieux. Cette belle randonnée qui commence et s'achève à Grande-Anse (p.180) vous fera longer la côte et gravir le morne Sec en 2h30. Un bain rafraîchissant sur la **plage de Grande-Anse** (p.182) vous récompensera de vos efforts !

Midi Attablez-vous **Chez Eugénette** (p.187), l'incontournable adresse gourmande de Terre-de-Bas. Pour la langouste, vous aurez passé commande la veille.

Après-midi Cap sur **Petites-Anses** (p.181). C'est le bourg le plus charmant de Terre-de-Bas. Vous aurez vite fait le tour de son damier de ruelles hors du temps, mais n'oubliez pas d'aller jeter un regard au petit **port de pêche** et à la **plage** de sable noir attenante (p.150). Regagnez **Grande-Anse** avant 16h pour ne pas manquer le dernier bateau qui vous ramènera en Guadeloupe.

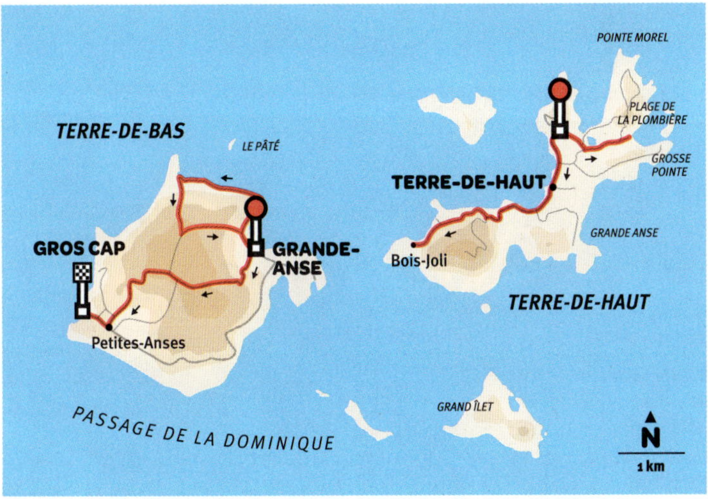

Sable fin, cocotiers et langouste grillée... de Pointe-à-Pitre à la pointe des Châteaux se succèdent les stations balnéaires. Mais on peut toujours trouver un coin tranquille où poser sa serviette au bord de l'eau. Changement de décor au nord où les plages font place à de hautes falaises sur lesquelles viennent se fracasser les vagues. L'occasion de balades spectaculaires.

La Grande-Terre

Lors de la Fête des Cuisinières à la cathédrale de Pointe-à-Pitre

Plan 1

POINTE DE LA GRANDE-VIGIE
MER DES ANTILLES
ANSE LABORDE
LAGON DE LA PORTE D'ENFER
TROU MADAME-COCO
La Berthaudière
Anse-Bertrand
ANSE-BERTRAND p.80
TROU DU SOUFFLEUR
LA GRANDE FALAISE (SENTIER DES DOUANIERS)
PLAGE DE LA CHAPELLE
ANSE FONTAINE
Macaille
Beaufond
Massioux
Bétin
Guéry
LES PORTLANDS
Campêche
Haut de la Montagne
ANCIENNE SUCRERIE DE LA MAHAUDIÈRE
ANSE DU SOUFFLEUR
Pouzzole
Pelletan
Port-Louis
BEAUPORT, PAYS DE LA CANNE
RAVINE GASCHET
Beauplan
GRUET
Lagarde
Lalanne
Duval
Gros-Cap
Les Mangles
ANSE MAURICE
Sainte-Amélie
ANSE MARGUERITE
Petit-Canal
Dumaine
Chabert
Balin
Rougeole
Sainte-Marguerite
MANGROVE
MORNE-À-L'EAU p.86
Richeval
Palais-Sainte-Marguerite
ÎLET À FAJOU
BABIN
Vieux-Bourg
PLAINE DE GRIPPON
Néron
Morne-à-l'Eau
La Houssaie
Geffrier
Salette
Marieulle
MAISON DU CRABE
GARNIER
Brion
Blanchet
Bosrédon
Lolo
Boisvin
GRAND CUL-DE-SAC MARIN
Château-Gaillard
Barthel
Boisvinière
Saint-Protais
Boisripeau
LES GRANDS FONDS
AÉROPORT PÔLE CARAÏBES
Les Abymes
Lamentin
Belle-Place
Grands-Fonds
Baie-Mahault
La Jaille
Bouligui
Le Raizet
Petit-Pérou
MORNE L'ESCALE
LA BASSE-TERRE p.91
POINTE-À-PITRE p.44
Deshauteurs
Pointe-à-Pitre
Moudong
SAINTE-ANNE p.56
Arnouville
MÉMORIAL ACTE
Port-Blanc
Tombeau
Versailles
AQUARIUM
Mathurin
Grande-Ravine
Pliane
Simonet
Durivage
BAS-DU-FORT MARINA
FORT FLEUR-D'ÉPÉE
Montauban
Mare-Gaillard
Fonds Thézan
CARAVELLE
Saint-Félix
Périnet
Le Gosier
Petit-Havre
PETIT CUL-DE-SAC MARIN
Petit-Bourg
ÎLET DU GOSIER
SALINES
Morne-Bourg
Duquerry

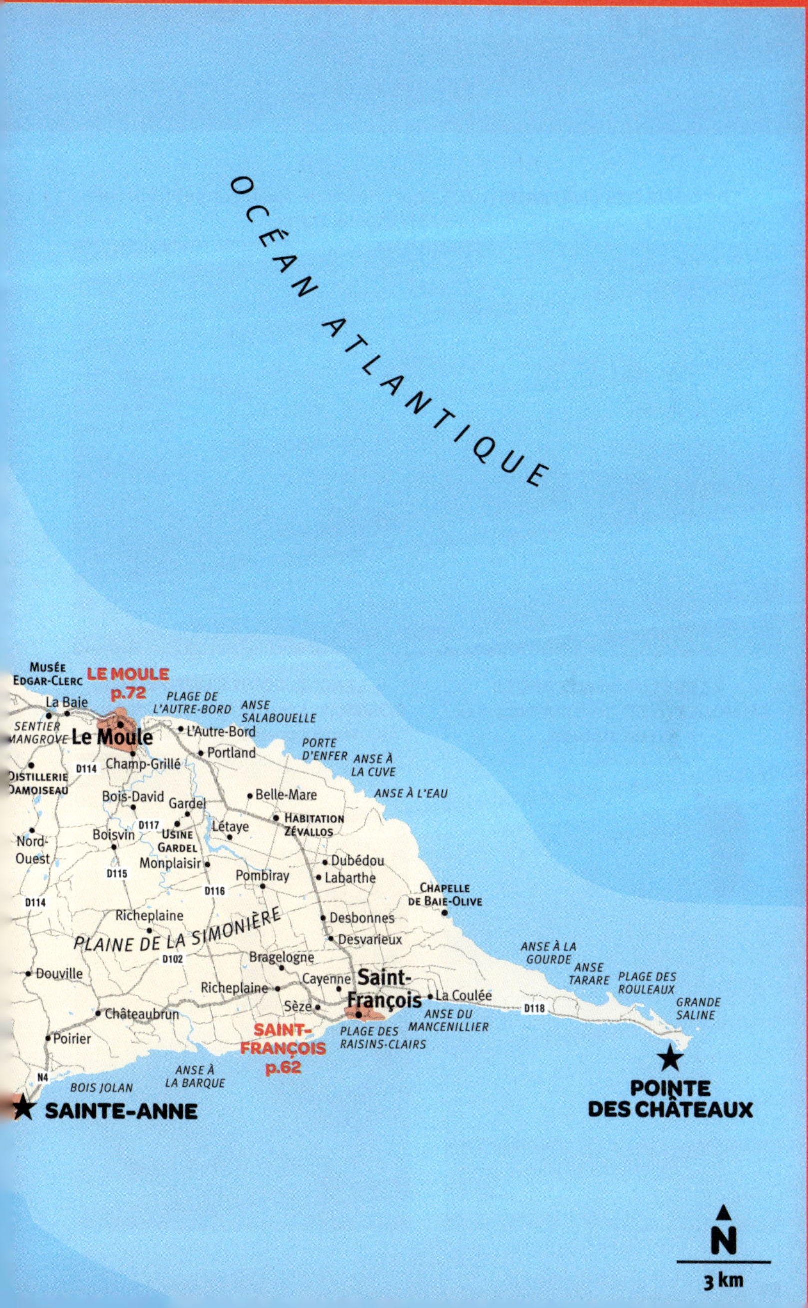
OCÉAN ATLANTIQUE
MUSÉE EDGAR-CLERC
LE MOULE p.72
La Baie
PLAGE DE L'AUTRE-BORD
ANSE SALABOUELLE
SENTIER MANGROVE
Le Moule
L'Autre-Bord
Portland
PORTE D'ENFER
ANSE À LA CUVE
D114
Champ-Grillé
DISTILLERIE DAMOISEAU
Bois-David
Gardel
Belle-Mare
ANSE À L'EAU
D117
Létaye
HABITATION ZÉVALLOS
Boisvin
USINE GARDEL
Nord-Ouest
Monplaisir
Dubédou
D115
Labarthe
Pombiray
D116
CHAPELLE DE BAIE-OLIVE
D114
Richeplaine
Desbonnes
PLAINE DE LA SIMONIÈRE
Desvarieux
D102
ANSE À LA GOURDE
Bragelogne
ANSE TARARE
Douville
Cayenne
Saint-François
PLAGE DES ROULEAUX
Richeplaine
La Coulée
GRANDE SALINE
Sèze
D118
Châteaubrun
ANSE DU MANCENILLIER
SAINT-FRANÇOIS p.62
PLAGE DES RAISINS-CLAIRS
Poirier
ANSE À LA BARQUE
N4
BOIS JOLAN
SAINTE-ANNE
POINTE DES CHÂTEAUX
N
3 km

SEPT BONNES RAISONS...

... d'explorer la Grande-Terre, ses anses, ses ravines et ses grands fonds.

LA POINTE DES CHÂTEAUX (p.63), pour un lever de soleil et un petit déjeuner au son du *ka* avec My Otantik Travel.

LES PLUS BEAUX SPOTS DU MOULE (p.77), pour perfectionner sa surf attitude.

LE ROND-POINT SAINT-FÉLIX AU GOSIER, pour une bouteille de jus de canne fraîchement pressé, le dimanche matin.

☀ **LA PLAGE DES RAISINS CLAIRS** (p.64), pour se balader les pieds dans l'eau à l'hôtel Manganao et profiter des bassins d'eau claire seul au monde.

☀ **UNE SORTIE EN MER** (p.66), pour rejoindre la réserve naturelle de Petite-Terre.

☀ **UNE NUIT AU CAPELI BEACH BUNGALOW** (p.43), pour découvrir les trésors cachés du nord de la Grande-Terre.

LE MÉMORIAL ACTe (p.47), pour s'immerger dans un pan d'histoire de la Guadeloupe.

RENDEZ-VOUS AVEC...

La décoratrice espagnole **Ana Lucio Aguilar** a posé ses valises au Moule avec son conjoint João en 2013. Ils se sont lancés dans la réhabilitation d'un bungalow boho chic dans le nord de la Grande-Terre : Capeli Beach Bungalow. Une nouvelle location saisonnière digne d'un magazine de déco !

Mes artistes chouchous

J'ai une affection particulière pour deux artistes : la Guadeloupéenne Kelly Sinnapah Mary, de culture indienne, et la Brésilienne Janaina Domar, installée en Guadeloupe depuis 20 ans. Toutes deux sont inspirées par les femmes. On peut admirer les œuvres de la seconde à la galerie-boutique Maison Domar, à Port-Louis.

G Maison Domar

PORT-LOUIS 86, rue Achille René Boisneuf 06 70 81 12 92 @maison_domar Mar. et ven. 11h-15h ou sur rdv

Mon resto entre copines

A Le Jiss

La terrasse donne sur la mer et sur les bateaux de la marina du Gosier. Grandes tables pour les repas entre amis ou plus intimistes pour les moments à deux. À la carte, variée et d'un bon rapport qualité-prix, figurent, au dîner, de savoureuses pizzas. Concert certains soirs. Il est vivement recommandé de réserver.

LE GOSIER Pl. Créole (à côté de l'aquarium) 7km au sud-est de Pointe-à-Pitre 05 90 28 82 66 Tlj. 9h-23h

Ma terrasse pour un cocktail

B Le Relais du Moulin

Ce 4-étoiles de charme (à partir de 210€ la chambre double) bénéficie d'un cadre agréable, et un moulin

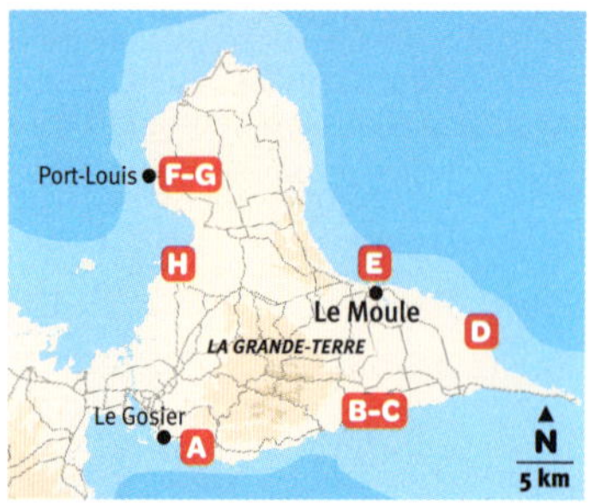

majestueux en signale l'entrée. Côté piscine, l'espace lounge du **Tipsy Bar** offre un spot idéal où boire un verre entre copines : déco soignée, carte de cocktails travaillée, stylisme bien pensé. Et l'on peut prolonger la soirée au **restaurant Zamana**.

SAINTE-ANNE Le Helleux 05 90 88 48 48 www.relaisdumoulin.com

Ma balade en amoureux

C La falaise du Helleux au crépuscule

Pour regarder les surfeurs prendre les dernières vagues avant la nuit et contempler la mer qui change de couleur. En espagnol, *arrebol* désigne le crépuscule comme la pourpre – couleur dont les derniers rayons du couchant embrasent l'horizon.

SAINTE-ANNE

La plage de l'Anse Laborde, Anse-Bertand

SI LA GRANDE-TERRE ÉTAIT...
Une senteur Ce serait celle qui émane, la nuit, de l'usine Gardel après la coupe de la canne à sucre. Un effluve douceâtre qui rappelle le parfum du rhum... et dont la note sucrée enivre la commune quand le vent retombe.

Mes plages préférées

D La plage de l'Anse-à-l'Eau

Une perle cachée de la côte sud-est, entre Saint-François et le Moule. Son accès n'est pas évident sans GPS – et la route se transforme en chemin de terre avant d'atteindre le parking –, mais ce magnifique ruban de sable ivoire léché par une eau turquoise vaut bien quelques efforts. Un lieu idéal pour une journée pique-nique.

F La plage du Souffleur à Port-Louis

J'aime me baigner dans son eau calme et translucide, avec les montagnes de la Basse-Terre pour horizon, et observer les pélicans qui pêchent, tout en dégustant un sorbet coco sur le sable doré. Attention ! Il faut plier bagage avant le coucher du soleil si l'on veut échapper aux morsures des *yens-yens* (moustiques)... et réserver un peu de temps à la découverte des *murals* réalisés en ville par des artistes locaux.

Ma sortie nocturne

H Une virée *by night* dans la mangrove de Babin

À la nouvelle lune, rien de mieux qu'une sortie nocturne en kayak pour s'extasier devant une véritable merveille de la nature : la bioluminescence – la lumière émise par certains hôtes de la mangrove. On se croirait dans *Avatar* !

RETROUVEZ ANA LUCIO AGUILAR
E Capeli Beach Bungalows
LE MOULE Allée du Vieux-Moulin
analucioaguilar@gmail.com www.airbnb.com/h/capelibeachbungalow

POINTE-À-PITRE

À défaut d'être la capitale administrative de la Guadeloupe – honneur qui revient à Basse-Terre –, Pointe-à-Pitre est le cœur de la plus grande aire urbaine de l'île. Son centre ancien est un joli conservatoire d'architecture coloniale, qu'il fait bon découvrir dans la journée. Le soir, le quartier se vide et l'animation se déplace alors vers la marina, construite à cheval sur le territoire des communes de Pointe-à-Pitre et du Gosier.

ACCÈS ET INFOS

- Comité du tourisme des îles de Guadeloupe (plan 2, B2) 5, square de la Banque 05 90 82 09 30 www.lesilesdeguadeloupe.com Lun.-jeu. 8h-16h, ven. 8h-13h
- Gare routière de Bergevin Liaisons avec Basse-Terre, le Moule, Anse-Bertrand... (plan 2, A1) Bd Chanzy Les cars circulent lun.-sam., horaires se rens.
- Gare maritime de Bergevin Navettes pour les petites îles, cf. Liaisons inter-îles (p.240). Parking payant mais pas sécurisé. (plan 2, A2)

À VOIR

Le site est exceptionnel : une rade bien abritée au fond du Petit Cul-de-Sac marin, que les Anglais décidèrent d'utiliser au milieu du 18e s. La ville qui naquit alors a survécu à bien des catastrophes : séismes, incendies, ouragans... L'agglomération est aujourd'hui le poumon économique de l'île, avec son aéroport, son port et sa vaste zone industrielle et commerciale.

LE CENTRE HISTORIQUE

Impossible de se perdre : le quartier est construit en damier. Le secteur le plus pittoresque s'étend à l'ouest de la place des Victoires avec ses rues (Frébault, Schœlcher, Barbès, etc.) bordées de boutiques modernes, d'échoppes créoles et de belles maisons coloniales. Au sud de la place s'étend la Darse, un bassin peu profond réservé aux saintoises et aux schooners. Un joli petit marché bat son plein sur le quai.

Le cœur battant de Pointe-à-Pitre

Place de la Victoire (plan 2, B2)

Face à la mer, au bord du bassin de la Darse, cette esplanade de 1ha connut la tourmente révolutionnaire : en 1794, Victor Hugues y fit installer la seule guillotine des Antilles. La place de la Victoire connut aussi des moments d'euphorie, notamment en 1848 lors de l'abolition de l'esclavage. Forum, lieu de révoltes et de répressions (à la suite du rétablissement de l'esclavage), place d'armes et théâtre du carnaval... c'est le cœur battant de Pointe-à-Pitre. De beaux bâtiments l'encadrent : la sous-préfecture, le cinéma Renaissance et surtout l'ancien presbytère (à l'angle de la rue Alexandre-Isaac), devenu la **Maison du patrimoine**, qui accueille des expositions temporaires et autres manifestations.

À NE PAS MANQUER

- Musée Schœlcher
- Mémorial ACTe ★
- Aquarium de la Guadeloupe
- Îlet du Gosier

Façades traditionnelles, Pointe-à-Pitre

Le triomphe du métal

Église Saint-Pierre-et-Saint-Paul (plan 2, B2)

Le siège du diocèse de la Guadeloupe à beau se trouver à Basse-Terre, les paroissiens tiennent pourtant à appeler leur église la “cathédrale”. Les voûtes et les piliers de la nef témoignent de l’engouement pour l’architecture métallique qui se manifesta dans les années 1840. À raison, car cette formidable ossature, achevée vers 1870, a résisté depuis aux séismes et aux cyclones. À cet emplacement s’élevait un morne, une colline que les Anglais arasèrent lorsqu’ils fondèrent Pointe-à-Pitre en 1759.

Rue du Général-Ruillier

Maison créole

Musée Saint-John-Perse (plan 2, B2)

Il occupe la villa Souques-Pagès, édifice de type Eiffel, dont l’armature métallique est d’une finesse étonnante. Les boiseries intérieures et le mobilier vous plongent dans l’univers des grandes familles de la fin du 19e s. et cette douceur de vivre qui inspira Saint-John Perse. Collection de costumes créoles au 1er étage et, au 2e, évocation du poète et diplomate, né en 1887 à Pointe-à-Pitre.

9, rue de Nozières 05 90 10 51 78 Lun.-ven. 9h-12h30 et 14h-17h, sam. 8h30-12h30
€ Entrée libre

Sur les traces d’un héros

Musée Schœlcher (plan 2, A2)

Cette belle maison coloniale est dédiée, non à la lutte contre l’esclavage, mais à la mémoire de son infatigable pourfendeur, Victor Schœlcher (1804-1893). Tableaux, objets personnels et collection d’art évoquent le quotidien

Pauses (n°1 à 4)
3 Charbel - *p.51* A2
1 Désirs du Palais - *p.50*........ B2
2 Le Petit Jardin - *p.51*.......... A2
4 Spiny Lobster - *p.51* A2
5 Sweethé - *p.51*................ A2

Restaurants (n°10 à 17)
16 Café des Arts - *p.52* A2-B2
12 Chez Dolmare - *p.52* A1
17 Chez Margaux - *p.52*......... B3
15 Chez Peyo – O'Kanailles du Sud-Ouest - *p.53* B4
14 Coco Kafé - *p.52*............. B3
10 La Kaz a soup - *p.51* B2
13 Léwoz Kafé - *p.52*.............A1
11 Restaurant Fairouz - *p.51* A2

Shopping (n°30 à 37)
35 Au cœur d'Afrique - *p.55*..... B2
30 Dody - *p.53*................... B2
32 Marché de la Darse - *p.54*.... B2
33 Marché de Man Réau - *p.54*... B1
31 Marché Saint-Antoine - *p.53*. A2
37 Nathalie Julan Concept Store - *p.55*......... A2
36 Ochun Fashion Design - *p.55*................. A2
34 The Factory - *p.54*............ A2

Sorties (n°40 et 41)
40 La Boca - *p.55*................. B3
41 Zoo Rock Café - *p.55*......... B3

Hébergements (n°50)
50 Hôtel Saint-John Perse - *p.251* A2

BON À SAVOIR
À la nuit tombée, les rues de Pointe-à-Pitre se vident. Rien à regretter, tout ferme entre 17h et 18h. Il est même difficile d'y dénicher un endroit où prendre un verre et dîner. Pour trouver de l'animation, mettez le cap sur la marina (p.48).

et éclairent la philosophie de l'initiateur du décret du 17 avril 1848 qui abolit définitivement l'esclavage en France et dans les colonies françaises. Ne partez pas sans faire le tour du bâtiment : à l'arrière, une statue de marbre figure un homme en train de déféquer. Cette sculpture représenterait un sans-culotte, du bataillon du même nom créé par Victor Hugues en 1794. Son origine et sa signification demeurent incertaines.

24, rue Peynier 05 90 82 08 04 Lun.-ven. 9h-17h 3€

LES QUARTIERS PÉRIPHÉRIQUES

À l'est de la vieille ville, le quartier de Massabielle mêle immeubles modernes, petites maisons de bois aux vérandas fleuries et cases plus modestes. Il est dominé par une église consacrée en 1938, près de laquelle s'ouvre une grotte copiée sur celle de Lourdes, avec sa statue de la Vierge toujours ornée de fleurs. Au sud s'étend le quartier du Carénage, plus populaire. En suivant le bord de mer vous parviendrez rapidement au Mémorial ACTe.

Spectaculaire et émouvant

Mémorial ACTe ★ (plan 2, B2)

Le Centre caribéen d'expressions et de mémoire de la traite et de l'esclavage a été inauguré en 2015. Sa construction avait débuté le 27 mai 2008, jour de commémoration de l'abolition de l'esclavage. L'audacieux bâtiment est constitué de deux blocs monumentaux pris dans une résille argentée symbolisant les racines des figuiers qui enserrent les édifices abandonnés, telle la prison aux esclaves de Petit-Canal (p.87). À l'intérieur, audioguide sur les oreilles, vous traverserez six espaces chronologiques illustrant l'histoire de l'esclavage de l'Antiquité à nos jours. Des présentations spectaculaires, en particulier la plongée dans les entrailles d'un bateau négrier, font revivre ce passé douloureux. Également un espace de recherches généalogiques et une médiathèque.

Rue Raspail, Darboussier 05 90 25 16 00 fr.memorial-acte.fr
Mar.-sam. 9h-19h, dim. 10h-18h

LE GOSIER

Cette ville de 28 000 habitants doit son nom au pélican brun, ou "grand gosier", qui fréquente les mangroves et les plages. Ses infrastructures hôtelières en font une étape commode pour découvrir le chef-lieu (à 10min en voiture ou en bus) tout en profitant de ses plages après une journée de visite. C'est aussi un lieu de sortie prisé. Le centre conserve de jolies maisons de bois traditionnelles.

7km au sud-est de Pointe-à-Pitre

Atmosphère...

Marina de Pointe-à-Pitre/Le Gosier (plan 2, B3)

Le soir, ses boutiques, bars et restaurants assurent l'ambiance qui fait défaut au centre-ville. Le tout en vue des pontons qui peuvent accueillir un millier de bateaux. C'est l'une des plus grandes marinas des Petites Antilles. Tous les quatre ans, règne un vent de folie. C'est là que se termine la fameuse Route du Rhum ; on vient alors de toute la Guadeloupe admirer les géants des océans, bateaux – monocoques et multicoques – et skippers.

Route de Bas-du-Fort (4km au sud-est du centre de Pointe-à-Pitre)

COULEUR LOCALE

La **fête des Cuisinières** met Pointe-à-Pitre en joie le w.-e. le plus proche du 12 août avec ses bals et ses concours de miss ou de gâteaux. Après avoir fait bénir un panier garni à Saint-Pierre-et-Saint-Paul, les cordons-bleus défilent dans leurs plus beaux atours et offrent leurs réalisations aux spectateurs. S'ensuit un banquet ponctué de chants et de danses et ouvert à tous (sur rés.). **Maison des Cuisinières** 05 90 91 22 75

Requins et tortues de mer

Aquarium de la Guadeloupe (plan 2, B3)

Une institution unique aux Petites Antilles. Vous aimerez sa présentation détaillée de la faune et de la flore de la mer des Caraïbes. Les vedettes : les requins, les raies et les reconstitutions d'écosystèmes, telle la mangrove. L'établissement a aussi pour mission de restaurer les massifs coralliens par

Poisson-clown

bouturage et de soigner les tortues de mer blessées. Dans les bassins, vous verrez ces pacifiques reptiles en convalescence.

Pl. Créole La Marina 05 90 90 92 38 www.aquariumdelaguadeloupe.com Tlj. 9h-18h30 (vac. scol. 19h) 8,50-14€

Un beau point de vue

Fort Fleur-d'Épée (hors plan 2 par B3)

Un fortin au-dessus de la rade. C'est tout ce qu'il reste des fortifications qui défendaient la ville au 18e s. Mais quelle vue ! Sur Le Gosier en contrebas, la marina de Bas-du-Fort, et au loin vers l'ouest, sur la ville de Pointe-à-Pitre. Côté mer se découpent les Saintes, Marie-Galante et la barre montagneuse de la Basse-Terre.

Rue du Fort-Fleur-d'Épée Bas-du-Fort (2km au sud-est de l'aquarium) 05 90 90 94 61 Tlj. 9h-19h

Au fil de l'histoire

Musée Costumes et traditions (hors plan 2 par B3)

Le roucou dont les Amérindiens s'enduisaient pour se protéger du soleil et des moustiques, le tissage maya, le lin égyptien, les coiffes créoles ou la mode napoléonienne... Camélia a rassemblé vêtements et autres objets pour ce qu'ils disent des pratiques et des croyances de différentes civilisations anciennes et modernes. Dans l'arrière-cour, elle a reconstitué une case traditionnelle avec son mobilier. Un vaste programme pour un petit musée !

L'Houezel Périnet (2km à l'est du centre du Gosier) 05 90 83 21 70 ou 06 90 63 61 65 Page FB Mar.-dim. 9h-17h 10€

À FAIRE

Profitez des plages

Îlet du Gosier

Une végétation exubérante d'où surgit un phare, et une langue de sable blanc face aux Saintes et à Marie-Galante : un coin de baignade dans un décor de carte postale. Vous pourrez aussi explorer en apnée les riches fonds coralliens en suivant un sentier sous-marin matérialisé par des bouées. Emportez tout le nécessaire pour la journée ou offrez-vous une grillade au restaurant sans prétention de l'île. On y accède en bateau (5€ AR, départ env. toutes les 15min)... ou à la nage !

Embarcadère derrière le parking municipal du Gosier

Plage de Saint-Félix

Un cordon de sable clair long de 500m et ombragé de cocotiers, le tableau est séduisant. L'eau n'est pas profonde, mais méfiance tout de même, les courants peuvent être assez forts. Pas de quoi décourager les familles, nombreuses à y pique-niquer le week-end.

N4 dir. Sainte-Anne (tourner à dr. à Saint-Félix, puis à dr. à la fourche) Le Gosier

Plage des Salines

Une curiosité : la seule plage de cette côte tournée vers l'est, cernée par la mangrove et faisant face à des falaises escarpées vierges de toute construction. Très isolée, elle est appréciée des kitesurfeurs mais aussi... des petits voyous qui se servent dans les sacs des baigneurs. Restez vigilant !

N4 dir. Sainte-Anne (à dr. au bout de la ligne droite, juste avant le virage) Le Gosier

Plage de Petit-Havre

Plage de Petit-Havre

Bronzage ou baignade ? La pointe de Petit-Havre est festonnée de deux anses. L'Anse-à-Jacques, frangée de cocotiers, est assez belle, mais trop rocailleuse pour inviter à la baignade. La plage de Petit-Havre, en revanche, est appréciée pour son sable immaculé et ses eaux calmes. Les Pointois s'y pressent le week-end et pour les grandes fêtes. Il faut alors venir avant 10h pour trouver une place de stationnement.

N4 dir. Sainte-Anne (en bifurquant à dr. vers la mer au bas de la côte, après Mare-Gaillard) Le Gosier

Offrez-vous une sortie en mer

Seatour (plan 2, B3)

L'association partenaire de l'Aquarium de la Guadeloupe organise de passionnantes sorties en catamaran à voile : demi-journée à l'îlet du Gosier avec arrêt baignade sur sa fantastique plage de sable, journée à la découverte du Grand Cul-de-Sac marin et de sa mangrove ou randonnée sous-marine avec palmes, masque et tuba (50€ la demi-journée). Rens. et rés. à la billetterie de l'aquarium.

Aquarium de la Guadeloupe Pl. Créole Marina Le Gosier 05 90 90 92 38 www.seatour.fr

NOS ADRESSES

PAUSES

Un peu de fraîcheur

Désirs du Palais

Une institution que cette boutique bleu et jaune qui vend des glaces et sorbets artisanaux aux parfums de saison, servis dans des cornets maison. Nos préférés : la glace à la patate douce, la grande galette (au sirop de batterie) et le sorbet à la mangue.

POINTE-À-PITRE (plan 2, B2 n°1) 53, chemin des Petites-Abymes (sur la dr. dir. le CHU) 05 90 88 54 40 Mar.-dim. 10h30-19h

Au vert

Le Petit Jardin ♥

Pour un smoothie aux fruits de saison (5€) ou une pâtisserie dans un patio verdoyant décoré de tableaux, entre le marché aux fleurs et le marché aux épices. Également de succulents plats du jour (14-23€).

POINTE-À-PITRE (plan 2, A2 n°2) 4, rue Armand-Barbès 05 90 68 27 89 www.facebook.com/Lepetitjardinantela Lun.-jeu. 7h-17h, ven.-sam. 7h-23h

Le plein d'énergie

Charbel

Red Boost, Green Detox, Hulk... Le nom des jus et des smoothies parlent d'eux-mêmes : ici, on se soucie de votre santé ! À accompagner d'un plat végétarien ou d'un *energy ball* à la coco, au chocolat et à la cacahuète, avant de repartir, chargé comme une pile électrique, à l'assaut du marché Saint-Antoine.

POINTE-À-PITRE (plan 2, A2 n°3) 42, rue Schœlcher 05 90 23 17 34 Lun.-ven. 8h-16h, sam. 8h-13h

Thé glacé bio

Sweethé

Un spot plébiscité pour ses thés glacés bio. Thé vert et thé noir agrémentés de billes gourmandes aux saveurs tropicales : maracudja, mangue, ananas, goyave, etc. Une boisson naturelle désaltérante, qui comble petits et grands (moins de 10€).

POINTE-À-PITRE (plan 2, A2 n°5) 9, rue Sadi-Carnot 05 90 91 90 95 Lun.-ven. 9h30-17h, sam. 9h-13h30

Apéro en musique

Spiny Lobster

Une terrasse à fréquenter pour ses *jam sessions* quotidiennes comme pour observer le ballet incessant des vendeuses du marché Saint-Antoine ! Un endroit vivant, idéal pour siroter un ti-punch devant une assiette d'acras ou un petit plat créole.

POINTE-À-PITRE (plan 2, A2 n°4) 28, rue Saint-John-Perse 05 90 10 66 23 Tlj. 12h-18h30

Sans façon

Plato Kréyol

Une cantine où l'on se régale pour trois fois rien. L'ambiance familiale compense largement la banalité du cadre. Plats du jour autour de 10€.

LE GOSIER (hors plan 2 par B3) Bd Général-de-Gaulle 06 90 83 25 78 Tlj. 11h-16h et 18h-23h

RESTAURANTS

Par ici la bonne soupe

La Kaz a soup €

Envie d'une bonne soupe ? Courez vous attabler dans cette maison chaleureuse, en vue de la cuisine. Au menu, velouté de giraumon aux *ouassous* ou aux lambis, soupe de bœuf ou de pied de veau, etc., et trois tailles de bols (4-15€). L'endroit est couru. Mieux vaut réserver.

POINTE-À-PITRE (plan 2, B2 n°10) 59, rue Gilbert-de-Chambertrand 05 90 82 59 72 ou 06 90 54 16 56 Jeu.-sam. à partir de 18h30

Comme là-bas

Restaurant Fairouz ♥€

Voilà un excellent libanais du centre-ville. Le patron vous accueille avec le sourire et vous décrit avec enthousiasme toutes les spécialités. Plat du jour à partir de 10€, mezze à 24€.

Couscous ven. et sam. midi 10€. En dessert, ne ratez pas le *knafé*, un délicieux flan parfumé. Vins français et libanais.

POINTE-À-PITRE (plan 2, A2 n°11) 17, rue Jean-Jaurès 05 90 91 39 69 Lun.-sam. 11h-15h (à emporter jusqu'à 20h), ven.-sam. 19h-22h Fermé j. fér.

Un grand classique

Chez Dolmare ♥€€

Son court-bouillon de poisson déplace les foules. Aussi vaut-il mieux vous présenter tôt. Repas (entrée et plat) à partir de 30€ (avec une langouste) et plats à emporter à partir de 15€.

POINTE-À-PITRE (plan 2, A1 n°12) Lauricisque Port de pêche de Lauricisque 05 90 91 21 32 Lun.-sam. 8h30-16h30 Service sur place : 12-15h

Italo-créole

Café des Arts €€

Une adresse innovante et chaleureuse, face au Mémorial ACTe et à la rade de Pointe-à-Pitre. Ici, vous êtes invités à marier les saveurs italiennes et créoles. Faites suivre les *ouassous* à la crème et au rhum vieux de gnocchis à la patate douce ou d'une polenta à l'émincé de bœuf. En bonus, des expositions d'art contemporain... et un excellent planteur ! Comptez 25-40€ le repas.

POINTE-À-PITRE (plan 2, A2-B2 n°16) 22, quai Ferdinand-de-Lesseps (1er étage du Centre Saint-John-Perse) 05 90 55 76 84 Page Facebook Lun.-sam. 12h-14h30 et 18h30-21h30

Chez Margaux

Trompette et tortilla

Léwoz Kafé €€

Ce *kafé*-restaurant du vieux port de Lauricisque a pour spécialité une sorte de tortilla à base de différentes farines – une invention brevetée ! À goûter dans un chaleureux décor de rhumerie. Concerts certains soirs, qui se terminent souvent en “bœuf”. Comptez 18-25€ le plat.

POINTE-À-PITRE (plan 2, A1 n°13) Rue Anse-Marseille Quartier de Lauricisque Dir. port de pêche Mer.-sam. 12h-14h et 20h-22h

Poisson à toutes les sauces

Coco Kafé €€

Une table fusion, à deux pas de l'Aquarium (p.48). Pavé de daurade sauce créole, émincé de poulet sauté aux crevettes et aux épices, ou tartare de thon frais. Env. 18€ le plat. Rés. en fin de semaine.

LE GOSIER (plan 2, B3 n°14) Pl. Créole Marina 05 90 93 63 02 www.coco-kafe.restaurantguadeloupe.biz Lun.-mer. 12h-15h et 19h-22h, jeu.-sam. 12h-15h et 19h-23h Bar tlj. 10h-0h

Épices et tout !

Chez Margaux €€

Après la visite du fort Fleur-d'Épée ou une baignade à la plage de Bas-du-Fort, attablez-vous dans ce restaurant à l'ambiance familiale devant des propositions de cuisine du monde ou créoles aux saveurs épicées : tartare de thon au maracudja ou croustillant de poisson à la farine de manioc, éclair au chocolat et piment ou sorbet coco fait maison. Comptez 30-45€ le repas.

LE GOSIER (plan 2, B3 n°17) 74, impasse du Bas-du-Fort 06 90 14 14 14 Tlj. 12h15-15h et 19h-23h, mer. 12h15-15h Rés. conseillée

N'oubliez pas le béret

Chez Peyo – O'Kanailles du Sud-Ouest €€

Tapas, jambon basque, piperade... l'ambassade du Pays basque ! L'ambiance est à la convivialité, à table pour déguster les plats maison, ou au bar pour grignoter des tapas. Comptez 25-30€ le repas.

LE GOSIER (plan 2, B4 n°15) Route de la Marina 06 90 92 84 20 Mar.-sam. midi et soir

De DOM en TOM

Le Ti Maki €€

Bouchons porc-combava, rougail saucisse, salade de marlin à la tahitienne, bœuf à la guyanaise, aile de raie sauce maracudja, tiramisu au rhum vieux... Si cette petite table de bord de route ne paye pas de mine, sa savoureuse cuisine métissée vous invite à faire le tour des Outre-mer ! Comptez 18-35€ le repas.

LE GOSIER (hors plan 2 par B3) Route des Hôtels 05 90 10 95 05 Déc.-mai : tlj. 12h-15h et 18h-23h ; mi-sept.-nov., juin-mi-août : ven.-mer. 18h30-23h

Cuisine familiale

Chez Taillepierre ♥€€

Dans une bicoque du centre-ville, l'adorable Victoire vous régale de courts-bouillons, blaffs, colombos et autres spécialités créoles. Celle qui appelle tous ses clients "doudou" rattrape un peu l'accueil rugueux de M. Taillepierre. Attention, l'addition grimpe vite. Comptez 20-25€ le repas. Pas de CB.

LE GOSIER (hors plan 2 par B3) 64, bd Amédée-Clara 05 90 84 54 29 Jeu.-mar. midi et soir

Du blaff et des baffles

An Kann' La ♥€€

Au milieu des champs de canne, un grand panneau annonce la couleur : "100% Nèg lokal". Cet ancien repaire d'ouvriers agricoles s'est agrandi, mais la cuisine créole n'a rien perdu en qualité. Les mardi et vendredi soirs, un groupe de *gwoka* et un orchestre viennent mettre le feu. Formule (entrée + plat) 20€, 25€ les soirs de concert.

LES ABYMES (hors plan 2 par B1) Gare Roza Chemin de la Balance (8km au nord de Pointe-à-Pitre sur la D106) 05 90 20 27 28 Lun.-sam. midi (et soirs de concert)

SHOPPING

Bonjour madras...

Dody

Une maison connue de toutes les Pointoises pour ses beaux madras (bustiers, robes, coiffes). La succursale de la place du marché Saint-Antoine vend des robes de bal et des chapeaux de cérémonie.

POINTE-À-PITRE (plan 2, B2 n°30) Pl. du Marché-aux-Épices 05 90 83 13 73 www.dodyshop.com Lun.-ven. 8h-17h15, sam. 8h-14h

Touristique mais vivant !

Marché Saint-Antoine

Rendez-vous dans l'un des lieux les plus vivants de Pointe-à-Pitre ! Sous une vénérable halle à armature

Marché de la Darse

métallique, ce marché déploie une incroyable mosaïque de couleurs : légumes et fruits-pays y côtoient des étals garnis d'épices et des étagères ployant sous les philtres prometteurs. Les marchandes, vêtues de madras, le foulard noué autour de la tête, ont le sens des affaires et les prix sont bien souvent prohibitifs. Glaces coco, jus de fruits frais et tourments d'amour sont vendus aux abords de la place.

POINTE-À-PITRE (plan 2, A2 n°31) Angle des rues Frébault, Saint-John-Perse et Peynier ⌚Lun.-ven. 7h-14h, sam. 12h-15h

Produits-pays

Marché de la Darse

Fruits à pain, corossols, patates douces et piments disposés sur des tréteaux ou à même le pavé, et des maraîchères installées à l'ombre de parasols en bordure du bassin... Ce marché qui ne cesse de s'étendre met tous les ingrédients de la cuisine créole à l'honneur.

POINTE-À-PITRE (plan 2, B2 n°32) Le long du quai, face à la pl. de la Victoire ⌚Lun.-sam. 6h-14h

Authentique

Marché de Man Réau

Enclavé dans un pâté de maisons des faubourgs nord de Pointe-à-Pitre, un marché grouillant de vie qui donne à voir absolument tout ce qui se consomme en Guadeloupe. La moindre racine, le plus petit fruit-pays y partagent un éventaire avec des poulets, des salaisons de porc ou de poisson. À visiter de préférence le samedi.

POINTE-À-PITRE (plan 2, B1 n°33) Croisement rue du Cimetière et av. Youri-Gagarine ⌚Lun.-jeu. et sam. 8h-14h, sam. 7h-19h

Pour un cadeau gourmand

The Factory

Une épicerie fine 100% *Gwada*, dont les rayons évoluent au fil des saisons : poivre, vinaigre de canne à sucre ou de banane, bière artisanale ou sirop de batterie... Et, bien sûr, une fine sélection de punchs (carambole, abricot-pays...) et de rhum vieux, dont ceux de la marque Tres Hombres transportés exclusivement à la voile depuis Marie-Galante !

POINTE-À-PITRE (plan 2, A2 n°34) 58, rue Achille-René-Boisneuf 05 90 91 51 77 Tlj. 9h30-18h

Trésors naturels
Au cœur d'Afrique

Savon au curcuma, beurre de karité, huile de cannelle ou de mangue, baume anaconda (sorte de baume du tigre africain)... De quoi faire le plein de produits naturels en provenance du Sénégal ou de Côte d'Ivoire pour quelques euros seulement. Et de jolies jupes longues, tuniques (env. 30€) et turbans en wax.

POINTE-À-PITRE (plan 2, B2 n°35) 11, rue Saint-John-Perse 06 90 94 60 23 www.aucoeurdafrique.fr Lun.-sam. 9h-17h30

Stylistes caribéens
Ochun Fashion Design

Dans cette boutique pimpante, la styliste Anicée Martin vend ses créations : robes, chemisiers et combinaisons en batik, java ou wax aux couleurs éclatantes et aux coupes féminines. Également une belle sélection de vêtements et d'accessoires de marques exclusivement caribéens. Prix en conséquence : bijoux autour de 35€, robes environ 150€.

POINTE-À-PITRE (plan 2, A2 n°36) 1, centre Saint-John-Perse Quai Ferdinand-de-Lesseps 05 90 68 41 37 Lun.-ven. 10h-17h, sam. 10h-13h

Et pour compléter la tenue
Nathalie Julan Concept Store

Cette créatrice assemble graines, pierres et métaux précieux pour composer d'élégants bijoux et accessoires de style ethnique ! Boucles d'oreilles à partir de 20€, colliers 45-200€, stylos en bois de Guadeloupe 55-85€.

POINTE-À-PITRE (plan 2, A2 n°37) 37, rue Peynier 06 90 39 22 36 Mar.-ven. 10h-13h et 14h30-17h, sam. 10h-13h

SORTIES

Salsa à la marina
La Boca

Idéal pour boire un verre et danser. Ce bar à bières, à vins (4-6,50€) et à tapas est avant tout un lieu de sortie. Salsa le mardi et le jeudi soir.

POINTE-À-PITRE (plan 2, B3 n°40) Les Ajoupas Marina 05 90 28 90 98 Lun.-jeu. 17h-1h, ven.-sam. 17h-3h

Restaurant musical
Le New Ti Paris

Cette élégante case centenaire propose des animations musicales du mercredi au dimanche de 20h30 à 1h, autour d'une carte de restauration classique, de vins, cocktails et champagne.

LE GOSIER (hors plan 2 par B3) 25, route de Périnet (7km au sud-est de Pointe-à-Pitre) 05 90 88 43 20 Mer.-dim. 20h30-1h

Jusqu'au bout de la nuit
Zoo Rock Café

Le rendez-vous des noctambules. Restaurant (de 19h à 0h en semaine, jusqu'à 1h le week-end), bar-pub et *dance floor* pour zouker jusqu'au matin. Dans une grande maison à étages sur la gauche du parking de la marina.

LE GOSIER (plan 2, B3 n°41) Route de la Marina 06 90 54 47 40 Tlj. 17h30-5h

Voir aussi **Le Jiss** (p.42).

SAINTE-ANNE ★

La plage en plein centre-ville, des gîtes en pagaille et des magasins, le tout à seulement une demi-heure de l'aéroport ! Voilà la station balnéaire idéale pour ceux qui n'aiment pas conduire… d'autant que Sainte-Anne (25 000 hab.) a su résister aux promoteurs et conserver une atmosphère villageoise. Elle séduira aussi les familles, car ses soirées sont bien moins agitées que celles de Saint-François.

ACCÈS ET INFOS

- Env. 20km à l'est de Pointe-à-Pitre
- Bureau d'information touristique Les Trois Ponts Galbas 05 90 21 23 83 Haute saison : lun.-ven. 8h-16h, sam. 8h-16h ; basse saison : lun.-ven. 8h-13h et 14h-16h (et sam. 8h-13h du 15 juil. au 15 août)
- Fête de Sainte-Anne Trois jours de musique et d'animations. Autour du 26 juil.

À VOIR

SAINTE-ANNE ★

Les plus jolies maisons de la localité se concentrent autour de la place Victor-Schœlcher. "La race noire reconnaissante" : la dédicace de la statue qui domine l'esplanade rappelle à Sainte-Anne son douloureux passé et les révoltes d'esclaves des 18e et 19e s. Si l'esclavage est aboli en 1848, les conditions de travail ne s'améliorent pas pour autant dans les plantations, poussant les ouvriers à une nouvelle forme de lutte : la grève. Sainte-Anne demeurera un bastion du syndicalisme jusqu'au déclin de l'activité sucrière dans les années 1980.

Art déco tropical

Église paroissiale

Elle a été relevée en béton armé après le cyclone de 1928. Son élégante façade, parfaitement symétrique et tout en lignes verticales, conjugue motifs Art déco et parti pris traditionnel, comme les cinq autres églises de Guadeloupe conçues par Ali Tur (p.227). Étonnamment lumineuse, la nef est aussi d'inspiration Art déco. Au pied de statues de saints, des ex-voto expriment un catholicisme teinté d'animisme et la détresse que connaît une partie de la population.

Pl. Schœlcher

LES ENVIRONS

Partie de campagne

Les Grands-Fonds

Dans l'arrière-pays de Sainte-Anne se déploie un spectaculaire ensemble de collines calcaires et de vallées modelées par le ruissellement des eaux de pluie. Cette région des Grands-Fonds, semée de villages et lieux-dits aux noms évocateurs – **Deshauteurs**, **Belle-Place**, **Grand-Bois**, **Cocoyer**, **Bellevue**, **Fonds-Bambou** – est le domaine du maraîchage, avec ses modestes cases entourées de jardins. Une contrée verdoyante, au relief chaotique, à découvrir au fil de petites routes vagabondes.

À NE PAS MANQUER

- Église paroissiale de Sainte-Anne
- Les Grands-Fonds
- Plage de la Caravelle

Plage de Sainte-Anne

À FAIRE

Profitez des plages

Plage de Sainte-Anne

Très fréquentée le week-end, c'est la plage familiale par excellence : ni houle ni courant et un faible dénivelé. Les enfants peuvent barboter en toute sécurité ; les parents se contentent d'admirer le lagon turquoise pour mieux résister aux sollicitations des vendeurs ambulants...

Plage de la Caravelle

Une des plus belles plages de cette côte, à éviter toutefois le week-end et en période de vacances. La pointe de l'Accul dessine un triangle qui s'avance dans la mer en direction de Marie-Galante. Cadre idyllique ! Ce n'est pas par hasard que le Club Méditerranée s'y est installé. À l'ouest de cette pointe, le lagon est propice à la trempette. À l'est, le vent attire les amateurs de glisse.

Dir. Pointe-à-Pitre puis à gauche

Plage de Bois Jolan

Le long de la route, 2km de sable blanc bordés de cocotiers et d'amandiers... et un plan d'eau protégé par une barrière de corail où l'on a pied à peu près partout. Idéal pour les enfants. Mais le week-end, gare aux embouteillages.

4,5km au nord-est de Sainte-Anne

Initiez-vous aux sports nautiques

L'ANASA, L'Aventure nautique de Sainte-Anne

Les bambins (à partir de 6 ou 7 ans) peuvent y suivre des stages hebdomadaires de voile, de kayak et autres sports nautiques (sur rés. plusieurs semaines avant). Les grands y apprendront à manier des modèles réduits de saintoises

COULEUR LOCALE
Une semaine durant, en juillet, Sainte-Anne vit à l'heure du ***gwoka***. Ce genre musical associé à de gros tambours *ka* remonte au temps de l'esclavage. Les spectateurs forment un cercle, reprennent les refrains lancés par les musiciens et dansent... Partie de l'âme guadeloupéenne, le *gwoka* a été promu au patrimoine immatériel de l'humanité en 2014.

traditionnelles. Également des cours d'initiation pour enfants et adultes. Location de planches à voile et de kayaks de mer.

2, rue de la Plage 05 90 44 61 77 https://anasa.gp/ Lun.-ven. 8h-12h et 13h30-17h

Prenez la vague
Wave Riding School

Ambiance décontractée dans ce club de voile agréé. Location de planches à voile 15-25€/h en fonction du matériel. Cours particulier à 40€, dès 6 ans à condition de savoir nager. Location de de wind-foils (40€/h, 90€ la demi-journée), de surfs (15€ la demi-journée) et de paddles (15€/h).

Plage des Galbas Sortie de la ville dir. Pointe-à-Pitre 06 90 15 28 29 www.windsurfguadeloupe.net Haute saison : tlj. 9h-17h ; basse saison : mer.-dim. 9h-17h

Décollez !
Easy Kite

L'occasion de pratiquer ou de vous initier au kitesurf (140€ pour 3h30), au kitefoil (100€ pour 1h30) ou au wingsurf (130€ pour 2h30). Pas d'âge minimum mais un poids requis d'au moins 30kg.

Spot de kitesurf de Bois Jolan N4 06 47 25 76 35 www.easykite.fr

Plage de la Caravelle

Osez le trapèze de cirque

Club Med La Caravelle

Si ses transats et ses serviettes vous font envie, pas de problème, le Club ouvre ses portes dans la journée. Vous pourrez participer à toutes les activités de plage, dont la plus originale est sans conteste le trapèze de cirque ! Environ 65€/pers. (enfant 30€). Pour le même prix, vous aurez le droit de vous jeter sur le buffet à midi.

Plage de la Caravelle 05 90 85 49 50

NOS ADRESSES

PAUSES

La plage de Sainte-Anne s'étendant en plein centre-ville, bars et restaurants se sont groupés naturellement le long du littoral. À côté des établissements en dur stationnent des camionnettes proposant de la *street food* locale – sans toujours respecter les règles d'hygiène.

Pour une dînette à la maison

Traiteur saintanais

Crevettes au saté, fricassée de cabri, gratins, samosas... ce traiteur propose chaque jour une douzaine de plats et de salades. Mieux vaut venir le matin. Passé midi, le choix est plus restreint.

SAINTE-ANNE Bd Hégésippe-Ibéné 05 90 28 24 60 Mar.-ven. et dim. 9h-19h, lun. et sam. 9h-20h

Langouste en maillot de bain

Coco Nack

C'est là qu'il faut aller pour se régaler d'une langouste grillée au bord de la plage. Le maître des lieux se fournit auprès des pêcheurs de sa connaissance ou au marché de Saint-François. Fraîcheur garantie. Menus à 14,50-16,50€ et menu langouste à 28,50€ avec d'excellents acras et un dessert.

SAINTE-ANNE Rue de la Plage 05 90 88 01 40 Tlj. 12h-17h (le soir, sur rés.)

Pour se mettre au vert

Kontiki

Un service rapide et souriant, et un cadre accueillant pour avaler une crêpe (8-12€), une salade (14-19€), un burger ou une souris d'agneau confite (24€) avant d'aller piquer une tête dans le lagon. On s'attable dans des cabanons isolés par la végétation. Les desserts sont maison... et tout ce qui figure à la carte peut aussi être emporté.

SAINTE-ANNE Plage de Sainte-Anne (tout au bout, côté est) 05 90 23 55 42 www.kontiki-guadeloupe.fr Tlj. 9h-19h Parfois apéro à partir de 17h

Healthy

Soopasoup

Lambi, *poyo* (banane verte), cacahuète... Ici soupe rime avec gourmandise. À agrémenter de poulet, d'agneau, et d'une ambiance conviviale ! On peut aussi croquer dans un burger, une salade ou des tapas créoles. Avant d'attaquer un moelleux chocolat piment. Comptez 5-10€ la soupe.

SAINTE-ANNE 9, rue de la Plage 06 90 93 86 30 Mer.-sam. 18h30-22h

Voir aussi **Le Relais du Moulin** (p.42)

RESTAURANTS

La mer en vedette

Au bord de l'eau €

Une table à recommander pour son cadre – plage et cocotiers – comme pour l'extrême fraîcheur et la qualité de ses plats de poisson et de fruits de mer. Spécialités de tartare de poisson et de thon mi-cuit. On peut également opter pour une langouste grillée, tout juste sortie du vivier. Plat à 20€.

SAINTE-ANNE Plage de Sainte-Anne 05 90 91 77 96 Tlj. midi et soir

Méli-mélo en cuisine !

M'Co Saveurs €€

La réputation de la cheffe Marie la précède. Ici, on déguste une cuisine créole qui conjugue élégance et authenticité dès la mise en bouche. Que diriez-vous de rillettes de marlin fumé aux crevettes panées accompagnées de chips de patate douce et pulpe de pamplemousse ? Produits frais et accueil chaleureux. Il est fortement recommandé de réserver.

SAINTE-ANNE, Section Pavillon 06 90 88 02 89 Mar.-ven. 12h-15h et 19h-23h, dim. 12h-15h

Bonne humeur et tradition

Le Lucullus ♥€

Un incontournable, même si le cadre est plutôt banal et que l'on n'a pas les pieds dans l'eau. Service chaleureux, cuisine simple mais variée et recettes créoles préparées dans les règles de l'art : court-bouillon, blaff, colombo... Menu 25-30€.

SAINTE-ANNE Rue de la Plage 05 90 85 44 29 Mer.-dim. 12h-15h et 19h-22h30

Cuisine inventive

Kôté Sud ♥€€

Ce restaurant fait fureur pour la finesse et l'originalité de ses plats.

Dans les cuisines de Kôté Sud

Sa cuisine créole évolutive est variée et parfumée : ravioles de lambi, crabe farci, flan d'oursins à la bisque de langouste. Préférez la carte au menu table d'hôtes, trop sage. Rés. conseillée.

SAINTE-ANNE Route du Rotabas Dir. Pointe-à-Pitre puis à g. 05 90 88 17 31 Mar.-sam. 19h-23h

Osez le glamour

Le Grand Bleu €€€

Le midi, la terrasse de ce restaurant d'hôtel offre l'un des plus beaux panoramas de cette côte : la plage de la Caravelle en contrebas et, au loin, Marie-Galante. À la carte cohabitent spécialités créoles et métropolitaines. Service en musique au dîner. Buffet créole avec orchestre le jeudi soir en haute saison. Comptez env. 60€ le repas hors boisson.

SAINTE-ANNE (2km à l'ouest, dir. Le Gosier) 05 90 88 25 57 www.toubana.com Tlj. 12h-14h et 19h-22h

SHOPPING

Vous rêvez d'un hamac ?

Le Globe-trotteur

Les hamacs du Guatemala et du Mexique ont inspiré les chaise-hamac et les fauteuils Caraïbe qui vous assurent un confort sans pareil ! Ils sont disposés au milieu d'accessoires haut de gamme sélectionnés dans le cadre d'une démarche équitable.

SAINTE-ANNE RN4 Les Galbas 05 90 23 46 53 www.bluehamac.com Lun.-sam. 10h-19h

Le plein de rhums

L'Art des punchs ♥

Outre les traditionnels punch coco, shrub (à base d'écorce d'orange) et un planteur passion qui fait fureur, Claire concocte des punchs inédits comme le Sainte-Anne Spirit (carotte-tomate-ananas), l'Almendra (coco-amandes-pays) ou le Septième Ciel (bois bandé-cola-gingembre-anis étoilé). De 10 à 15€ la bouteille.

SAINTE-ANNE Marché Bd Hégésippe-Ibéné 06 90 45 21 58 Lun.-mer. et ven.-sam. 10h-17h30

Marchés

Marché de la plage

Épices, tissus, punchs, fruits et légumes… l'excellent y côtoie le moins bon.

SAINTE-ANNE Bd Hégésippe-Ibéné Tlj. 8h-18h

Marché nocturne ♥

Fruits et légumes, plats cuisinés, dégustation et grande animation, y compris musicale. À ne pas manquer !

Espace Valette (près du stade municipal) À partir de 18h

LA RECETTE

CHIQUETAILLE DE MORUE

Pour 6 pers.

- 400g de morue
- 1/2 concombre
- 2 oignons
- 2 citrons verts
- 1 bouquet de persil
- 2 gousses d'ail
- 1 piment *habanero*
- 3 c. à s. d'huile
- 1/2 verre de vinaigre de cidre

Mettez la morue à dessaler une nuit entière dans un grand volume d'eau, et renouvelez-le deux ou trois fois. Coupez le poisson en morceaux, faites-le cuire 15min au four en surveillant, avant de l'écraser à la fourchette pour obtenir des "chiquetailles". Épluchez le concombre et détaillez-le en dés. Pelez l'oignon pour le hacher et l'ail pour l'écraser. Lavez le piment *habanero* et, après en avoir soigneusement ôté les graines, coupez-en une fine rondelle et émincez-la. Dans un saladier, versez la morue et laissez-la s'imbiber de sauce (vinaigre de cidre, ail et piment). Pressez le citron vert. Mélangez dans un bol le jus avec l'huile, l'oignon, le persil ciselé et les dés de concombre. Versez dans la jatte et mélangez. Laissez macérer au moins 30min avant d'égoutter.

SAINT-FRANÇOIS

Tout un éventail d'activités nautiques, 7km de plages, une marina, un golf, un casino, des bars et des restaurants à profusion... vous n'aurez pas le temps de vous ennuyer ! Mais le tourisme n'est pas tout. Saint-François est aussi un important port de pêche. Idéal pour vous fournir en poisson ultrafrais !

ACCÈS ET INFOS

- 35km à l'est de Pointe-à-Pitre par la route côtière, souvent saturée. On circule mieux sur celle qui traverse les Grands-Fonds : les vues sur la mer sont plus rares, mais offrent de belles échappées sur la Grande-Terre.
  Liaisons maritimes avec La Désirade, Marie-Galante et les Saintes, cf. Liaisons inter-îles (p.240).
- Bureau d'information touristique de Saint-François (plan 3, C1) Av. de l'Europe 05 90 68 66 81 Haute saison : lun.-ven. 8h-17h, sam. 8h-16h, dim. 8h-13h ; basse saison : lun.-ven. 8h-13h (et sam. du 15 juil. au 15 août)
- Rêverie Caraïbe Rés. pour les sorties en mer et tout type d'activité. (plan 3, C2) Marina www.reveriecaraibe.com Tlj. 8h-12h et 15h-18h

À VOIR

Tour de la ville
Saint-François

À Saint-François, l'habitat est plutôt modeste, comme le montrent les cases des rues Jules-Ferry, Pierre-et-Marie-Curie, Léon-Blum, etc. L'ancienne prison, sise rue de la République, est l'un des rares bâtiments en pierre de la commune. Joliment restaurée, celle-ci accueille des expositions temporaires dans sa **salle du Patrimoine**. Allez également faire une promenade matinale au marché aux poissons. Le soir, c'est autour de la marina que se concentre l'animation.

Unique en son genre
Musée des Beaux-Arts

Cette galerie d'art privée, la seule de Guadeloupe, expose quelque 150 œuvres (tableaux, dessins et sculptures) réalisées le plus souvent par des artistes ayant un lien fort avec l'archipel. L'occasion d'admirer le travail de peintres d'hier comme Guillaume G. Lethière (1760-1832), Évremond de Bérard (1824-1881) et Jean-Louis Paguenaud (1876-1952) et d'artistes d'aujourd'hui, telles Félie-Line Lucol et Nicole Réache.

Av. Félix-Proto La Marina 05 90 28 43 18 www.mbasf.fr Mer.-dim. 10h30-19h 5€

Les collections d'un passionné
Kreol West Indies (hors plan 3 par C1)

Vincent Nicaudie a tout quitté pour sa passion : les Caraïbes. Pendant des années, il a collecté dans toute la Guadeloupe des objets anciens – plus de 20 000 à ce jour –, qu'il expose par roulement dans ce séduisant musée. Sont ainsi évoquées les populations de l'archipel, de la préhistoire à la période coloniale, leur vie quotidienne et leurs croyances. Avec ces témoignages du

À NE PAS MANQUER

- Pointe des Châteaux ★
- Îlets de la Petite-Terre
- Plage des Raisins-Clairs
- Plage de l'anse à la Gourde

Pointe des Châteaux

passé, il fait dialoguer les œuvres d'artistes antillais contemporains. La boutique attenante propose une ligne de textiles artisanaux de confection locale (vêtements, accessoires, splendides serviettes de bain).

Route de la pointe des Châteaux ☎ 05 90 24 41 92 www.kreolwestindies.com ⏲ Tlj. 9h-18h30

Quand l'océan se déchaîne

Pointe des Châteaux ★ (hors plan 3 par C1)

La Guadeloupe version grand spectacle. En l'absence de barrière de corail, les vagues de l'Atlantique se jettent avec fracas contre le morne Petite-Saline, La Roche ou la pointe des Colibris. Avec une telle violence que chaque année, des pans entiers de falaise s'effondrent. Rien d'étonnant donc si la pointe des Châteaux est le site naturel le plus visité de Guadeloupe (classé Grand Site de France depuis 2002). Pour éviter la foule, allez-y avant 9h ou entre 16h30 et 17h30. Ses plages et ses bons restaurants en font un excellent but d'excursion à la journée.

6km à l'est de Saint-François

Robinsonnades

Îlets de la Petite-Terre

Au sud-est de la pointe des Châteaux, les deux îlets de la Petite-Terre – **Terre-de-Haut** et **Terre-de-Bas** – forment un micro-archipel corallien que seul un phare permet de repérer de la pointe des Châteaux ou de la Désirade. Classés réserve naturelle à la fin des années 1990, ces deux "cailloux" bénéficient d'une liaison maritime avec Saint-François – cf. Offrez-vous une journée en mer (p.66) –, mais désormais, il est formellement interdit d'y camper et d'y faire du feu.

Pauses (n°1 à 4)
- *2* Café Wango - *p.68* C1
- *1* L'@robas Café - *p.68* C2
- *3* Le Raou - *p.68* C2
- *4* Restaurant La Plage - *p.68*... A2

Restauration (n°11 à 15)
- *11* Jack's Bar - *p.69* B2
- *15* La Porte des Indes - *p.70*..... B1
- *14* Le Mabouya dans la bouteille - *p.70*....... C2
- *12* Le Resto des Artistes - *p.69*........... D2
- *13* Les Frères de la côte - *p.69* A2

Shopping (n°21 à 23)
- *23* Graines de folie - *p.71* C1
- *21* Marché municipal - *p.71*...... B2
- *22* Marché nocturne - *p.71* D2

Hébergements (n°30 à 34)
- *32* Amaudo Hôtel - *p.252*........ A2
- *33* Bwa Chik Hôtel et Golf - *p.253*................. C1
- *31* La Métisse - *p.252* C1
- *30* Maracudja - *p.252* A2
- *34* Sunset Surfcamp - *p.252* A2

À FAIRE

Lézardez sur une plage

Plage des Raisins-Clairs

Face à un paisible lagon, une plage familiale fréquentée toute la semaine. Prudence tout de même, les fonds sont par endroits coupants. Panorama sur Marie-Galante, les Saintes et la Dominique par temps clair, comme de toutes les plages de ce littoral.

1km à l'ouest du centre, par la rue de la République

Anse à la Barque
Une centaine de mètres à pied pour arriver jusqu'au bord de l'eau. C'est suffisant pour assurer une relative tranquillité à cette plage étroite frangée d'une épaisse végétation.

4km à l'ouest du centre, par la N4 dir. Sainte-Anne puis à g. dir. Blonval

Plage de l'anse du Mancenillier
Le cordon sableux est étroit et ombragé, et la barrière de corail dessine un lagon paisible. Un endroit idéal pour les bains de mer et de soleil. S'il se met à pleuvoir, ce qui est tout de même rare (sauf le soir), ne vous abritez surtout pas sous les dangereux mancenilliers, cf. Bon à savoir (p.66) : ils sont si nombreux qu'ils ont donné leur nom au site.

2km à l'est du centre, dir. pointe des Châteaux, à dr. après l'aéroport

Plage de l'anse à la Gourde
Une magnifique plage de sable blanc bordée d'amandiers et de raisiniers. Le week-end, les familles guadeloupéennes s'installent dans le sous-bois. La proximité du récif corallien rend la baignade difficile. Munissez-vous d'un masque et d'un tuba, les fonds sont splendides.

5km de Saint-François, dir. pointe des Châteaux

Plage de l'anse Tarare
Cette charmante baie est le rendez-vous des gays et des nudistes. La mer est assez agitée, car la barrière de corail est fragmentée en plusieurs endroits.

6km de Saint-François dir. pointe des Châteaux

Plage des Salines
Somptueuse : face à l'Atlantique, 1 500m de sable d'un blanc aveuglant avec la Désirade en toile de fond. Attention, il n'y a pas d'ombre. Pensez au parasol.

200m avant la pointe des Châteaux à g.

Volez

ULM Caraïbes (hors plan 3 par C1)
Cette compagnie propose des cours de pilotage et des sorties découverte en ULM biplace ou en autogire : pointe des Châteaux (60€ en ULM/70€ en gyro), Petite-Terre (110/120€), Petite-Terre et la Désirade (130/160€), Grande-Terre et îlet Fajout (180/210€), Grande-Terre et pointe des Châteaux (230/260€).

Aérodrome 06 90 64 28 48 www.ulmcaraibes.com

La Réserve naturelle nationale de Petite-Terre

Adonnez-vous au kite-surf

Action Kite Caraïbes (plan 3, C1)

Philippe Hautefeuille, l'un des pionniers du kitesurf en Guadeloupe, le pratique en pleine eau uniquement. Session d'initiation (1h30 + 1/2 j.) 225€. Perfectionnement (en groupe de 4 max.) 90€ les 3h. Location de matériel 20-30€/j., tarif dégressif selon la durée.

Base nautique près de la marina 06 90 86 81 35 www.guadeloupe-kitesurf.com

Offrez-vous une journée en mer

Envie d'une sortie en mer à la découverte d'îlots sauvages cernés par les eaux bleu roi d'un lagon ? Cap sur les îlets de Petite-Terre (p.63). Les excursions à la journée partent de la marina de Saint-François. Au programme : navigation, baignade dans le lagon (masque et tuba fournis) repas, promenade à terre à la rencontre des iguanes. Au choix : des bateaux confortables pour une traversée relaxante ou des *speedboats* pour les émotions fortes.

Paradoxe Croisières

Embarquez sur le plus grand catamaran de Guadeloupe (25m de longueur et 45 places) vers les îlets de Petite-Terre. Au programme : navigation, plongée, déjeuner, promenade guidée à terre. Comptez 105€/adulte. Également des excursions à la journée à Marie-Galante.

Marina 05 90 88 41 73 www.paradoxe-croisieres.com

Uhaïna Croisières

Journée d'excursion à Petite-Terre en petit comité, puisque le catamaran ne peut embarquer que 28 passagers. Comptez 90€/pers. avec pause baignade ou plongée (matériel fourni), barbecue sur la plage et balade à terre.

Marina Saint-François 06 90 38 58 28 www.uhaina-croisieres-guadeloupe.com

Plongez au large de Saint-François

Battus par la houle de l'Atlantique et balayés par de puissants courants, les fonds marins autour de Saint-François ne sont accessibles qu'aux plongeurs confirmés (niveau 1 ou 2, selon les sites). Avec ses chatoyants massifs coralliens, le banc des Vaisseaux est le plus beau spot de la région.

Noa Plongée (plan 3, D1)

Baptême dans le lagon de Saint-François 55€ (à partir de 8 ans). Forfait découverte (baptême + deux descentes accompagnées) 135€. Et pour les plongeurs expérimentés, sorties au large sur une quinzaine de sites (59€ l'immersion).

Marina Saint-François 05 90 89 57 78 noaplongee.fr

BON À SAVOIR

L'écorce, les feuilles et les fruits du **mancenillier** synthétisent des molécules fort toxiques. À son pied rien ne pousse. À son contact l'eau de pluie devient acide, au point de percer les vêtements et de brûler la peau au 2e degré. Aussi une bande de peinture rouge ceint-elle généralement son tronc. Jadis, on en planta sur les plages pour prévenir les invasions.

Kitesurf sur le lagon

Ben Oa Plongée Guadeloupe (plan 3, D2)

Ben Oa, moniteur basé à Saint-François, vient vous chercher pour vous conduire jusqu'au site choisi en fonction de votre niveau et des conditions météo (65€, transport compris). Forfait de 10 plongées 420€.

Marina Saint-François 06 90 96 59 41 www.benoaplongeeguadeloupe.com

Améliorez votre swing

Golf de Saint-François (hors plan 3 par D1)

L'unique 18-trous de Guadeloupe, dessiné par le célèbre architecte Robert Trent Jones. *Green fee* 77€/j. en haute saison (149€ pour deux).

Av. de l'Europe Saint-François 05 90 88 41 87 www.golf-saintfrancois.fr Tlj. 7h-18h

Gravissez le morne Pavillon à l'aube

Morne Pavillon (hors plan 3)

Du haut de ses 43m, le morne Pavillon domine toute la pointe des Châteaux. Les lève-tôt seront récompensés par un **lever du soleil** inoubliable : les premières lueurs du jour embrasent la Désirade. Le soir, si le temps est dégagé, la lumière cisèle les moindres reliefs de la Basse-Terre et de la Soufrière.

Saint-François Parking de la pointe des Châteaux

Assistez à la parade

Parade du Lundi gras

C'est l'une des parades de carnaval les plus courues de Guadeloupe. Une quarantaine de groupes participent à un défilé nocturne et coloré.

Saint-François 48 j. avant Pâques

NOS ADRESSES

PAUSES

Sur le port, de 18h à 23h, des restaurants à roulettes vendent pizzas, sandwichs et *bokits*.

À toute heure

L'@robas Café

La terrasse de rêve où dès 8h on peut prendre son petit déjeuner. À midi, les habitués s'y retrouvent pour un croque-monsieur, une salade ou un plat de viande (10-20€). Parfait aussi pour un verre, une glace en fin de journée ou un café avant d'embarquer pour les îlets.

SAINT-FRANÇOIS (plan 3, C2 n°1) 12, galerie du Port Marina 05 90 88 73 77 Mar.-sam. 8h-2h45, dim. 15h-22h

Branché

Café Wango ♥

L'immanquable bar-lounge de la marina : une terrasse avec vue sur les bateaux pour siroter un punch, et une salle où s'attabler devant des sushis ou un thon mi-cuit (21€).

SAINT-FRANÇOIS (plan 3, C1 n°2) Marina 05 90 83 50 41 Lun.-mar. et jeu.-sam. 9h-23h, dim. 9h-22h

Ultrafrais

Le Raou

Ce petit restaurant créole ne paie pas de mine, mais on en sort toujours avec le sourire. Ici, "congélation" est un mot inconnu : on ne vous servira rien en cas de rupture de stock... Assiettes copieuses et menu langouste complet (40€ du planteur au café). Entre 14 et 20€ le repas. Service souriant et décontracté.

SAINT-FRANÇOIS (plan 3, C2 n°3) Rue Saint-Aude-Ferly (face à la poste) Mar.-dim. 12h-14h, mar. et ven.-sam. 19h-22h (et le soir en haute saison, sur rés.)

Le bien nommé

Restaurant La Plage ♥

À déguster, les yeux rivés sur la mer : un *tataki* de thon avec wakamé et gingembre (22€), une assiette de la mer (tartare de thon et de saumon, pavé de poisson, Saint-Jacques, *ouassou* 20€), une salade fraîche (11-16€) ou un cheeseburger avec pain et frites maison (12,50€). Pour digérer, on vous prête un transat.

SAINT-FRANÇOIS (plan 3, A2 n°4) Plage des Raisins-Clairs 05 90 68 07 04 Ven.-mer. 12h-17h30 (restauration 12h-15h)

Healthy

Café Corail

Un café *vegan friendly et* chaleureux. À la carte, des tartines gourmandes (à partir de 9€), des bowls, des smoothies et des jus de fruits frais (7,50€)... Tout est beau et bon. Pour le brunch du week-end, mieux vaut réserver : le samedi, le petit espace les pieds dans l'eau est vite complet !

SAINT-FRANÇOIS (plan 3, C2 n°5) 3, résidence Kayela, Marina 06 90 96 30 23 Mar.-sam. 8h-17h

Pour une glace artisanale

Gwadita

Idéalement installé dans le marché de la Rotonde, Gwadita est apprécié pour ses glaces italiennes artisanales aux saveurs locales (mangue, ananas, pomme malaka, etc.) et ses détonants "parfums du jour".

SAINT-FRANÇOIS (plan 3, B2 n°6) Pl. du Marché-de-la-Rotonde 05 90 46 47 30 Mar.-dim. 14h-20h

Familial

Mervillon

Au bord de la route de la pointe des Châteaux, le cadre n'est pas folichon mais vous trouverez là une cuisine créole de qualité – court-bouillon de poisson (14€), fricassée de lambis (en saison), etc. – et les portions sont copieuses. Menu colombo 11€, menu lambis 23€ et menu langouste 35€.

SAINT-FRANÇOIS Route de la pointe des Châteaux 05 90 88 52 28 Tlj. 11h-15h

Au bord de l'eau

Chez Honoré

Voilà un bel endroit sans prétention pour déjeuner en terrasse face à l'anse à la Gourde. Le premier menu créole est à 30€ avec un ti-punch, celui à la langouste à 45€.

SAINT-FRANÇOIS Anse à la Gourde (5km au nord-ouest) 05 90 88 52 19 Tlj. 12h-15h

RESTAURANTS

Bistrot créole

Jack's Bar €

Tous les amateurs de cuisine traditionnelle connaissent cette adresse d'un abord peu avenant. Dans une ambiance décontractée – musicale certains soirs – le patron propose ses spécialités, de poisson essentiellement, du court-bouillon à 14€ au poisson-coffre farci à 18€. Pas de CB.

SAINT-FRANÇOIS (plan 3, B2 n°11) Pl. de la Mairie 06 90 00 82 83 Mar.-dim. midi et soir

Pour les carnivores

Le Resto des Artistes €€

La vedette, ici, c'est la viande et on vient de loin la déguster. Mais les pizzas ont aussi leurs amateurs. En prime, un accueil cordial et une belle vue sur la marina depuis la terrasse. Entrecôte à 22€ avec sauce au choix.

SAINT-FRANÇOIS (plan 3, D2 n°12) Marina 05 90 88 75 44 Mar.-dim. 12h-14h30 et 19h-22h30

Gastronomie inventive

Les Frères de la côte ♥€€

La cuisine est plutôt originale. En témoignent les délicates rillettes de poisson au basilic et la spécialité maison, un assortiment de 4 poissons agrémenté d'une sauce au choix (sucrée-salée, épices caramélisées, coco-vanille...). Farandole de poissons 19€, menu langouste 36€, menu enfant 11€. Intéressante formule déj. à 16€.

SAINT-FRANÇOIS (plan 3, A2 n°13) Domaine de Tuscany N4 (2km à l'ouest du centre-ville) 05 90 88 59 43 freresdelacote-guadeloupe.fr Lun.-mar. et jeu.-ven. 11h30-15h30 et 19h-23h, mer. et sam. 19h-23h, dim. 11h30-15h30

Couleur locale

Chez Man Michel €€

Cette cuisine locale est fort appréciée des gens du coin. Le week-end, Man Michel affiche souvent complet. Chaque plat (comptez 18-30€) est accompagné d'acras, de gratin-pays, de riz et de salade. Colombo de cabrit à 20€ et menu langouste à 45€. Micro piscine pour se rafraîchir. Soirée zouk le vendredi soir.

SAINT-FRANÇOIS Anse Tarare (suivre les panneaux sur la route de la pointe des Châteaux) 05 90 88 72 79 www.chez-man-michel.com Tlj. 12h-14h30, ven.-sam. 19h-21h

Table avec vue

La Rhumerie du Pirate €€

La splendide terrasse face à la mer a largement contribué au succès de l'établissement. En fin de semaine, il y a foule et le service s'en ressent. Bonne cuisine créole, avec toute la déclinaison des recettes locales. De 18 à 35€ le plat.

SAINT-FRANÇOIS Route de la pointe des Châteaux 05 90 83 25 94 www.larhumeriedupirate.com Mar.-dim. 12h-15h, ven.-sam. 19h-22h

Un grand classique

Le Colombo €€

Depuis 1974, cet établissement tenu par une famille d'origine indienne régale les amoureux d'authentique cuisine créole. Le colombo de cabri est un must (26€). Et il suffit de plonger l'épuisette dans le vivier de 5m^3 pour en sortir une langouste de 800g, prête à être grillée ou accommodée en fricassée (65€). Agréable terrasse et service attentionné.

SAINT-FRANÇOIS La Coulée Route de la pointe des Châteaux (juste après l'aéroport) 05 90 88 41 29 www.le-colombo.com Lun. et mer.-sam. midi et soir, dim. midi

Petits plats dans les grands

Le Mabouya dans la bouteille €€€

Dans un cadre chaleureux à l'ambiance tamisée, craquez pour les ravioles de crabe dans leur bouillon épicé. Faites suivre d'un pavé de daurade rôti et sa purée de patates douces et concluez avec une crème brûlée à la vanille. Excellente cave à vins. Réservation conseillée. De 40 à 60€ le repas.

SAINT-FRANÇOIS (plan 3, C2 n°14) 17, rue des Salines-Est 05 90 21 31 14 Mer.-lun. 19h-23h Fermé fin juin-début juil.

Le goût de l'Inde

La Porte des Indes €€€

L'immigration indienne du 19e s. a fait du colombo l'un des plats emblématiques de la gastronomie guadeloupéenne. Ici, c'est toute la palette de la cuisine indienne que l'on vient savourer : tandoori, curries, massala... Service impeccable. De 40 à 50€ le repas. Rés. conseillée.

SAINT-FRANÇOIS (plan 3, B1 n°15) Desvarieux (1km au nord de Saint-François dir. Le Moule) 05 90 21 30 87 www.la-porte-des-indes.fr Mar.-sam. uniquement soir, dim. et j. fér. uniquement midi

LA RECETTE

COLOMBO DE POISSON

Pour 4 personnes
- 600g de thon ou d'espadon
- 2 aubergines
- 2 courgettes
- 2 tomates
- 2 oignons
- 2 gousses d'ail
- 1 c. à s. de pâte à colombo
- 2 citrons verts
- Sel, poivre et huile

Laissez mariner le poisson découpé en cubes dans le jus de citron vert. Dans l'huile d'une cocotte, faites revenir l'oignon émincé. Ajoutez les aubergines découpées en cubes, les courgettes en rondelles et les tomates en dés. Salez, poivrez, ajoutez la pâte de colombo, l'ail haché et 20cl d'eau. Laissez mijoter jusqu'à ce que les aubergines soient cuites. Une fois la sauce réduite, ajoutez le poisson et sa marinade. Laissez cuire 5 à 10min. Pas plus. Rectifiez l'assaisonnement avant de servir le plat agrémenté de coriandre fraîche et accompagné de riz, voire de piment.

SHOPPING

Déco et détox
Nuska

Une jolie boutique boho chic à deux pas de la plage des Raisins-Clairs. Large sélection d'objets de décoration de petites marques locales : bijoux, macramé, bougies artisanales, fleurs séchées, suspensions en matières naturelles, etc.). Le plus ? Les *bowls* et jus de fruits frais maison à déguster sur la terrasse face à la mer !

SAINT-FRANÇOIS (plan 3, A2 n°20) 6, galeries de Crystal Beach 06 90 50 06 93 www.nuskadeco.com Mar.-sam. 9h30-18h

Shopping sous les étoiles
Marché nocturne

En plus d'y faire le plein de légumes et de fruits locaux, les gourmands pourront y déguster jus de canne, coco, cassaves et de goûteuses spécialités créoles.

SAINT-FRANÇOIS (plan 3, D2 n°22) La Rotonde Mar. 17h-21h

Fruits, légumes et punch coco
Marché municipal

S'il est de plus en plus fréquenté par les marchands d'épices, de rhum et de produits touristiques, il l'est aussi par les maraîchers de la région. En y allant tôt, vous trouverez peut-être des sucrines, ces petites salades croquantes dont on raffole ici. Le premier étage de la Rotonde accueille des expositions.

SAINT-FRANÇOIS (plan 3, B2 n°21) Pl. du Marché Mar.-dim. 7h-14h Mar.-dim. 7h-14h

Parures d'apparat
Graines de folie

Des boucles d'oreilles, colliers et bracelets artisanaux réalisés avec des graines récoltées en Guadeloupe, mais aussi des pochettes, sacs et autres accessoires en tissu des marques Wax.It et Island Karma.

SAINT-FRANÇOIS (plan 3, C1 n°23) Village artisanal de la Pointe-des-Châteaux D118 05 90 28 16 31 Tlj. 9h-18h30

Sur le marché de Saint-François

LE MOULE

Si Le Moule n'est pas un lieu de séjour, il fait bon se promener dans cette petite cité aux rues bordées de maisons traditionnelles. Dans les environs vous attendent plusieurs plages et distilleries, un musée et une belle demeure créole.

ACCÈS ET INFOS

- 13km au nord de Saint-François

À VOIR

LE MOULE

C'est l'industrie sucrière qui a donné naissance au Moule : un port important dès le 17e s. et une agglomération au plan rectiligne, assez prospère pour devenir la deuxième ville de Guadeloupe et le rester jusqu'au début du 20e s. Du port subsiste la batterie, un bastion restauré avec ses canons rouillés encore pointés vers le large. Le Moule abrite une importante communauté originaire du sous-continent indien, particulièrement bien représentée dans le commerce et la petite restauration. Ici, le riz s'accompagne de *dhal*, le curry de lentilles incontournable en Inde.

Cœur de ville

Place de l'Hôtel-de-Ville

Cette vaste esplanade sert de parvis à l'église et à la mairie (1928). Autour se dressent quelques belles maisons recouvertes de bardeaux, caractéristiques de la fin du 19e s., notamment à droite de l'église et dans la rue Albert-Ier. Effectuez cette promenade plutôt le matin pour profiter de l'animation du bourg.

Pour la messe dominicale

Église paroissiale Saint-Jean-Baptiste

Une église de style néoclassique et aux dimensions de cathédrale. Il faut dire qu'au moment de sa construction en 1840, la paroisse couvrait pas moins de 10 000ha et comptait une soixantaine de sucreries. Les temps ont changé, mais Saint-Jean-Baptiste est toujours aussi fréquentée. Le dimanche matin, les fidèles rivalisent d'élégance, hommes en costume et couvre-chef et femmes en robe de dentelle, foulard ou chapeau.

Rue Saint-Jean 05 90 23 50 25 Mar.-ven. 6h-11h

LES ENVIRONS

Maison en kit

Habitation Zévallos

La route qui relie Saint-François au Moule longe cette opulente maison de maître jadis dressée au cœur d'une plantation. Un bel exemple d'architecture métallique comme on l'aimait à la fin du 19e s. Ses structures, poutrelles et

À NE PAS MANQUER

- Usine Gardel
- Musée archéologique Edgar-Clerc
- Anse à l'Eau

La maison Zévallos

fines colonnes sont arrivées en caisse de la métropole, sorties dit-on des ateliers Eiffel. Le mobilier et la décoration intérieure évoquent la Belle Époque. Encore un détail : la demeure serait hantée !

7km au sud-est du Moule dir. Saint-François 06 90 15 70 57 habitationzevallos.com 8€

De la canne au sucre

Usine Gardel

C'est l'une des deux dernières usines sucrières de Guadeloupe, avec celles de Marie-Galante. Elle ne se visite que de février à juin. Quand vous en aurez fait le tour, le processus de cristallisation, la couleur du sucre ou encore la signification des fumées noire et blanche qui s'échappaient jadis des cheminées n'auront plus de secret pour vous. Pour des raisons de sécurité, vous devrez porter des chaussures fermées, un pantalon ou un bermuda. Enfants acceptés à partir de 11 ans.

5km au sud-est du Moule Dir. Saint-François puis fléchage à dr. 05 90 23 37 75 www.gardel.fr
Visite guidée (1h) lun.-ven. 9h, 11h et 16h, sam. 9h et 11h 8€

Avec modération

Distillerie Damoiseau

La plus importante distillerie de Guadeloupe. Chaque année, deux millions de litres de rhum sortent de ses alambics. Les installations se visitent librement. De février à mai, quand s'effectue la récolte de la canne, vous aurez la chance d'assister à toutes les étapes de la production, du pesage des lots de cannes à l'étiquetage des bouteilles. Gare alors aux effluves d'alcool ! Mais on peut y déguster et acheter des rhums blancs, ambrés ou vieux toute l'année.

Section Bellevue (2km au sud-ouest du Moule par la D101) 05 90 23 55 55 damoiseau.fr
Lun.-sam. 8h15-17h30 Entrée libre

Plongez dans le passé

Musée archéologique Edgar-Clerc

Ce musée évoque le quotidien des premiers habitants de la Guadeloupe et est consacré à son depuis les origines (5000 av. J.-C.) jusqu'au passage de Christophe Colomb, en 1493. Présentée dans deux salles, la collection (maquette d'un village, reconstitution de tombes, céramiques, bijoux, outils en pierre ou en coquillage) est accompagnée de textes instructifs. Ne manquez pas, salle 2, les deux visages sculptés dans un coquillage : leur style évoque celui des Taïnos des Grandes Antilles.

Route de la Rosette 4km à l'ouest du centre-ville, dir. Morne-à-l'Eau, puis à dr. vers la pointe de la Grande-Vigie 05 90 23 57 57 Lun.-ven. 9h-17h

> **IL ÉTAIT UNE FOIS**
> Au musée Edgar-Clerc, vous découvrirez l'"**enivrage**", une ingénieuse technique de pêche arawak, qui consistait à déverser dans les rivières un mélange de plantes, inoffensif pour l'homme mais toxique pour les poissons. Enivrés, ces derniers remontaient à la surface et les Indiens n'avaient plus qu'à les capturer.

Lieu de mémoire

Anse Sainte-Marguerite

Plus de 200 sépultures ont été découvertes sous les dunes de l'anse Sainte-Marguerite. Il s'agit d'un cimetière d'esclaves utilisé de la seconde moitié du 18e s. au milieu du 19e. On y a retrouvé une médaille de la Vierge portant la date de 1852. Le Code noir recommandait aux propriétaires de faire baptiser leurs esclaves et de les inhumer chrétiennement. Quelques crânes présentaient des dents taillées en pointe, selon une pratique rituelle africaine. C'était sans doute ceux de nouveaux arrivants qui avaient connu l'enfer de la traversée dans un bateau négrier. S'il n'y a à proprement parler rien à voir, le lieu de la découverte, délimité par des bornes, invite au recueillement.

(6km au nord-ouest du musée archéologique Edgar-Clerc)

À FAIRE

Faites la planche... ou rien !

Anse à l'Eau

Une plage paradisiaque... mais plutôt difficile à trouver ! Du Moule, il faut suivre la direction de Saint-François et, environ 100m après l'habitation Zévallos, prendre à gauche, puis 1,2km plus loin, à droite et immédiatement après à gauche. Encore 1km et il restera à négocier une ultime bifurcation à droite sur une piste carrossable. Ce croissant de sable blond long de 500m est protégé de la houle de l'Atlantique par une barrière de corail. Pratiquement désert en semaine, il accueille le week-end des familles entières venues pique-niquer.

10km au sud-est du Moule

UNE JOURNÉE BIEN ARROSÉE

Jadis, *antan lontan*, la journée de l'amateur de rhum débutait dès 5h par un "décollage" (*rouvé zyeux*), suivi d'un *crasé* (verre d'eau plate) ou d'un *cocoyage* (eau de coco) pour éteindre le feu. À 10h, le *didico* accompagnait le solide encas du travailleur. À 11h arrivait le *ti'lagoute* (petite goutte). Avant le repas, à midi pile, c'était l'heure du CRS (citron-rhum-sucre), le fameux ti-punch. Le déjeuner terminé, un bon *ti'5%* ou *ti'sec* (rhum blanc nature) faisait digérer. Dans l'après-midi, l'"heure du Christ" (à 15h) ou le *ti'pape* (à 17h) étaient l'occasion de jouer aux dominos dans les bistrots. Enfin, la nuit venue, la "partante" (ou *pété-pied*) se prenait avant de rentrer chez soi. Ce découpage de la journée en coups de coude a largement disparu. Seuls quelques anciens respectent encore la tradition, mais n'essayez pas de les imiter sans entraînement !

Dans les cannaies

Porte d'Enfer

Porte d'Enfer

À ne pas confondre avec la Porte d'Enfer du nord de la Grande-Terre (p.80). Ici, pas de récif protecteur, l'océan s'y engouffre avec rage et des courants violents rendent la baignade dangereuse. À condition d'être bien chaussé, vous pourrez grimper sur la falaise ou suivre la côte pour jouir de beaux points de vue sur la Désirade. Allez-y le matin pour profiter du meilleur ensoleillement.

8km à l'est du Moule par la D5 dir. Saint-François puis à gauche à 7km

Plage de l'Autre-Bord

Sable blond, cocotiers, raisiniers et amandiers se succèdent sur 1km pour former la seule plage du Moule digne de ce nom. La barrière de corail et l'absence de courant permettent une baignade agréable. Immense parking, carbets pique-nique, restaurants, piscine...

1 500m à l'est du centre, dir. Saint-François puis à gauche

Plage de l'anse Maurice

La plage familiale type de Guadeloupe. Des familles entières viennent profiter de ses eaux peu profondes, émaillées de massifs de coraux. Un site idéal pour l'apnée. Des carbets sont prévus pour le pique-nique, mais autant vous attablez chez Pinpin (p.78).

14km au nord du Moule, dir. Anse-Bertrand

SENSATIONS FORTES

Comme dans toutes les régions où prédomine la culture de la canne, des compétitions de **bœufs tirants** (p.225) ont lieu dans la région du Moule (calendrier à l'OT). À chaque fois, c'est un véritable village qui s'installe avec ses stands pour désaltérer et nourrir un public nombreux.

À vos palmes, masque et tuba

Anse à la Cuve

Ici, les brisants coralliens arrêtent net les vagues. Vous pourrez faire du snorkeling dans l'eau turquoise en toute tranquillité. Pour atteindre cette crique, suivez sur une centaine de mètres le chemin qui s'ouvre 600m avant l'anse à l'Eau.

10km au sud-est du Moule dir. Saint-François

Prenez la vague

Anse Salabouelle

La plage des surfeurs et autres experts de la glisse ! Les vagues naissent à une cinquantaine de mètres du rivage et les rejoindre se révèle délicat en raison de la fréquence des rouleaux. Attention, accès particulièrement difficile les jours de pluie.

7km au sud-est du Moule dir. Saint-François

Arawak Surf Club

Ce club agréé a été fondé en 1994 par Frédérik Adam, l'un des pionniers du surf en Guadeloupe, qui continue de captiver les clients de passage et les jeunes du coin. Stages d'initiation ou de perfectionnement, mais aussi journées sur la Basse-Terre et la Grande-Terre, en alternance, consacrées à la visite et au test des meilleurs spots.

Boisvin 06 07 67 41 90 www.arawaksurfclubguadeloupe.com

Pagayez dans la mangrove

Molem Gliss

À la base nautique du Moule, on peut louer des kayaks (20€/pers. la demi-journée) pour partir en solo à la découverte de la mangrove de la rivière d'Audoin. Si vous n'avez pas froid aux yeux, vous pourrez vous lancer en *wave-ski surfing* (kayak de surf) sur les vagues de la barrière de corail, à 200m du rivage. Location de matériel handisport et de *paddle*.

Base nautique municipale 06 90 91 77 95 Ouvert le samedi (école de pagaie) et les autres jours uniquement sous réservation téléphonique ou par mail

NOS ADRESSES

PAUSES

Ti-punch au crabe

Maison du crabe

Zagaya, sémafôt, mantou, mal zorey, krab zombi... Apprenez à reconnaître les espèces de crabes qui prospèrent dans la mangrove et les zones littorales. Cet élevage familial se double d'un restaurant de spécialités créoles, ouvert à midi seulement (25€ le déj. sur réservation). En apéritif, osez le ti-punch au sirop de... crabe bien sûr !

LE MOULE Section Duteau 7km à l'ouest du Moule, dir. Morne-à-l'Eau 05 90 24 42 17 Mar.-ven. 9h30-16h, sam. 9h30-15h 4,50€

Resto populaire

La Tonnelle

Sans doute l'adresse la moins chère du Moule. Sa cuisine est à l'image de sa décoration, sans fioritures. Plats du jour sur l'ardoise et spécialités de toujours, *chatrou* en fricassée, *ouassous* grillés, poulet rôti. Vous pourrez emporter votre plat (env. 10€) pour le déguster sur la plage.

LE MOULE 86, rue Saint-Jean 05 90 23 25 00 Lun.-ven. 5h30-16h

De la terre à l'assiette

Le Comptoir du local

Une adresse engagée au service d'une agriculture raisonnée. Un espace hybride, conçu par Steve Salim, où l'on peut faire son marché et se restaurer de produits cultivés en circuit court. Le samedi, un brunch savoureux (à partir de 35€) à base de cette production réunit des gourmands venus de toute l'île.

LE MOULE 5, rue du 14-février-1952 06 90 11 88 88 Mer.-jeu. 12h-16h, ven. 12h-22h, sam. 9h30-16h Brunch

Cuisine créole sur la plage

Chez Pinpin ♥

Pinpin sert des colombos et des fricassées entre 10 et 15€. C'est bon, c'est sympathique et vous pourrez profiter de la plage qui s'étire au pied de la terrasse.

PETIT-CANAL Anse Maurice (14km au nord du Moule, à g. tout en bas de la descente) 05 90 22 52 97 Tlj. 9h-14h30

RESTAURANTS

En voilà des accras !

La Kaz à Accras €

La maison s'est spécialisée dans la réalisation des accras : ces petits beignets frits fort appréciés aux Antilles. Ici, ils sont déclinés aux carottes - gingembre, au poulet, à la morue, à l'aubergine, au poulet. Une adresse idéale pour les petites faims et les petits budgets à la baie du Moule.

LE MOULE 2, boulevard Maritime 06 90 30 36 17 Mar.-mer. et ven.-dim. 11h-14h30 et 16h30-20h

Surfeurs et tête de veau

Le Spot €

De la terrasse, vous pourrez admirer les prouesses des surfeurs et, de février à mai, vous aurez peut-être la chance d'observer des baleines ! Au menu, blanquette, tête de veau, mais aussi tartare de poisson et salades, assez copieuses pour le déjeuner. Repas autour de 20€.

LE MOULE Bd Maritime Damencourt 05 90 85 66 02 Mar.-dim. 10h-22h Fermeture de mi-juillet à fin août

SHOPPING

Déco et fruits pressés

Chill In €€

Ce nouveau concept-store propose une belle sélection déco sur deux niveaux. Au rez-de-chaussée, on craque pour les vêtements et paniers bohème chic, pour les boucles d'oreilles colorées en plume, aussi.

Bonus : le salon de thé au niveau 0 où l'on déguste des thés Mariage Frères ou des jus de fruits pressés accompagnés de savoureuses pâtisseries.

LE MOULE, 38, rue Duchassaing 06 90 80 92 24 Mar.-sam. 10h-18h, dim. 10h-13h

Avec les producteurs locaux

Marché agricole nocturne

Avocats, giromons, christophines, ignames, patates douces, salades, citrons verts, oranges, goyaves et autres productions locales se disputent ses étals. Il vous invite à *"Vini consomé lokal pou pé viv lontan : nou ka atan zot !"*. Autrement dit : "Venez consommer local pour vivre longtemps : nous vous attendons".

LE MOULE Bd du Général-de-Gaulle Mer. 15h30-20h

Dénichez l'objet rare

Marché aux puces

Au milieu de ce fatras coloré, un chanceux pourra chiner un vieil outil agricole, le gourmand se contentera de déguster des acras chauds ou un *bokit* à la morue.

LE MOULE Bd du Général-de-Gaulle 2e dim. du mois 5h-13h

LA RECETTE

PUNCH COCO

40cl de pur lait de coco
150g de lait concentré sucré
20cl de sirop de canne
70cl de rhum blanc
Le zeste d'un demi-citron vert bio
1 gousse de vanille
Muscade
Cannelle

Faites chauffer à feu doux le zeste de citron vert, les grains de vanille et les épices délayés dans le lait concentré, ajoutez le lait de coco. Éteignez aux premiers frémissements. Laissez refroidir avant d'ajouter le rhum blanc. Mettez à reposer au moins 6h au réfrigérateur. Filtrez et servez avec des glaçons.

ANSE-BERTRAND

Cette commune qui occupe le triangle nord de la Grande-Terre n'est ni très peuplée ni très fréquentée. Elle est pourtant dotée d'un littoral spectaculaire et de capacités d'hébergement limitées, mais agréables... Pour un séjour faisant alterner farniente, randonnée, plongée et rencontres avec la population locale.

À VOIR

ANSE-BERTAND

Malgré la sécheresse de ses sols et de son climat, la commune se consacra longtemps à la culture du coton, puis à celle de la canne. C'est sur ces terres arides que furent relégués, en 1660, les derniers Indiens caraïbes. Leurs descendants se fondirent dans la population à la fin du 19e s. Les parcelles incultes sont aujourd'hui livrées aux bœufs et aux chèvres.

ACCÈS ET INFOS

- 41km au nord-ouest de Saint-François, 44km au nord de Pointe-à-Pitre
- Office de tourisme Le Nord Guadeloupe Rue Cheik-Anta-Diop Anse-Bertrand 05 90 48 77 80 Lun.-mar. et jeu.-ven. 8h-13h et 14h-16h30, mer. 8h-13h Horaires fluctuants
- Office de tourisme Le Nord Guadeloupe Rue Gambetta Port-Louis (à côté de la mairie) 05 90 48 77 80 Lun.-mar. et jeu.-ven. 8h-13h et 14h-16h30, sam. 8h-13h

LES ENVIRONS

Autour du bourg d'Anse-Bertrand s'étendent des paysages austères très impressionnants. Du Moule à la pointe de la Grande-Vigie, le littoral offre le spectacle d'abruptes falaises qui se jettent dans l'Atlantique. Des plaines et plateaux consacrés aux cultures ou à l'élevage se partagent l'arrière-pays.

À couper le souffle

Pointe de la Grande-Vigie ★

Battue par les vents, cette langue de calcaire haute de 80m, qui s'avance sur près de 500m dans l'océan, est la pointe septentrionale de Guadeloupe. Un sentier aménagé par l'ONF permet d'approcher de l'abîme en toute sécurité. De là, le regard porte jusqu'à la pointe du Piton au sud-est, avec la Désirade en point de mire, Montserrat (70km à l'ouest) et Antigua (80km au nord). Prévoyez des chaussures à semelle robuste, car le sol est constitué d'une dentelle de corail acérée.

7km au nord-est d'Anse-Bertrand

Diable de lagon

Lagon de la Porte d'Enfer

Entre deux falaises, le lagon de la Porte d'Enfer forme une piscine chaude et peu profonde, de 300m sur 40. Les aires de pique-nique ombragées aménagées

À NE PAS MANQUER

- Pointe de la Grande-Vigie ★
- Lagon de la Porte d'Enfer
- Beauport, le pays de la canne
- Anse du Souffleur

Lagon de la Porte d'Enfer

sur le rivage sont prises d'assaut le week-end. De là part la trace des Falaises (p.83), plus beau parcours de randonnée du secteur. Suivez-la sur quelques centaines de mètres au moins pour admirer le littoral. Vous pouvez aussi gagner en voiture le belvédère situé à 1km du parc de stationnement.

11km au nord-est d'Anse-Bertrand

Balade architecturale

Port-Louis

Prolongeant un actif port de pêche, la ville conserve de belles maisons du début du 20e s. Sa **mairie** Art déco (1928) a été dessinée par Ali Tur. Entrez dans l'**église Notre-Dame-de-Bon-Secours** pour admirer sa voûte lambrissée. Une jolie étape que vous pourrez poursuivre dans l'un des restaurants du bord de mer. La vedette de la commune ? La **plage du Souffleur**.

7km au sud d'Anse-Bertrand

Histoire industrielle

Beauport, le pays de la canne

Au plus fort de son activité, cette sucrerie employait 2 000 ouvriers. Si la production a cessé en 1990, ses locaux, réhabilités, ont été aménagés pour la visite. Passionnante, celle-ci vous emmènera de la belle maison du directeur aux bâtiments d'exploitation et à leurs énormes machines, en passant par le moulin du 18e s. (dans lequel vous pourrez grimper). Les voies ferrées construites pour acheminer la canne à l'usine et ses dérivés jusqu'au port de Beautiran sont toujours en état, et vous pourrez monter à bord d'un **petit train** pour une balade de 50min (départs à 11h et 15h).

1km à l'est de Port-Louis 05 90 48 96 30 Mar.-dim. 9h-17h 15€

À FAIRE

Faites l'étoile de mer sur le sable

Plage de la Chapelle

La plage principale d'Anse-Bertrand, familiale par excellence. Ici, nul courant violent. Méfiez-vous tout de même des hauts-fonds tapissés de coraux qui coupent aussi sûrement qu'un rasoir. Bon spot de surf juste à côté, qui accueille régulièrement des compétitions. Les carbets pique-nique dressés à l'ombre des cocotiers et des amandiers-pays sont pris d'assaut le week-end. Boissons fraîches et sandwichs en vente sur le parking.

Anse Laborde

Seuls quelques *ajoupas* apportent un peu d'ombre à cette bande de sable blanc qui s'étire sur 250m. Les rouleaux et les courants violents rendent la baignade dangereuse. Ne vous éloignez pas du rivage ; des panneaux délimitent la zone sécurisée. À 5min de marche vers le nord se découpe la pittoresque échancrure de **Trou-Madame-Louis**, où s'engouffrent les vagues.

1,5km au nord-est d'Anse-Bertrand

Anse du Souffleur 👍

Ce ruban de sable clair qui s'étend sur 1km, du nord de Port-Louis à la pointe des Mangles, fait la fierté des Portlouisiens. La mer est calme, la baignade sûre. Seules précautions à prendre : surveiller les enfants en raison du ressac et se protéger impérativement du soleil. Attention aussi, en fin de journée,

Plage de l'anse Laborde

aux attaques des *yen-yens*, petits moustiques agressifs. Douches et toilettes (payantes).

7km au sud d'Anse-Bertrand

Suivez les sentiers côtiers

Trace Lavolvaine

De la plage de la Chapelle, un itinaire balisé par l'ONF longe le littoral jusqu'à la plage du Souffleur (p.82). Les points de vue qu'il ménage sur le nord de la Basse-Terre sont splendides. Ce sentier peu fréquenté est une aubaine pour les amateurs de coquillages et de bois flotté. Il dessert la jolie plage de l'anse Colas où, à Pâques, des familles se rendent en char à bœufs pour pique-niquer. Prévoyez suffisamment d'eau.

Départ plage de la Chapelle

Trace des Falaises

De la Porte d'Enfer, cette sente longe les falaises, entre 30 et 60m au-dessus de la mer. Comptez 1h30 (4km) pour atteindre le Trou du Souffleur, dont les spectaculaires geysers peuvent s'élever à 10m.

11km à l'est d'Anse-Bertrand Départ du lagon de la Porte d'Enfer

Observez les oiseaux

Marais de Port-Louis

Une boucle de 1h15 pour explorer la mangrove au nord de l'anse du Souffleur. La végétation (palétuvier, mangle blanc et olivier bord-de-mer) abrite aigrettes neigeuses, hérons et pluviers dorés. À mi-parcours, une tour d'observation permet d'épier les oiseaux. Retour par le littoral. Couvrez-vous ou prévoyez de la citronnelle, les moustiques sont voraces ! Brochure à l'OT de Port-Louis.

Départ du parking nord de la plage du Souffleur, à côté du cimetière 2km au sud du centre

Plongez

Les fonds du nord-ouest de la Grande-Terre, notamment le magnifique Grand Cul-de-Sac marin (p.89), réservent de belles surprises aux plongeurs. En plus, les clubs des environs ont su rester à taille humaine.

Éden Plongée

Christophe Jouanolle vous conduira sur les plus beaux fonds du Grand Cul-de-Sac marin, tels ceux de l'îlet Fajou. Outre la plongée avec bouteille (45€), il propose une formule "randonnée subaquatique" à la demi-journée pour découvrir les fonds en PMT (palmes, masque et tuba) pour 35€ (enfant 30€), et des stages photo et biologie sous-marine (330€ les 4 j.)

25, bd Boisneuf Port-Louis 06 90 68 12 27 www.edenplongee.fr Tlj. sauf mar.

SUR LES TRACES DE...

Lilian Thuram, champion du monde 1998 et enfant du pays, a longtemps fait vibrer sa terre natale en y organisant des *léwoz* gigantesques, rassemblements traditionnels au son du gwoka et des tambours *ka*.

NOS ADRESSES

PAUSES

Casse-croûte

Boulangerie-pâtisserie du Sportif

Une bonne boulangerie où acheter des sandwichs ou des pains spéciaux pour préparer son pique-nique.

ANSE-BERTRAND 11, rue Victor-Schœlcher (à proximité de l'église) 05 90 22 15 74 boulangerie-du-sportif-bernard.business.site Lun.-sam. 5h30-19h30, dim. 6h-13h

Les orteils dans le sable

Au coin des Bons Amis

Un restaurant de plage comme on les aime : de grandes tables sans chichis, à 10m de la grève, et d'honnêtes grillades servies avec des acras et des légumes. Comptez 10-15€ le repas.

ANSE-BERTRAND Plage de l'anse Laborde 06 90 75 61 10 Tlj. 10h-16h

Resto de plage

Zion Train

Une table créole sans prétention, au-dessus de la plage de la Chapelle. Plats à partir de 12€, menu avec langouste entière 40€. Sur la plage, en haute saison, un petit cabanon vend des *bokits* et autres sandwichs.

ANSE-BERTRAND Plage de la Chapelle 05 90 20 62 04 Tlj. 12h-17h30 Fermé fin juin-début juil. et sept.-oct.

Une terrasse d'Enfer

Chez Coco

Ce cabanon vous accueillera pour grignoter une salade ou une grillade dans une ambiance décontractée, au bord de l'eau et les pieds dans le sable. Comptez 15-20€ pour une entrée et un plat.

ANSE-BERTRAND Lagon de la Porte d'Enfer 06 90 75 34 84 Tlj. 9h30-17h30 Repas 10-17h (plus tard sur rés.)

Déjeuner en maillot

Le Marin du Souffleur

Pour déjeuner en terrasse, entre deux baignades dans l'anse du Souffleur (douche à disposition). Entrées 4,50€ (acras, duo de boudins, coquille de

Zion Train, plage de la Chapelle

crabe), plats entre 12€ (poulet à l'ananas) et 20€ (fricassée de lambis).

PORT-LOUIS 25, rue du Général-Delacroix 05 90 20 44 49 Tlj. 11h-17h

Douceurs créoles

Choukasik

Cette pâtisserie-confiserie revisite les classiques antillais en proposant des variantes de saison (1-15€). Pas de pommes ni de fraises venues de l'autre bout du monde ; Sylviane Coquerelle met à l'honneur les fruits cultivés sur place. Ne manquez ni les doucelettes ni les dentelles coco.

PORT-LOUIS 78, rue Rémy-Nainsouta (N6) Barbotteau 05 90 90 84 10 Mar.-ven. 7h-18h, sam. 9h-18h, dim. et j. fér. 10h-18h

RESTAURANTS

Douillet

L'Océane ♥€

Une bonbonnière et une micro terrasse (quatre tables sur le balcon) particulièrement agréable avec sa vue sur la mer, où déguster de savoureuses spécialités locales – colombo, court-bouillon… Excellents punchs maison et accueil sympathique. Entrée 5-6€, plat 12-18€ (langouste 35€).

ANSE-BERTRAND 109, rue Victor-Schœlcher 06 90 75 66 77 Lun., mer. et ven.-sam. 12h-15h30 et 18h30-21h30, dim. 12h-15h30

Valeur sûre

La Case à Fernand €

Joli panorama sur le large et accueil charmant. La carte fait le tour des saveurs locales : colombo de cabri, poisson fumé, mousses de légumes-pays, tarte banane-coco et punch maison. Plats du jour autour de 15€, formule à 16€ et menu poisson à 23€.

ANSE-BERTRAND 107, rue Schœlcher 05 90 22 24 29 la-case-a-fernand.coconews.com Mar.-dim. 12h-15h (le soir sur rés.)

Le rendez-vous des pêcheurs

La Corrida du Sud €

Une salle sombre et un peu étouffante, mais une cuisine familiale épatante. Le poisson est toujours excellent. Menu 15€.

PORT-LOUIS Port de pêche 05 90 22 92 33 Lun.-sam. midi

Avec vue

Le Poisson d'or €€

Pour sa terrasse, son belvédère sur la Basse-Terre, mais aussi pour ses spécialités de la mer. Laissez-vous tenter par les rillettes de poisson avant le goûteux court-bouillon. Comptez 25€ pour une entrée et un plat.

PORT-LOUIS 19, rue Achille-René-Boisneuf 05 90 22 88 63 lepoissondor.fr Tlj. midi (le soir sur rés.)

Table d'hôtes remarquable

Chez Tof ♥€€

Certes, Christophe vous reçoit dans une modeste case de bois et de tôle, mais cet ancien chef parisien au légendaire franc-parler sait mettre les petits plats dans les grands, accommodant les produits de saison guadeloupéens à la mode métropolitaine. Menu (apéritif, entrée, plat, dessert, café) 23€. Pas de CB. Réservation conseillée.

PORT-LOUIS 28, lotissement des Fauvettes 06 90 91 93 42 Mar.-dim. 12h30-15h et 19h30-22h30

MORNE-À-L'EAU

Morne-à-l'Eau est une grosse bourgade animée, en retrait de la mer, mais sans grand attrait touristique. Vieux-Bourg, le cœur historique de la commune, est un modeste village de pêcheurs où vous pourrez embarquer pour une passionnante excursion à travers la mangrove.

ACCÈS ET INFOS

- 14km au nord-est de Pointe-à-Pitre
- Fête du crabe Dégustation, concours, animations musicales. Autour du w.-e. de Pâques

À VOIR

MORNE-À-L'EAU

La commune s'étend de Vieux-Bourg, à l'ouest, aux faubourgs du Moule, à l'est. Dédiée à l'industrie sucrière jusqu'à la fermeture de la dernière usine, en 1979, la localité de Morne-à-l'Eau a conservé quelques belles maisons de ville et un imposant cimetière aux sépultures carrelées de blanc et de noir.

Bains de boue

Plage de Babin

Pas de sable ni de grève… pas vraiment un lieu de baignade donc, sauf si vous souffrez d'arthrose ou de problèmes de peau. L'argile qui tapisse le fond de l'eau possèderait en effet des vertus thérapeutiques, à en croire les adeptes qui s'en badigeonnent consciencieusement. Au coucher du soleil, quand des nuées de hérons et d'aigrettes regagnent le Grand Cul-de-Sac marin, cette plage offre une vue magnifique sur les reliefs de la Basse-Terre.

2km à l'ouest de Vieux-Bourg

LES ENVIRONS

Éternel rotour !

Canal des Rotours

Une vaste plaine sucrière s'étend à l'est de Morne-à-l'Eau. Ce canal long de 8km fut creusé vers 1825 par une nombreuse main-d'œuvre libre et servile afin de drainer cette zone marécageuse impaludée. Il trouva sa vocation à la fin du 19e s. en permettant à l'usine de Blanchet (fermée en 1979) d'acheminer sa production jusqu'à la mer. Pour découvrir cette voie d'eau et son histoire, joignez-vous à une excursion à partir de Petit-Canal, cf. À faire (p.87).

5km au nord de Morne-à-l'Eau

Ville de mémoire

Petit-Canal

La commune tire son nom d'un canal creusé au 19e s. pour faciliter le mouillage des bateaux. Elle se dota très tôt d'usines centrales qui broyaient la canne des habitations alentour et devint l'un des berceaux de l'émancipation des esclaves, puis de la lutte ouvrière en Guadeloupe. Allez faire un tour sur le

À NE PAS MANQUER
- Petit-Canal
- Le Grand Cul-de-Sac marin ★
- Explorer la mangrove

Ruines de la prison aux esclaves, Petit-Canal

ponton, au pied du phare. Par temps clair, le panorama embrasse toute la Basse-Terre, de la pointe Allègre, au nord, à la Soufrière, au sud.

11km au nord-ouest de Morne-à-l'Eau

Escalier des Esclaves

C'est le chemin qu'empruntaient les captifs africains, à l'issue de leur épouvantable traversée, pour gagner l'esplanade du village sur les hauteurs, où se tenait le marché aux esclaves. Des pancartes précisent les ethnies auxquelles appartenaient ces malheureux. À 200m de l'escalier, des vestiges dévorés par les racines d'un énorme figuier seraient ceux d'une **prison aux esclaves**. Derrière l'église, une stèle indique sobrement : "Liberté, 1848".

Musée de la Vie d'antan

Récipients, outils, ustensiles de cuisine, moyens de locomotion... Chaque année, pour son unique exposition, le musée collecte, restaure et met en valeur des objets de la vie quotidienne d'avant l'effondrement de l'industrie sucrière. Une vivante évocation de la Guadeloupe d'hier.

Rue de l'Église (face à la mairie) 05 90 83 33 60 Lun.-mar. et jeu. 8h-13h et 13h45-16h, mer. et sam. 8h30-12h, ven. 8h30-14h45 4€

À FAIRE

Explorez la mangrove

Ti-Évasion

La mangrove du Grand Cul-de-Sac marin en kayak ou en paddle. Une option plus sportive que les autres, mais d'autant plus ludique et écologique. Balade avec un guide naturaliste (3h, mar.-dim. à 9h et 14h30) : 35-38€/pers. sur rés.

Port (face à l'école) Vieux-Bourg 05 90 82 87 06 www.ti-evasion.com

LE GRAND CUL-DE-SAC MARIN ★

Cette baie de 24 500ha, qui sépare les deux grandes îles de l'archipel guadeloupéen, est protégée du large par une barrière de corail de 39km, la plus longue des Petites Antilles. Dans les eaux calmes de son lagon affleurent quelques îlets (Caret, Blanc, Fajou, Christophe, La Biche, etc.) ourlés de sable fin. Sous la surface de l'eau, les coraux – une cinquantaine d'espèces – et un herbier touffu servent de nurserie à plus de 200 variétés de poissons. À terre se déploient 5 000ha de mangrove où nichent les oiseaux de mer. L'exceptionnelle diversité biologique du site lui a valu d'être placé sous la protection du parc national de la Guadeloupe. À découvrir à partir de Vieux-Bourg (Grande-Terre) ou de Sainte-Rose (Basse-Terre).

Mangrove du Grand Cul-de-Sac marin

Bel' Mangrov

Le "VTT des mers" (pédalo) est le moyen de locomotion idéal pour explorer la mangrove : faible tirant d'eau qui permet de se faufiler partout, silence pour ne pas effrayer les oiseaux, respectueux de l'environnement... Sorties en petit groupe (14 pers. maxi) avec un guide naturaliste : 75€/pers./j., avec repas sur la plage. Prévoyez crème solaire, chapeau, tongs et maillot de bain. Sur rés.

Port Vieux-Bourg 06 90 36 60 30 www.belmangrov.com

Clarisma Tour

À bord de la vedette *Clama* (24 pers. max.), trois excursions/j. La première (70€, 7h) part à 9h et sillonne les marais, avec baignade sur la barrière de corail et repas langouste à la clé. La seconde (30€, 3h) ne dure que la matinée. La dernière (25€, 2h) part à 16h, emprunte le canal des Rotours et revient vers les îlets peuplés d'oiseaux pour le coucher du soleil.

Au port Petit-Canal 06 90 55 12 56 https://clarismatour.com

COULEUR LOCALE

Tous les ans à la Toussaint, le **cimetière de Morne-à-l'Eau** s'embrase. Dès l'aube les familles vont saluer la mémoire de leurs ancêtres et nettoyer leurs tombes carrelées de blanc et de noir. Le soir, on allume des bougies, dont le scintillement est visible à des kilomètres à la ronde.

NOS ADRESSES

PAUSES

Simple et bon marché

Saveurs d'antan

Un petit *lolo* où l'on s'attable dans une salle toute simple donnant sur la rue, devant des plats du jour piochés au comptoir. Comptez une dizaine d'euros pour une entrée et un plat.

MORNE-À-L'EAU 22, rue de l'Église Mar.-sam. uniquement midi

Reconstituant !

Le Romaric

De la mer à l'assiette ! C'est le credo du patron, par ailleurs pêcheur, qui propose une cuisine créole simple et goûteuse (fricassée de lambis, ragoût de porc, gratin de giraumon, flan coco) mais aussi des balades dans la mangrove. Moules-frites et paëlla sur rés. Plats 12-20€.

VIEUX-BOURG Rue Achille-Labuthie 05 90 82 83 35 Mar.-sam. 12h-14h30, ven. 19h-21h30, dim. 12h-15h

En-cas

Le Fournil canalien

Il n'y a pas de véritable restaurant dans le bourg même de Petit-Canal. Mais vous pourrez acheter un sandwich dans cette boulangerie.

PETIT-CANAL 6, rue Jean-Jaurès (derrière la mairie) 05 90 22 73 87 Lun.-sam. 6h-19h30, dim. 6h-12h30

Ne vous y trompez pas. La Basse-Terre est la plus montagneuse des îles de Guadeloupe. Elle porte d'ailleurs le point culminant de l'archipel (1 417m), la Soufrière. Sur les pentes du volcan foisonne la forêt tropicale, tandis que de véritables jardins tapissent les fonds marins de l'île. Une destination nature, donc, qui réjouira les amateurs de randonnée pédestre ou palmée.

La Basse-Terre

Acomat boucan

Plan 4

Îlet à Kahouanne
Clugny
Pointe Allègre
Tillet
Amandiers
Îlets de Carénage
La Perle
La Ramée
Sainte-Rose
Piton de Sainte-Rose
Grande-Anse
Sainte-Rose p.160
Point de vue de Gadet
Écomusée CréoleArt
Deshaies
Le Dos d'Âne 611 m
Jardin botanique de Deshaies
Deshaies p.154
Piton La Ramée 487 m
Sources de Sofaïa
Marolles
Musée du Rhum
Leroux
Piton Baille-Argent 606 m
Le Boucan
Domaine de Séverin - Habitation Marsolle
Petite-Anse
Baille-Argent
Beausoleil
Belle Hôtesse 777 m
Route de Morphy
La Couronne 756 m
Notre-Dame-des-Larmes
Le Piton 687 m
Pointe-Noire
Habitation Côte-sous-le-vent
Morne Jeanneton 744 m
Pointe-Noire p.148
Plage Caraïbe
Saut d'Acomat
La route de la Traversée p.144
Morne à Louis 743 m
Mahaut
Morne Léger 631 m
Malendure
Zoo de Guadeloupe - Parc des Mamelles
768 m
716 m
Les Mamelles
Maison de la Forêt
Îlets Pigeon
Route de la Traversée
Anse à Sable
Pigeon
Pitons ou Sauts de Bouillante 1 088 m
Morne Lézard
Bouillante p.136
Bouillante
Bains chauds de Thomas
Morne Incapable 1 086 m
Parc national de la Guadeloupe
Matéliane 1 354 m
Petite-Anse
Morne Bontemps 1 221 m
Marigot
Habitation La Grivelière
Crête des Icaques
Montagne de Capesterre 1 134 m
Étang
Domaine de Vanibel
Carmichael 1 414 m
Vieux-Habitants
1 467 m
Vieux-Habitants p.130
Nez Cassé 1 281 m
Rocroy
Savane à Mulets
La Soufrière
La Soufrière p.124
Bains Jaunes
Baillif
Trace de l'Armistice
Aérodrome
Saint-Claude
Basse-Terre
Gourbeyre
Dolé
Basse-Terre p.118
Fort Louis-Delgrès
Vent Soufflé 687 m
Trois-Rivières
Monts Caraïbes
Vieux-Fort
Grande-Anse
Pointe de Vieux-Fort
Pointe à Launay
Mer des Antilles
N1
N2
N3
D1
D6
D7
D8
D9
D11
D13
D17
D18
D19
D22
D23
D25
D30

ÎLET À FAJOU
GRAND CUL-DE-SAC MARIN
MANGROVE
POINTE DE LA GRANDE-RIVIÈRE
Lamentin
Baie-Mahault
Vieux-Bourg
MANGROVE
Morne-à-l'Eau
PLAINE DE GRIPPON
GARNIER
MANGROVE
LA GRANDE-TERRE p.35
AÉROPORT PÔLE CARAÏBES
Les Abymes
Grands-Fonds
Pointe-à-Pitre
MÉMORIAL ACTE
D2
N10
N1
Versailles
D23
PETIT CUL-DE-SAC MARIN
SAINTE-ANNE
Le Gosier
ÎLET DU GOSIER
Morne-Bourg
Petit-Bourg
PETIT-BOURG p.100
Duquerry
JARDINS DE VALOMBREUSE
Viard
JARDIN D'EAU
N1
Goyave
SAINTE-CLAIRE
Morne Rouge
CHUTES MOREAU
Sainte-Marie
ROSEAU
PLANTATION GRAND-CAFÉ
DISTILLERIE LONGUETEAU
PREMIÈRE CHUTE DU CARBET
N1
CAPESTERRE-BELLE-EAU p.106
TROISIÈME CHUTE DU CARBET
Capesterre-Belle-Eau
L'ÉCHELLE
D3
Routhiers
DEUXIÈME CHUTE DU CARBET
D4
JARDIN DE CANTAMERLE
L'Habituée
LA MADELEINE
Saint-Sauveur
D5
N1
OCÉAN ATLANTIQUE
Savane
PARC ARCHÉOLOGIQUE DES ROCHES GRAVÉES
GRANDE POINTE
POINTE DE L'ACOMAT
TROIS-RIVIÈRES p.112
N
3 km

SEPT BONNES RAISONS...

... de découvrir la Basse-terre, de ses fonds marins poissonneux aux pentes de la Soufrière.

LE PARC ARCHÉOLOGIQUE DES ROCHES GRAVÉES (p.112), pour rencontrer les Arawaks, peuple amérindien.

LES PLAGES DE DESHAIES (p.155), pour les plus beaux couchers de soleil.

L'HABITATION LA GRIVELIÈRE (p.131), pour une leçon de patrimoine sur les hauteurs de Vieux-Habitants.

LA SOUFRIÈRE (p.124), pour une randonnée qui culmine à 1 467m d'altitude.

☀ **LE PARC NATIONAL DE LA GUADELOUPE** (p.126), pour prendre un bol d'oxygène.

☀ **LES CHUTES DU CARBET** (p.109), pour admirer la beauté des cascades au cœur d'une végétation luxuriante.

☀ **LA PLAGE DE SABLE NOIR DE GRAND ANSE TROIS-RIVIÈRES** (p.114), pour méditer et se balader jusqu'au **PHARE DE VIEUX-FORT** (p.113).

RENDEZ-VOUS AVEC...

Le chef **Claudy Strazel** fait vibrer la gastronomie créole autour de trois tables pilotées par Maison Strazel : la Table de Léna, la Table Saint-Charles et la Table de la Mer – Yacht Club. Cet enfant de Basse-Terre demeure attaché à l'aile gauche de l'île papillon.

Mon restaurant signature

A La Table de Léna

Ma première rencontre avec les clients s'est opérée dans ce restaurant que je tiens avec mon épouse Léna. L'adresse, saluée comme chaleureuse et originale, s'est imposée parmi les références de l'archipel grâce au bouche-à-oreille. Toujours basée à Jarry, la Table de Léna s'est agrandie d'un espace boutique, de petits salons et même d'une cave à vin. Et notre fils Julien a rejoint l'aventure !

BAIE-MAHAULT Impasse André-Ampère 06 90 62 97 70 Mar.-sam. 12h-15h et 19h-23h, dim. 12h-15h

Mon spot bien-être

B Les bains chauds de Thomas

Les propriétés thermales de ces sources chaudes de la Côte-Sous-Le-Vent (p.140) sont reconnues et appréciées de longue date. Se tremper dans ces vasques aux eaux soufrées, rafraîchies par la mer, est une excellente façon d'évacuer le stress.

THOMAS (6,5km au sud de Malendure par la N2, puis à dr. en suivant les panneaux "Bains chauds")

ET POUR UNE ESCAPADE ?

Assurément Marie-Galante (p.190). Là-bas, le temps s'arrête : déconnexion assurée !

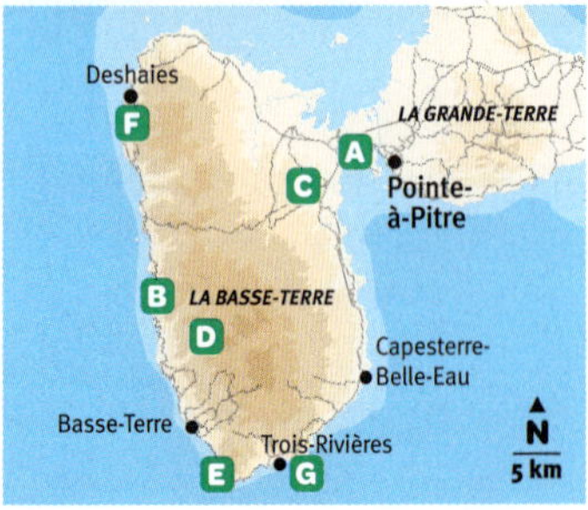

Pour un séjour en amoureux

C L'Habitation Saint Charles

Je recommande le bel écrin qui accueille notre Table Saint Charles by Claude Strazel : l'Habitation Saint Charles. Des chambres standard aux villas de luxe avec piscine en passant par les bungalows, un grand soin est apporté à la décoration d'inspiration créole. À partir de 175€ la chambre double.

PETIT-BOURG Chemin de Grippière 05 90 32 20 34 ou 06 90 41 28 74 www.habitation-saint-charles.com La Table Saint Charles par Claude Strazel 06 90 49 48 73 Ven.-sam. 12h-15h et 19h-22h, dim. 12h-15h

Ma plage de prédilection

G Plage de Grande-Anse

La plus belle plage du sud de l'île déroule son long ruban de sable noir face aux Saintes. Mais attention à la houle sur ce spot !

5km au sud-ouest de Trois-Rivières

Grand Cul-de-Sac marin

Fort de café

D Habitation La Grivelière

Je vous invite à goûter le savoureux café de l'Habitation La Grivelière, récolté et transformé dans le respect des gestes d'antan. L'expérience vaut vraiment le détour.

VIEUX-HABITANTS Vallée de la Grande Rivière 05 90 98 63 06 ou 06 90 35 63 03 www.habitationlagriveliere.com Mai-juin, mi-oct.-nov. : tlj. 10h-17h ; déc.-avr., juil.-août : 10h-18h € 7,50€ avec dégustation.

Pour une vue de rêve

E Phare de Vieux-Fort

Arrêtez-vous au phare de la pointe de Vieux-Fort. Là, le vert de la côte et le bleu de la mer vous offriront un tableau idyllique, avec une vue magique sur les Saintes.

VIEUX-FORT 156, rue du Phare Accès libre

SI LA BASSE-TERRE ÉTAIT...

Une couleur ce serait le vert, bien entendu. Pour sa végétation luxuriante.

Ma sortie en famille

F Jardin botanique de Deshaies

Ma femme Léna est une amoureuse des fleurs tropicales. C'est toujours un plaisir de se promener dans ce parc, ancienne propriété de Coluche (p.154). À nos yeux, l'un des plus beaux jardins de Guadeloupe.

DESHAIES Villers (1,3km au sud du bourg par la N2, suivre les panneaux) 05 90 28 43 02 www.jardin-botanique.com Tlj. 9h-17h30 (fermeture de la billetterie à 16h30) € 5,50€

PETIT-BOURG

Jadis un port de commerce actif, Petit-Bourg possède un agréable front de mer, mais ce sont surtout ses environs qui vous séduiront. Sur le territoire de la commune – la plus étendue de Guadeloupe – moutonnent, en effet, des collines verdoyantes. Un terroir à découvrir en flânant dans ses jardins ou en randonnant en forêt.

ACCÈS ET INFOS

- 16km au sud-est de Pointe-à-Pitre par la N1
- Karujet Le championnat mondial de jet-ski. Plage de Viard www.facebook.com/Karujet Avr. ou mai
- Gospel en Karukéra Festival de gospel à Petit-Bourg et au Lamentin (ciné-théâtre). www.facebook.com/gospelenkarukerafestival 1 sem. en déc.

À VOIR

PETIT-BOURG

Le “petit bourg” faillit un temps devenir capitale de la colonie. Mais on lui préféra le site portuaire, mieux abrité, de Ponte-à-Pitre. Jusqu’à l’ouverture de la route de la Grande Traversée, en 1967, Petit-Bourg demeura cependant un important port de liaison entre la Grande-Terre et la Basse-terre.

LES ENVIRONS

Manioquerie

Kassaverie de Morne-Bourg

Transformer le manioc en farine : c’est un peu de l’identité guadeloupéenne qui se révèle sous ce grand abri de tôle ouvert à tous les vents. Vous pourrez assister à l’ensemble du processus, et même déguster une cassave, galette nature ou aromatisée à la noix de coco. La route qui mène à la kassaverie traverse un charmant quartier résidentiel, avec ses cases créoles et ses échappées sur le massif qui coupe la Basse-Terre en deux.

Morne-Bourg (2km au sud-ouest de Petit-Bourg par la D33 dir. Goyave, puis à dr. en suivant le panneau “Kassaverie”) Mer. et ven.-sam. 10h-17h

Jardin secret

Arboretum de Montebello

Ce jardin de 2ha se déploie autour d’une maison de maître du 18e s. Y prospèrent une cinquantaine d’essences, rares pour certaines, comme le palmier royal, l’acajou du Sénégal, le mapou blanc, etc. Belle collection d’orchidées.

Montebello (5km au sud de Petit-Bourg) 05 90 99 28 99 Lun.-mar. et jeu. 8h-12h et 14h-17h, mer. et ven. 8h-12h Entrée libre

Pour une galette *gwada*

Kassaverie de Duquerry-Trianon

On peut y assister à la confection des galettes de manioc et en acheter une ou deux fourrées à la noix de coco râpée, à la confiture ou au chocolat.

À NE PAS MANQUER

- Jardins de Valombreuse
- Chutes Moreau

Jardins de Valombreuse

Chemin de Morne Baudouin Duquerry (4km au sud-ouest du bourg – Indiqué à droite sur la D33) Dim.-ven. 10h-17h30

COULEUR LOCALE

En dépit de son fouillis apparent, le **jardin créole** est un espace structuré. Affecté à la culture d'arbres nourriciers (avocatier, cocotier, manguier, etc.), de plantes potagères et médicinales, il est découpé en carrés, eux-mêmes subdivisés en carreaux selon les espèces. Garant d'une alimentation variée, il peut assurer une autosubsistance familiale.

Cascade en forêt

Jardins de Valombreuse

Ce parc floral et de loisirs aménagé au flanc d'une ravine s'étend sur 14ha. Il invite à une belle immersion dans la forêt tropicale. Son sentier d'interprétation permet de se familiariser avec la flore insulaire tandis qu'un autre chemin conduit en 30min au pied d'une cascade naturelle en pleine forêt– n'oubliez pas votre maillot de bain ! Et les enfants ne s'y ennuieront pas : aire de jeux aquatique, mini-ferme, balades à dos de poney... Snack, Le Croque-dalle, sur place.

Cabout (6km au sud-ouest de Petit-Bourg) 05 90 95 50 50 www.valombreuse.com Tlj. 9h-18h Dernière entrée à 16h30 Fermé 1er jan., 1er-15 sept, 25 déc. 13€

Au pays des fées

Jardin d'Eau

Les gamins raffolent de ce jardin de contes et légendes conçu par des pépiniéristes et dédié à Manman Dlo, la déesse créole des mers et des rivières. On peut s'y baigner et pique-niquer au milieu d'une belle collection de plantes tropicales, tout en profitant de points de vue sur les massifs de la Basse-Terre et sur les autres îles. Un parcours de canoë a même été aménagé à l'intention des enfants.

Blonzac (6km au sud de Petit-Bourg) 05 90 95 95 95 Mer.-dim. 9h-17h Fermé en sept. 7€

Saut de la Lézarde, chutes Moreau

Promenade sur les quais

Port de Goyave

Ne manquez pas de traverser Goyave pour gagner son front de mer. Vous découvrirez un petit port de pêche hors du temps et plein de charme, avec ses barques et ses amas de filets. Pour une flânerie au bord de l'eau avant de vous attabler en terrasse.

7km au sud de Petit-Bourg par la N1

À FAIRE

Musardez au bord de l'eau

Plage de Viard

Une plage parfaite pour s'adonner aux sports nautiques (la baignade est déconseillée compte tenu de la qualité de l'eau), ou tout simplement déambuler à l'ombre des raisiniers.

Env. 3km au sud du bourg par la D33 3km au sud de Petit-Bourg

Plage de Sainte-Claire

Ce long ruban de sable gris ombragé par des cocotiers est souvent envahi par les sargasses, des algues qui n'incitent guère à la baignade. En revanche, il se prête parfaitement à la promenade.

9km au sud de Petit-Bourg

Pieds dans l'eau

Saut de Bras-de-Fort

Une belle balade de 1,7km AR (1h), récompensée par une baignade sous une chute d'eau. Le chemin franchit la rivière Bras-du-Fort à plusieurs reprises et oblige à se mouiller les pieds. De Goyave, suivez la direction de Bonfils. Du parking, après le pont, prenez à gauche aux 1re et 2e fourches, puis à droite au 3e embranchement. Vous vous enfoncerez alors dans la forêt en grimpant une pente plutôt raide et glissante. Arrivé au bord de la rivière, longez-la vers l'amont pendant 10-15min. Attention, le sentier est à peine balisé.

3km à l'ouest de Goyave

Pour marcheurs chevronnés

Chutes Moreau

Cette randonnée de 6,2km AR (4h), éprouvante mais inoubliable, se termine au pied des chutes Moreau et vous promet une immersion dans la forêt tropicale humide. Vous traverserez la rivière plusieurs fois, vous tordrez les chevilles entre les racines et les cailloux, gravirez la dernière pente à l'aide de cordages. Au bout du trek, une cascade de 100m et une vasque propice à la baignade. Dangereux par temps de pluie.

8km à l'ouest de Goyave www.randoguadeloupe.gp

NOS ADRESSES

PAUSES

Consensuel
Le Créoliles
L'embarras du choix : une belle carte de spécialités créoles (blaff, fricassées, etc.), des préparations au goût métropolitain (entrecôte, magret de canard...) et des pizzas. Et pour tous, un accueil cordial et le joli cadre d'un jardin luxuriant avec piscine.
PETIT-BOURG Route de Tabanon Bel Air Desrozières 05 90 32 04 99 Tlj. 12h-14h30 et 18h30-21h30

LA RECETTE

FÉROCE D'AVOCAT

Pour 6 pers.
200g de morue dessalée
200g de farine de manioc
2 avocats mûrs à point
2 citrons verts
1 gousse d'ail
1 oignon vert ou 1 ciboule
1 piment rouge ou 1 c. à s. de quatre-épices
Coriandre ou persil frais
Huile, poivre, sel

Dans une casserole, couvrez la morue d'eau froide et portez-la à ébullition avant de l'égoutter. Hachez l'ail et l'oignon pelés – en réservant la tige de ce dernier. Hachez le piment rouge soigneusement débarrassé de ses graines. Épluchez les avocats, coupez-les en morceaux et déposez-les dans un bol ou un mixeur. Arrosez du jus des citrons verts. Ajoutez la farine de manioc et écrasez à la fourchette ou mixez le tout. Incorporez 2 c. à c. d'huile, l'ail, l'oignon et le piment. Émiettez la morue avant de l'incorporer au mélange. Homogénéisez bien. Poivrez, salez au besoin. Parsemez de la tige d'oignon hachée et de persil ou de coriandre et réservez au moins 1h au frais avant de servir.

Bistronomique

Chez Zézette et Poupouille

Ce restaurant réputé se cache parmi des maisons anciennes, à quelques rues du front de mer. Zézette (la mère) et Poupouille (la fille) concoctent les grands classiques créoles : poulet au curry et au coco, fricassée de *ouassous*, de *chatrous*... Plats précédés d'une petite salade.

PETIT-BOURG 23, rue Main-Courante 06 90 58 11 24 zezetteetpoupouille.free.fr Tlj. 12h-16h et 19h-21h (rés. recommandée)

RESTAURANTS

Pour faire le bœuf

Le Misty €€

Une bonne cuisine "métro" à déguster en terrasse : salade de chèvre chaud et viandes (entrecôte, filet et côte de bœuf, magret de canard..) accompagnées d'un gratin ou de frites. Également des plats de pâtes. Groupes musicaux ven. et sam.

PETIT-BOURG 24, Chemin de la Bandonnée, Fougère 05 90 86 10 63 www.lemisty.com Mar.-sam. 19h-23h30

Voir aussi **La Table Saint Charles par Claude Strazel** (p.98)

SHOPPING

Le rhum en famille

Distillerie Montebello

Cette distillerie artisanale produit des rhums vieux (15-148€ la bouteille) et des rhums blancs (6,90-7,10€ la bouteille) ainsi qu'une grande variété de punchs et de liqueurs. Si vous passez par là au moment de la coupe de la canne, en principe de février à juin, vous pourrez suivre une visite guidée gratuite de cette entreprise familiale (env. 15min).

PETIT-BOURG Quartier Carrère (5km au sud-ouest de Petit-Bourg, dir. Montebello) 05 90 95 41 65 Lun.-mar. et jeu.-ven. 8h-17h, mer. 8h-13h, sam. 8h-12h (visite lun.-ven. 9h-12h)

Savoir-faire

Kassaverie de Duquerry

Une superbe petite route s'enfonce dans une campagne verdoyante et vallonnée avant d'atteindre cette kassaverie qui domine le champ où pousse le manioc. Vous pourrez assister à la confection des cassaves et en acheter.

PETIT-BOURG Duquerry (4km au sud-ouest de Petit-Bourg) Dim.-ven. 10h-17h30

Distillerie Montebello

CAPESTERRE-BELLE-EAU

Dans le vocabulaire des marins du 18e s., "cab-est-terre" désignait une terre exposée aux vents d'est, les alizés porteurs de pluie. La "Belle-Eau", c'est celle des lacs et rivières de l'arrière-pays. De fait, les terres de la commune sont particulièrement riches. Vous le constaterez dans ses champs et ses jardins ou en pénétrant dans la forêt tropicale autour des chutes du Carbet, cascades les plus célèbres de Guadeloupe.

ACCÈS ET INFOS

- 18km au sud de Petit-Bourg
- Bureau d'accueil du parc national de la Guadeloupe Deuxième chute du Carbet 06 90 56 68 07 Mi-juil.-août, nov.-avr. : tlj. 8h-16h30 ; mai-mi-juil., sept.-oct. : 8h-13h

À VOIR

CAPESTERRE-BELLE-EAU

Assez étendu, le bourg mérite une balade d'une heure ou deux, ne serait-ce que pour admirer les belles demeures des rues Paul-Lacavé (où s'élève la mairie), Amédée-Fengarol (où se tient le marché) et Gambetta.

Des palmiers au garde-à-vous

Allée Dumanoir

Cette double rangée de palmiers royaux – assez hollywoodienne – qui s'étire sur 1 200m le long de la N1, fait la fierté des Capesterriens. Aménagée vers 1850 par un riche propriétaire pour mener à sa demeure, elle a été placée sous la protection de l'ONF. Un panneau vous met en garde : attention aux chutes de palmes !

Manioc et noix de coco

Kassaverie de Capesterre-Belle-Eau

Un lieu dédié à la confection des cassaves, galettes traditionnelles à la farine de manioc. Tubercule largement consommé en Guadeloupe, le manioc était l'un des aliments de base des Amérindiens. Les cassaves sont généralement fourrées à la noix de coco râpée ou à la pâte de goyave. Cette kassaverie est constituée de plusieurs petites cases, les unes pour la fabrication, les autres pour la vente.

Rond-point de l'îlet Pérou Tlj. 5h-18h30

LES ENVIRONS

Shiva et consorts

Temple hindou de Changy

À Capesterre, les descendants des immigrés indiens du 19e s. forment ici une communauté nombreuse et soudée, et la commune abrite le temple hindou le plus important de l'île. Il est fermé au public, mais vous pourrez admirer les statues de sa façade, signées d'un sculpteur venu spécialement d'Inde du

À NE PAS MANQUER

- Plantation Grand Café
- Jardin de Cantamerle
- Troisième chute du Carbet
- Deuxième chute du Carbet
- Sentier de découverte du Grand-Étang

Sur la plantation Grand Café

Sud. Au centre trône Mariammam, la déesse-mère aux quatre bras, particulièrement chère aux fidèles guadeloupéens.

2km au nord du bourg, sur la N1

Rhums de compétition

Distillerie Longueteau

Cette distillerie familiale fondée en 1895 produit des rhums blancs très parfumés, régulièrement primés dans les concours agricoles, et dont l'un titre 62°. Un parcours jalonné de panneaux explicatifs sur les étapes de la transformation de la canne permet d'en faire le tour librement, de préférence le matin, de février à juin, lorsque l'usine tourne à plein régime. En fin de visite, dégustation de rigueur. Jolie boutique avec une belle sélection de rhums, de punchs et de liqueurs.

Rue de Neuf-Château Belair (6km au nord-ouest du bourg par la A1 puis fléchage à gauche) 05 90 25 42 00 (boutique) www.rhumlongueteau.fr Mi-déc.-avr. : lun.-sam. 9h-18h, dim. 9h-13h ; mai-mi-déc. : lun.-sam. 9h-18h

Des bananes à foison

Plantation Grand Café

Il y a belle lurette que la banane a remplacé le café. Depuis les années 1950 c'est même la culture principale de la région. Figue, naine, jogo, cavendish, etc., cette plantation en produit une trentaine de variétés, pour l'exportation. La visite guidée (en remorque) vous apprendra à les reconnaître et bien d'autres choses encore. On vous proposera une dégustation de bananes, entières puis sous forme de jus, de punch...

Belair Sainte-Marie (6km au nord-ouest de Capesterre par la N1 puis fléchage à g.) 05 90 86 33 06 www.plantation-grand-cafe.com Lun.-ven. Visite le matin à partir de 10h 12€

Souvenirs, souvenirs
Monument à Colomb

Une colonne de marbre portant le buste de Christophe Colomb signale depuis 1916 le lieu où les premiers Européens auraient débarqué le 4 novembre 1493.

7km au nord de Capesterre

Promenade parfumée
Jardin de Cantamerle

Marc Peronne continue à enrichir ce jardin conçu par ses parents dans les années 1960 et qui compte aujourd'hui quelque 500 espèces végétales. Il vous laissera y déambuler à votre guise, pour vous imprégner de son charme sauvage, avant de vous guider pour une visite de 45min., truffée d'informations et d'anecdotes. En fin de parcours, vous pourrez boire un jus de fruits frais (2€), acheter de la vanille (10€ les 6 gousses) et d'autres épices.

Chemin Édouard-Baron L'Habituée (7km au sud-ouest de Capesterre par la N1 puis la D4) 05 90 86 44 13 Tlj. 9h30-17h 8€

COULEUR LOCALE

Les combats de coqs restent une tradition vivace en Guadeloupe. Ils ont lieu dans des *pitts*, arènes où les fortes sommes misées sur les protagonistes font régner une ambiance survoltée. Les combats durent en principe une dizaine de minutes, mais il peut arriver qu'un coq soit terrassé en 20 secondes.

À FAIRE

Lézardez sous les amandiers
Plage de Roseau

Cette plage de sable gris, ombragée par une multitude d'amandiers et de cocotiers, présente une succession de petites anses aux eaux très calmes, idéales pour les enfants. Sur le parking, des camions vendent des sandwichs et des boissons fraîches. L'un d'eux, Gwada Glaces, propose une vingtaine de parfums aux fruits du pays.

5km au nord de Capesterre

Surfez
Poyo Surf Club

Sur les fonds sablonneux de la charmante petite plage de Bananier, les vagues sont souvent au rendez-vous. Des conditions parfaites pour les plus jeunes surfeurs (à partir de 6 ans et sachant nager). Cours de 1h30 (35€, matériel fourni). Possibilité de pratiquer également le bodyboard, le *skimboard* et le *stand up paddle*.

Plage de Bananier (6km au sud-ouest de Capesterre) 05 90 22 56 10 poyosurfclub.com Horaires, se rens. par tél.

Randonnez en forêt

Découvrir la forêt tropicale : un must de la région de Capesterre. Plusieurs possibilités s'offrent à vous, selon le temps dont vous disposez et la résistance de vos mollets. En toute saison, emportez un vêtement de pluie et enduisez-vous d'antimoustique.

Vers les chutes du Carbet

Troisième chute du Carbet

Cette balade de 3km AR (1h-1h30) traverse une plantation de mahoganys, puis la forêt tropicale humide. En fin de parcours, un raidillon équipé d'une main courante conduit à un belvédère d'où vous contemplerez la troisième chute du Carbet, haute de 20m et au débit impressionnant. Renseignez-vous avant le départ, car pour des raisons de sécurité (risques d'éboulement), le sentier est parfois fermé.

Départ Aire d'accueil de Petit Marquisat (7km à l'ouest de Capesterre par la N1 et la D3)

Deuxième chute du Carbet

Du centre d'information, un sentier facile de 1,5km AR, en grande partie dallé, serpente au milieu d'arbres majestueux engloutis sous un inextricable enchevêtrement de lianes. Un bonheur pour les minuscules et gracieux colibris. Le parcours offre tout d'abord une vue splendide sur la première chute du Carbet au loin, avant de s'achever, au terme d'une série de passerelles et d'escaliers, à 150m de la deuxième, qui dévale les rochers sur 110m.

Départ Parking au bout de la D4 (env. 11km à l'ouest de Capesterre) € 2€

Première chute du Carbet

En bifurquant à droite avant le balcon sur la deuxième chute du Carbet, les randonneurs aguerris pourront envisager de gagner la première, haute de 110m. Cet itinéraire (7km, 4h AR d'une marche très physique, 920m de dénivelé) est déconseillé par mauvais temps car il traverse la ravine Longueteau, où l'eau de la rivière peut monter très vite, et les nuages masquent alors la chute...

Sentier de découverte du Grand-Étang

Du parking à l'extrémité de la D4, un chemin goudronné vous mènera en 15min environ au plus vaste plan d'eau douce de la Basse-Terre (10ha). Un sentier jalonné de bornes d'information en fait le tour (2,3km), au milieu d'un foisonnement de bambous, de fougères arborescentes, de palétuviers... Les fiches descriptives de l'affût vous permettront d'identifier les oiseaux qui fréquentent ce Grand-Étang.

Env. 11km à l'ouest de Capesterre par la D4

Balisier

Profitez de sources chaudes

Bassin Paradise

Les eaux de la rivière Grosse-Corde descendent du volcan tout proche. Naturellement chaudes, elles ont creusé des bassins, tel celui de Paradise, où l'on peut faire trempette en pleine forêt. Un enchantement ! Attention cependant aux chutes de pierres dans l'eau. Et partez bien chaussé, le sentier est glissant par endroits. Du bâtiment d'accueil de la deuxième chute du Carbet (p.109), il faut redescendre le long de la D4 et, au troisième passage piéton, prendre l'escalier à g. (15min de marche).

13km au sud-ouest de Capesterre par la D4

NOS ADRESSES

PAUSES

Capesterre n'abrite guère qu'une poignée de snacks-bars où l'on se presse toute la matinée pour acheter des sandwichs. Si vous voulez faire un bon déjeuner, rendez-vous à L'Habituée, dernier hameau avant la deuxième chute du Carbet, à Sainte-Marie ou à Bananier.

Belles brochettes !

Le Ti Pic

Une table de poche que les carnivores apprécieront pour ses brochettes de poulet (à la créole ou tandoori), de bœuf, de thon et même de kangourou (13,50-19€). Également des salades... et d'excellents cocktails !

CAPESTERRE-BELLE-EAU 37, rue Schœlcher
06 90 71 48 69 Lun.-sam. 11h-17h

Déjeuner à la plage

Vagues d'argent

Un restaurant honnête, à l'accueil charmant, qui propose des fruits de mer et des plats créoles à base de produits frais et locaux. Assiette créole et assiette océane (gratin de poisson, poisson grillé, salade) à 16€, menu à 17€ (entrée, plat, dessert), menu enfant à 12€.

CAPESTERRE-BELLE-EAU Plage de Roseau Sainte-Marie (5km au nord du bourg) 05 90 86 94 25 Mar.-dim. 12h-16h Fermé mi-sept.-mi-oct.

Cool
Beach Paradise

Une table toute simple sous les cocotiers de la plage, pour déjeuner de poisson sur fond de reggae. La carte du jour varie selon l'arrivage : daurade coryphène, langouste, *chatrou*, etc. Légumes et racines du potager en accompagnement. Plat autour de 18€ (langouste 30€). Pas de CB.

CAPESTERRE-BELLE-EAU Plage de Sainte-Marie (7km au nord du bourg) 05 90 95 16 64 Mer.-lun. uniquement midi (le soir sur rés.)

Roots
Kalinago Carbet

Un passionné de culture amérindienne tient ce restaurant de spécialités caraïbes. Pas d'assiettes mais des *koui* (calebasses), dans lesquelles on déguste un duo *de ouassous*, un vivaneau sauce mangue ou passion ou un poulet au cacao. De 15 à 30€ pour une entrée et un plat.

CAPESTERRE-BELLE-EAU Bananier (7km au sud-ouest du bourg) 05 90 81 84 46 Mar.-dim. 12h-17h

Frites créoles
Jangal Kafé

Une bonne adresse pour déjeuner après une promenade aux chutes du Carbet ou au Grand-Étang. L'accueil est souriant et les plats sont aussi originaux que délicieux : fondue de papaye verte, poulet à la canne à sucre, frites de fruit à pain. Au dessert, craquez pour la banane aux fruits de la passion et chocolat. Comptez 25€ pour un plat et un dessert. Menu 22,90€.

CAPESTERRE-BELLE-EAU Route des Chutes-du-Carbet L'Habituée (7km au sud-ouest du bourg) 05 90 95 15 40 Tlj. 11h-14h

LA RECETTE

SORBET COCO

1 boîte de lait de coco de 400ml
1 boîte de lait concentré sucré de 410g
10cl d'eau
1 c. à s. d'essence de vanille
1 trait d'essence d'amande amère
1 c. à c. de cannelle
1 pincée de muscade
Zeste d'un citron vert

Dans une jatte, versez le lait de coco, le lait concentré, l'eau et mélangez. Ajoutez le zeste de citron vert finement râpé, la muscade, la cannelle, les essences de vanille et d'amande amère. Chauffez doucement quelques instants. Laissez tiédir avant de verser la préparation dans une sorbetière. Laissez tourner 30min.

TROIS-RIVIÈRES

En raison de ses reliefs, la commune de Trois-Rivières reste à l'écart des routes les plus fréquentées. Plusieurs raisons d'y faire une halte prolongée : les roches gravées par les populations précolombiennes – le plus important ensemble des Antilles –, les balades auxquelles invitent une nature préservée et des hébergements variés. La Soufrière n'est pas très loin et, du port de Trois-Rivières, vous pourrez gagner les Saintes en 20min.

ACCÈS ET INFOS

- 13km au sud-ouest de Capesterre-Belle-Eau et 49km au sud de Pointe-à-Pitre
  Le petit port de Trois-Rivières est le plus proche de l'archipel des Saintes, cf. Liaisons inter-îles (p.240). Présentez-vous au plus tard 15min avant l'embarquement. Son parking est payant sans pour autant être gardé.
- Fête patronale 1re quinz. d'août

À VOIR

TROIS-RIVIÈRES

La bourgade ne manque pas de charme avec ses ruelles pentues et ses maisons en bois d'inspiration coloniale. La vie se concentre autour de l'église (office de tourisme, commerces) et de l'embarcadère. Elle doit son nom aux cours d'eau qui irriguent la région, les rivières de Grande-Anse, du Petit Carbet et du Trou-au-Chien.

Passé lointain

Parc archéologique des Roches gravées

Ce beau parc de 1ha recèle une quinzaine de roches volcaniques gravées de plus de 80 dessins, soit isolés, soit regroupés. Avec le concours d'un guide, vous pourrez identifier la tortue, le visage du cacique (chef du village) ou encore des corps emmaillotés. Ces pétroglyphes ont probablement été réalisés entre le 4e et le 7e s. de notre ère par les Amérindiens. C'est dans la lumière rasante du matin qu'on les distingue le mieux.

200m au nord de l'embarcadère 05 90 92 91 88 Mar.-sam. 9h-17h Visites guidées gratuites 9h, 10h, 11h, 14h, 15h et 16h

Bananes et panorama

Maison de la banane

Une bananeraie familiale où vous vous laisserez conduire pendant 2h environ. Le plus ? De beaux panoramas sur les Saintes. À voir aussi, une jolie exposition sur la banane et le petit film sur les nouvelles méthodes de culture respectueuses de l'environnement. Dégustation gratuite en fin de visite.

Route de la Regrettée (1km au nord du bourg) 05 90 92 70 75 www.maisondelabanane.com Lun.-sam. 9h30-12h et 14h-17h 8€

À NE PAS MANQUER

- Parc archéologique des Roches gravées
- Sentier de la Grande Pointe
- Plage de Grande-Anse

Trois-Rivières

LES ENVIRONS

Poste de vigie

Vieux-Fort

Cette position stratégique surveille le canal des Saintes depuis 1636 et, lors des guerres franco-anglaises, elle défendit l'accès à Basse-Terre. C'est aujourd'hui un village, dont les maisons fleuries s'étagent au flanc de mornes escarpés. Jadis, on n'y accédait que par la mer, par l'anse Dupuy ou celle du Phare. La première abrite un charmant petit port, où s'alignent les saintoises des pêcheurs. La seconde est un agréable lieu de détente et de baignade offrant une vue magnifique sur les Saintes.

9km au sud-ouest de Trois-Rivières

À FAIRE

Randonnez sur le littoral de Trois-Rivières

Sentier de la Grande Pointe

Cette balade côtière qui relie l'anse Grande-Ravine à l'anse Duquéry (5km AR, 3h) a plusieurs attraits. On y découvre, en effet, les témoignages d'une histoire plus ou moins ancienne : les ruines d'une batterie du 18e s. avec ses canons et sa poudrière (à la Grande Pointe), le moulin à vent restauré d'une sucrerie du 19e s. (habitation La Coulisse) et, plus précieux encore, un pétroglyphe précolombien sur un gros rocher. En prime, des points de vue exceptionnels sur les Saintes et la Dominique et la présence du palmier glouglou, une espèce protégée, aisément reconnaissable à son tronc épineux.

Au bout de la route de la Grande-Pointe

IL ÉTAIT UNE FOIS
Du E160b sur l'étiquette de votre mimolette ? Pas de panique, il s'agit du **roucou**, une graine utilisée comme aromate et colorant en Amérique du Sud et aux Antilles. Les Amérindiens s'en enduisaient même l'épiderme pour se prémunir contre les insectes. Ils y ont gagné le surnom de Peaux-Rouges.

Graines de roucou

Sentier de l'Acomat

Cet itinéraire de 3,6km AR (2h) relie l'anse Duquéry au parc des Roches gravées en suivant le littoral sur près de 2km. Les sous-bois alternent avec les panoramas sur les îles au large. Vous passerez près d'une ancienne batterie et des ruines de plusieurs habitations sucrières. Prévoyez de l'eau et des chaussures antidérapantes : le sentier longe par endroits la falaise de très près.

Au bout du chemin de La Coulisse

Sautez dans les rouleaux
Plage de Grande-Anse

Séparé de la route par un cordon de raisiniers et de cocotiers, le sable noir de Grande-Anse s'étend sur 500m. La plus belle des rares plages du sud de l'île offre un splendide paysage sur les Saintes. Les rouleaux rendent la baignade plutôt sportive, mais les amateurs de bodyboard sont à la fête. Également familières des lieux, les tortues viennent y pondre leurs œufs : soyez attentif aux affichages municipaux !

5km au sud-ouest de Trois-Rivières

Tutoyez les cimes

Monts Caraïbes

Le massif le plus ancien de l'île (plus de 2 millions d'années) culmine à 687m, au **Vent soufflé**. Éteint depuis plusieurs millénaires, le volcan ne fait plus trembler personne, mais invite à une randonnée mémorable à travers une végétation sèche ponctuée de cactus-cierges. Cette boucle de 7,5km (5h) part des hauteurs de Vieux-Fort et offre des points de vue à 360° sur les Saintes, la Dominique et le massif de la Soufrière. Attention, il faudra composer avec un dénivelé important.

Vieux-Fort 9km au sud-ouest de Trois-Rivières

Lâchez prise

Dolé

Connu pour son eau minérale, commercialisée dans l'archipel sous le nom de Capès, Dolé est également réputé pour ses sources chaudes. Ses thermes, inaugurés dans les années 1920 et fermés depuis les années 1960, font aujourd'hui office de bains publics. Libres d'accès, leurs deux bassins sont donc très fréquentés. On y barbote dans une eau à plus ou moins 35°C, censée soulager l'arthrose et autres maladies articulaires.

Env. 5,5km au nord-ouest de Trois-Rivières sur la D7

Bassin public de Dolé

Ce bassin de basalte de 8m sur 4 sert de piscine aux résidents des environs. Le panneau mitoyen, qui recommande de ne pas mettre la tête sous l'eau sous peine d'attraper des amibes, ne parvient pas à dissuader grand monde !

Bain des Amours

Du parking voisin du restaurant Chez Denis, sur la D7, une sente forestière mène en quelques minutes à ce charmant bassin en forme de cœur (d'où son nom). Bien plus tranquille et agréable que le précédent.

NOS ADRESSES

PAUSES

À Trois-Rivières, vous trouverez trois ou quatre échoppes qui préparent quotidiennement des sandwichs, invariablement au poulet ou à la morue, dans le centre-ville. Vous pouvez également acheter du pain à la boulangerie-pâtisserie de la rue Gerville-Réache (près de l'office de tourisme) et vous ravitailler au 8 à Huit du boulevard Félix-Éboué (D6), à l'ouest du centre.

Pour emporter le soir

Kaz à Manjé

À commander par téléphone, des pizzas, des côtes de porc ou du poulet grillé sauce chien accompagné de frites maison... et à aller chercher pas trop tard si vous n'avez pas envie de préparer à dîner.

TROIS-RIVIÈRES 28, rue du Général-Delacroix (en face de la mairie) 05 90 92 64 14
Tlj. 16h30-21h30

Bar de la Marine

Le Terminus

Le rendez-vous des pêcheurs. Selon l'heure, on y devise devant un sec ou un *pété pied* (ti-punch). À midi, la pêche du jour est accommodée à toutes les sauces créoles, en court-bouillon, grillée ou en brochette. Menu à 20€.

VIEUX-FORT Anse Dupuy 05 90 92 04 09 Tlj. midi

Plein les mirettes !

Le Phare

Idéal pour boire un verre, manger une crêpe ou une salade tout en profitant de la vue sur le phare et le canal des Saintes. N'hésitez pas à piocher dans la bibliothèque. Le soir, présentez-vous tôt si vous comptez commander une pizza !

VIEUX-FORT 156, route du Phare 05 90 10 29 69 Mer.-jeu. et dim.-lun. 17h-22h, ven.-sam. 17h-23h45

RESTAURANTS

Sur les quais

Blue Caraïb €

Si le chef ne fait pas dans la fantaisie, il concocte d'honnêtes plats locaux, à l'instar de son court-bouillon de daurade coryphène ou de ses colombos de viande. Terrasse bleu et jaune un peu défraîchie, mais très agréable à midi pour l'animation et la vue sur la mer, et parfaite au dîner pour la fraîcheur. Menus de 12 à 20€.

TROIS-RIVIÈRES Embarcadère 05 90 92 76 21 Lun.-sam. 7h-23h, dim. 7h-19h

LA RECETTE

GRATIN DE BANANES PLANTAIN

Pour 4 pers.

5 bananes plantain
Gruyère râpé
Sel et poivre
Pour la béchamel :
50g de beurre
50g de farine
50cl de lait
2 gousses d'ail
1 oignon

Préchauffez le four à 210°C. Pour la béchamel, faites fondre le beurre dans une casserole, ajoutez l'oignon haché et l'ail réduit en purée, remuez puis incorporez la farine. Homogénéisez avant de verser le lait. Salez et poivrez. Dans un plat beurré, disposez les rondelles de bananes en couches successives. Nappez de béchamel et saupoudrez de gruyère. Enfournez pour 30 à 45min.

Filet de vivaneau

Colombo à gogo

Les Cocotiers €

Juste en face de la plage de Grande-Anse, ce restaurant chaleureux sert tous les classiques créoles. Formule buffet à 20€ (10€ pour les enfants) : tout à volonté, y compris le rhum (mais le vin et l'eau sont payants !). Soirée zouk ven. et sam.

TROIS-RIVIÈRES Plage de Grande-Anse 05 90 92 94 05 Mar.-jeu. 12h-15h et 19h-22h30, lun. 12h-15h, ven.-sam. 12h-15h et 20h-23h30, dim. 13h-16h

Recettes secrètes

Chez Denis ♥€

La petite salle n'a rien d'exceptionnel, mais Denis se met en quatre pour mitonner des plats quelque peu élaborés (cristophine au marlin, filet de vivaneau sauce vanille) ou plus classiques (colombo de cabri). Ne manquez pas le punch "spécial Denis", moins fort et plus parfumé qu'à l'accoutumée, ni le succulent flan coco hérité de sa grand-mère. Comptez de 16 à 20€ pour une entrée et un plat.

GOURBEYRE Dolé (5,5km au nord-ouest de Trois-Rivières par la D7) 2 Mer. et ven.-dim. midi et soir, lun. et jeu. uniquement midi

SHOPPING

Graines d'artiste

Kananga, la voie des graines

Pipo est installé sur le site de l'ancienne habitation Duquéry. Il vous montrera sa collection de graines du monde entier, son verger d'arbres à graines et l'atelier où il fabrique des bijoux, tableaux, miroirs, tables et autres, à base de graines bien entendu. Des pièces uniques à partir de 20€.

TROIS-RIVIÈRES Habitation Duquéry Chemin de La Coulisse 2,5km au nord-est de l'embarcadère 06 90 82 13 98 Mar.-sam. 8h-12h et 14h-18h, dim. 8h-14h Mieux vaut vous annoncer par téléphone Tarif 6€

BASSE-TERRE

Siège administratif de la Guadeloupe, Basse-Terre en est aussi la capitale historique. Cette ville qui affiche un optimisme et un dynamisme certains regorge d'édifices anciens, offrant un concentré unique de l'histoire guadeloupéenne. Le soir, c'est autour du port de plaisance de Gourbeyre, la commune voisine, que se déplace l'animation.

À VOIR

BASSE-TERRE

Devenue une place militaire en 1643, Basse-Terre fut la capitale de la Guadeloupe jusque vers 1770. Son lent déclin économique au profit de Pointe-à-Pitre se précipita avec le transfert du port bananier dans les années 1960, puis le réveil de la Soufrière en 1976. Elle n'en demeure pas moins le chef-lieu administratif de l'archipel, tout à la fois siège du conseil régional et préfecture. Aussi la plupart de ses habitants travaillent-ils pour l'État. Mais Basse-Terre séduit surtout par son architecture et l'animation de son marché.

ACCÈS ET INFOS

- 15km à l'ouest de Trois-Rivières, 70km au sud-ouest de Pointe-à-Pitre
- Navettes quotidiennes avec les Saintes, cf. Liaisons inter-îles (p.240)
- Maison du tourisme de Basse-Terre Cette association, animée par des bénévoles, fournit toutes les informations sur le tourisme dans la région et parcourt le territoire. Immeuble du Port autonome 2, cours Nolivos 05 90 32 51 01 Lun.-ven. 8h-12h et 14h-16h Horaires de principe
- Maison du patrimoine Propose de passionnantes visites-conférences. 24, rue Paul-Baudot 05 90 80 88 70 Lun.-mar. et jeu. 7h30-12h et 13h30-17h, mer. et ven. 7h30-12h30

Concentré d'histoire

Quartier Saint-François

Entre mer et morne, le cœur historique de Basse-Terre dessine un damier de rues bordées de boutiques et de bâtisses de la période coloniale. Depuis la naissance de la ville, les colons ont largement utilisé le basalte sombre craché par le volcan. Voyez la **cathédrale Notre-Dame-de-Guadeloupe** : l'austérité de sa façade contraste avec la richesse de son mobilier. Basalte encore pour les encadrements de fenêtres de certaines demeures de négociants du **cours Nolivos**, promenade tracée au milieu du 18e s.

Le sabre et le goupillon

Quartier du Carmel

De ce côté de la ville, les rues se font plus pentues et sinueuses. C'était le quartier des militaires et des couvents. La **place des Carmes** servait aux prises d'armes et autres cérémonies. C'est aujourd'hui une esplanade tranquille cernée de coquettes maisons. Le **lycée Gerville-Réache** occupe l'ancien couvent. Demandez au gardien à voir la vaste cour plantée de majestueux manguiers.

À NE PAS MANQUER
- Quartier du Carmel
- Fort Louis-Delgrès

Mémorial Delgrès, fort Louis-Delgrès

Le haut porche classique de l'église **Notre-Dame-du-Mont-Carmel** remonte au 17e s. Elle communique avec le **jardin des Pères**, foisonnant de plantes et de fleurs tropicales.

Vauban sous les tropiques

Fort Louis-Delgrès

Des bastions, une poudrière, le cimetière des officiers.... et de superbes vues sur la ville, le massif de la Soufrière et les monts Caraïbes. C'est tout une histoire que raconte cette forteresse en étoile datant du 17e s. Français et Anglais se disputèrent ce poste de vigie sur le large tout au long du 18e s. En 1802, il servit de refuge à Louis Delgrès, qui s'opposait les armes à la main aux soldats de Bonaparte venus rétablir l'esclavage, cf. ... Un espoir trahi (p.221). Une exposition retrace son histoire.

À l'est du quartier du Carmel 05 90 81 37 48 Mar.-ven. 9h-16h30, sam.-dim. 9h30-16h30

Palmiers labellisés

Jardin de Beauvallon

Ce vaste jardin tropical excentré sur les hauteurs de Basse-Terre s'épanouit autour de l'habitation Montbazin, avec sa maison créole typique de 1840. Labellisé "jardin remarquable", il abrite une profusion de plantes. Vous y découvrirez plus de 80 espèces de palmiers, des arbres fruitiers (caramboliers, manguiers, abricotiers, etc.) et diverses fleurs, sous l'œil d'une quinzaine de perroquets laissés en liberté.

Montbazin 193, chemin de Beauvallon (1,5km au nord du centre-ville, dir. Baillif puis fléché) 05 90 92 06 25 Mer. et ven. 15h30-17h30, sam.-dim. 9h30-12h30 et 15h30-17h30 10€

La distillerie Bologne

Visite alambiquée

Distillerie Bologne

Le rhum Bologne est, avec le Damoiseau, l'un des plus appréciés en Guadeloupe. Cette distillerie échappant aux circuits touristiques, les ouvriers sont plus enclins à partager leur savoir. À voir impérativement pendant la récolte de la canne à sucre (février-juillet). Le dernier samedi du mois (en période de récolte), des animations s'ajoutent à la visite.

1,5km au nord-ouest du centre-ville, dir. Baillif 05 90 81 12 07 www.rhumbologne.fr
Lun.-ven. 8h-13h30 4€ (7,50€ pendant la récolte)

SUR LES TRACES DE...

Le **père Labat** (1663-1738) est un missionnaire dominicain qui séjourna aux Antilles de 1694 à 1706. Homme de science autant que de religion, il étudia la botanique, la géographie et les populations locales. Il contribua à la modernisation de l'industrie sucrière et c'est lui qui aurait élaboré, à des fins médicinales, l'eau-de-vie qui allait devenir le rhum.

LES ENVIRONS

Vieilles pierres et jeunes pousses

Tour du Père-Labat

C'est l'unique rescapé des ouvrages conçus au début du 18e s. par le père Labat pour défendre la Guadeloupe contre les Anglais. Juste en face, le vendredi (de 15h à 22h), se tient un sympathique **marché** où les petits producteurs de la région viennent vendre, à l'arrière de leur fourgonnette, des poules, des crabes de terre, des légumes variés et des punchs maison sur fond de zouk. De là, la pittoresque D30 mène à Saint-Claude (p.124) à travers les champs de canne.

Baillif (5,5km au nord-ouest de Basse-Terre)

Mieux connaître la forêt

Sylvathèque

Dans ce centre pédagogique créé par l'ONF, une exposition interactive et ludique vous invite à vous familiariser avec la forêt guadeloupéenne. À l'extérieur, un sentier d'interprétation vous renseignera sur 25 essences (acajou, vanillier, calebassier, poirier-pays, etc.), chaque arbre étant signalé par un panonceau informatif. Le jardin créole regroupe fruits, légumes, fleurs, plantes aromatiques et médicinales. Belle vue sur la Soufrière.

Route de Blanchet Gourbeyre (2km à l'est de Basse-Terre) 05 90 81 37 57
Lun.-ven. 7h-14h Appelez au préalable

À FAIRE

Pour un plouf en forêt

Trace du Bassin Bleu

Cette promenade facile (2km AR) suit un sentier bordé de bananiers, qui traverse un champ avant de s'enfoncer dans la forêt. Au bout vous attend un bassin aux eaux cristallines alimenté par une petite cascade.

Plateau du Palmiste Gourbeyre 8km au nord-est de Basse-Terre

NOS ADRESSES

RESTAURANTS

Sur place ou à emporter

Lewoz

À l'étage de cette demeure ancienne joliment restaurée, vous vous installerez dans une pimpante salle ventilée. Assiettes copieuses et produits frais : poisson grillé et ses crudités, fricassée de poulet, acras, salades composées, court-bouillon de poisson, etc. Et d'excellents jus de fruits maison. Tous les plats étant à 13€ (8,50€ à emporter), comptez un peu moins de 20€ avec le dessert.

BASSE-TERRE 14, rue Paul-Baudot 05 90 99 71 40 Lun.-sam. uniquement midi

Diner à l'antillaise

Le Moulin blanc

Comptoir immense, tabourets tournants fixés au sol... Le Moulin blanc se donne des airs de snack à l'américaine. Ici, on mange côte à côte et sur le pouce, en deux temps trois mouvements, et en regardant le cuisinier préparer de bons sandwichs chauds. Foie, viande hachée, saucisse... Comptez 4-6€ pour un burger ou un sandwich et une boisson.

BASSE-TERRE 20, rue du Docteur-Cabre 05 90 38 41 25 Lun.-ven. 7h30-18h, sam. 7h30-15h

Halte de charme

Habitation Desmarets ♥€€

Construite en 1823 sur les hauteurs de Basse-Terre, cette belle maison

Caramboles

coloniale aux murs en pierre volcanique et à la charpente en bois est une invitation à un voyage dans le temps. Elle abrite un restaurant dirigé par deux Nantais chaleureux. Vous y découvrirez une cuisine du marché métissée et recherchée (terrine de cochon au rhum vieux ; magret, confit et foie gras de canard...), à déguster sur une véranda face à un joli jardin. Comptez env. 25€ pour un plat. Rés. conseillée.

BASSE-TERRE Lieu-dit Desmarais
05 90 81 73 69 www.habitationdesmarets.com Mar.-sam. midi, mer.-sam. soir

Terrasse sur la mer

Le Caprice des îles €€

Voilà une table accueillante et vivante avec ses soirées à thème. Aux classiques de la cuisine créole (crabes farcis, colombos, courts-bouillons...) s'ajoutent quelques recettes plus originales : langouste grillée sauce créole et ses croquettes d'igname, éventail de poissons fumés. Et la terrasse offre une belle vue sur la mer et sur la tour du Père-Labat. Comptez de 25 à 40€ pour une entrée et un plat.

BAILLIF Bd du Père-Labat 05 90 81 74 97
Mar.-mer. et dim. 12h-14h30, jeu.-sam. 12h-14h30 et 19h30-22h

SHOPPING

Couleurs caribéennes

Kalinas Shop €

A découvrir : une épice fine qui se recommande entre initiés. Les gourmets de l'archipel viennent s'y approvisionner en produits locaux et caribéens. Coup de cœur pour les macarons aux saveurs locales (passion, pitaya, tamarin...). Une référence pour les cadeaux gourmands à ramener de vacances.

BASSE-TERRE Immeuble le Globe, Morne à Vaches 06 90 90 69 68 Lun.-mar. et jeu.-ven. 9h-18h, mer. et sam. 9h-14h

Bouillon de culture
Caribbean Culture House

Pause culture dans les rayons de cette librairie reprise par de jeunes guadeloupéens. L'occasion de découvrir les auteurs emblématiques de la littérature antillaise à l'instar du poète Guy Tirolien, de l'auteure Gisèle Pineau ou d'Alex Godard pour les enfants. N'hésitez pas à demander conseil.

BASSE-TERRE Zone de Calebasse 05 90 69 86 Lun.-ven. 8h30-18h30, sam. 8h30-16h30

Pour le plein de couleurs
Marché de Basse-Terre

Fréquenté de bon matin par les Basse-Terriens, le marché s'efforce d'attirer également les touristes : épices, punch, vannerie.... À l'extérieur, des pêcheurs vendent leurs prises sur des étals de bois.

BASSE-TERRE Rue de la République Mar.-sam. 5h-13h

Modes et travaux
Faloge Ameublement

À l'angle du pont de la rivière aux Herbes, ce magasin de tissu vend de beaux madras au mètre.

BASSE-TERRE 2, rue du Cours-Nolivos 05 90 81 12 39 Lun.-ven. 8h30-12h30 et 14h30-17h30, sam. 8h30-12h30

SORTIES

Pôle culturel
L'Artchipel

Logée dans un bâtiment évoquant le dôme de la Soufrière, cette scène nationale embrasse tous les arts : danse, musique, théâtre, cinéma... Dans le jardin, un baobab, espèce peu courante en Guadeloupe. Programme disponible à l'entrée et à la maison du tourisme. Billet de 18 à 25€. également des expositions photo et d'art contemporain.

BASSE-TERRE Bd Félix-Éboué 05 90 99 97 22 www.lartchipel.com

LE CARNAVAL DE BASSE-TERRE

Du lundi gras au mercredi des Cendres, les festivités du carnaval sont à leur paroxysme à Basse-Terre. Le lundi gras s'achève par une parade nocturne, l'après-midi du mardi gras est réservé à la grande parade réunissant tous les groupes de Guadeloupe et, le soir du mercredi des Cendres, un défilé en noir et blanc ouvert à tous clôture le carnaval. Sachez que tout est fermé durant cette période, y compris les restaurants dans leur grande majorité.

LA SOUFRIÈRE ★

Point culminant des Antilles (1 467m), la Soufrière est un site de randonnée exceptionnel. Bien sûr, il vous faudra faire travailler vos mollets. Mais vous serez récompensé par des paysages envoûtants… si toutefois les nuages ne sont pas de la partie. Vous aurez sans doute établi votre camp de base à Saint-Claude, commune la plus élevée des Petites Antilles, qui possède le charme d'une station thermale.

ACCÈS ET INFOS

- 27km au sud-est de Bouillante, 61km au sud-ouest de Pointe-à-Pitre
- Parc national de la Guadeloupe Documentation et topo-guides. Montéran Saint-Claude 05 90 41 55 55 www.guadeloupe-parcnational.fr Lun.-mar. et jeu. 8h-12h30 et 14h-17h, mer. et ven. 8h-12h30
- Toute l'année, sur réservation, la Maison du tourisme de Basse-terre (p.118) propose des randonnées accompagnées à la Soufrière. 05 90 32 51 01
- www.guadeloupe-parcnational.fr Topo-guides téléchargeables

À VOIR

LE MASSIF DE LA SOUFRIÈRE

La Soufrière est aussi un volcan, qui se réveilla brutalement en 1956, après 120 ans d'inactivité. Rien cependant de comparable avec l'éruption de 1976 : dôme pris de tremblements, geysers et coulées de boue. Saint-Claude et ses environs se couvrirent de cendre et il fallut évacuer plus de 70 000 personnes, dont certaines ne sont jamais revenues. Plus de crainte d'être surpris aujourd'hui, l'observatoire volcanologique veille. Vous pourrez donc vous lancer sans inquiétude sur les sentiers qui sillonnent le massif. Vous trouverez là les plus belles randonnées de l'île.

SAINT-CLAUDE

Le bourg se résume à quelques rues autour de la route principale. Voyez la jolie façade de style colonial latino-américain de l'église, la mairie, le pavillon du tourisme et Camp-Jacob, un camp militaire du 19e s., réhabilité et désormais occupé par l'université des Antilles. En prenant la première rue à droite après le campus, et en la suivant sur 200m, vous apercevrez l'immense résidence préfectorale, une élégante demeure en bois des années 1850.

Lieu de mémoire

Stèle Louis-Delgrès

Elle commémore un épisode sanglant de l'histoire guadeloupéenne, la fin tragique des 300 combattants réfugiés avec Louis Delgrès sur les hauteurs de Matouba. Assiégés par les troupes métropolitaines le 28 mai 1802, ils mettent le feu à la maison où ils se sont retranchés et disparaissent dans une explosion finale, cf. … Un espoir trahi (p.221).

1km au nord du bourg, dir. Matouba

À NE PAS MANQUER

- Saut d'eau du Matouba
- Pas du Roy
- Ascension de la Soufrière ★

Bouche éruptive, la Soufrière

Bain de pieds

Bains Jaunes

Une route étroite grimpe à travers la forêt jusqu'à 950m d'altitude, et aboutit sur un parking où fouinent des mangoustes peu farouches. Sur la droite, à l'orée de la forêt, fume le bassin maçonné des Bains Jaunes, qu'alimentent deux sources. Ses eaux sulfureuses sont réputées soulager les rhumatismes et soigner les maladies de peau. Vous pourrez vous y délasser dans une eau à environ 30°C. Divin après l'effort ! Les Bains Jaunes sont aussi le point de départ de nombreuses randonnées (p.127).

5km au nord-est du bourg, dir. la Soufrière

Eaux mystérieuses

Saut d'eau du Matouba

Le sentier qui mène à cette jolie cascade part de l'habitation Joséphine, une ancienne exploitation caféière, où le poète Saint-John Perse aimait à passer des vacances en famille. Garez-vous au bord de la D30, prenez à droite après le hangar et suivez le chemin qui longe quelques constructions. Dans un virage vers la gauche, bifurquez sur le sentier qui s'enfonce dans la forêt en direction de la rivière Saint-Louis (30min de marche env.). Vous traverserez tout d'abord une bananeraie avant d'entamer une descente assez raide et glissante vers le lit de la rivière. Il vous faudra ensuite remonter son cours vers la droite pour atteindre la chute. Sous de hautes frondaisons, qui laissent à peine percer la lumière, l'endroit est assez magique. La baignade est déconseillée en raison des risques de tourbillons. Mieux vaut se mettre à l'eau dans l'un des petits bassins en aval.

3km au nord-ouest du bourg

LE PARC NATIONAL DE LA GUADELOUPE

Préserver tout en permettant la fréquentation touristique, c'est le défi que doit relever l'administration du parc national, depuis sa création en 1989. L'espace protégé couvre plus de 17 000ha de forêt tropicale dans le massif de la Soufrière, un milieu d'autant plus fragile qu'il est d'un accès facile. C'est ainsi que près de 500 000 visiteurs partent à l'assaut du volcan chaque année. Les zones humides, mangroves et fonds du Grand Cul-de-Sac marin relèvent également de la compétence du parc. De strictes mesures de protection (pas de constructions ni d'activités polluantes) ont été mises en place, auxquelles les visiteurs sont priés d'apporter leur concours. Abstenez-vous notamment de prélever toute espèce végétale.

Dans la forêt humide

À FAIRE

Montez à cheval

Centre équestre La Manade

Les itinéraires concoctés par La Manade vous plongeront dans une nature où seuls les chevaux peuvent pénétrer. Randonnées de 1h en groupe de 4 à 20 (35€/pers) ou de 2h30 (60€/pers.). Réservez 48h avant. Stages : 35€ la demi-journée et 70€/j. en pension complète (vac. scol.).

Saint-Phy Saint-Claude (4km au sud-ouest du bourg, dir. Basse-Terre) 05 90 81 13 85

Descendez des cascades en rappel

Vert intense

Ce prestataire sérieux propose des expéditions canyoning (55€) sur les pentes de la Soufrière comme dans des ravines secrètes. Ces sorties en petit groupe (10 pers. max.) respectent la charte éthique de l'écotourisme.

Morne Houël Route du Camp-Jacob Saint-Claude www.vert-intense.com

COULEUR LOCALE

Le **calebassier**, un petit arbre très répandu aux Antilles, donne des fruits ligneux de forme ovoïde, de 10 à 35cm de diamètre. Évidés, ils se transforment en récipients divers, appelés *coui*. Leur pulpe protège des coups de soleil et elle aurait des vertus cicatrisantes.

Randonnez dans le massif de la Soufrière

Les excursions partent du parking des Bains Jaunes (p.125) et suivent le Pas du Roy jusqu'à la Savane à Mulets avant de se séparer. Bonnes chaussures et réserve d'eau indispensables. Le massif de la Soufrière est l'endroit le plus arrosé de Guadeloupe ; les nuages s'accrochent au sommet 300 jours par an. De paradisiaque, la randonnée dans les montagnes de la Basse-Terre peut vite se transformer en enfer, surtout si vous n'êtes pas un marcheur aguerri. Coulées de boue et rivières en crue peuvent rendre impraticables les traces (sentiers), même balisées. Le site du parc national (www.guadeloupe-parcnational.fr) en publie un état mensuel.

Pas du Roy

Si vous ne vous sentez pas capable de faire l'ascension de la Soufrière, montez au moins jusqu'à la Savane à Mulets par le sentier du Pas du Roy, pavé par l'armée coloniale en 1887 à travers la végétation touffue et longtemps la seule voie d'accès à la Soufrière. Une marche agréable et facile (2km, 1h AR), sauf quand la pluie rend la chaussée glissante. Il serpente dans la forêt tropicale humide des Bains Jaunes, l'une des mieux conservées des Petites Antilles. Un foisonnement végétal où l'on dénombre plus de trente espèces d'arbres (de 25 à 40m de hauteur), une grande quantité de fougères arborescentes, de lianes, d'épiphytes, etc. En chemin, des panneaux vous présenteront la flore, la faune et l'histoire du volcan. Au débouché de la forêt, la Soufrière se dévoile dans toute sa splendeur. Vue imprenable sur la partie sud de la Basse-Terre et les îles (les Saintes, la Dominique)... du moins par temps clair !

BON À SAVOIR
Tôt le matin (6h-6h30), le dôme du volcan est souvent dégagé. Quand l'ensemble du massif reste découvert plusieurs jours de suite, il faut en profiter, car c'est le signe d'une dépression tropicale proche. L'idéal est de partir à l'aube, autant pour s'assurer un panorama exempt de nuages (jusqu'à la Dominique) que pour éviter la cohue.

L'ascension de la Soufrière ★
La grande classique du massif, voire de Guadeloupe ! Après une mise en jambe sur le sentier du Pas du Roy, viennent les choses sérieuses. De la Savane à Mulets, vous emprunterez le chemin des Dames, un sentier caillouteux qui grimpe abruptement le long de la Grande Faille (celle du nord). La végétation se rabougrit au sortir de la forêt, les fougères laissant bientôt place à d'épais tapis de mousses et de sphaignes, puis à un paysage lunaire, avec ses bosses et ses crevasses, d'où montent des vapeurs nauséabondes. Au sommet, paysage grandiose ! Prévoyez 4h30 AR minimum.

Savane à Mulets-La Citerne
À partir de la Savane à Mulets, en suivant l'ancienne route goudronnée, vite reconquise par la nature (visez les deux antennes de télécommunication), on peut rejoindre la Citerne en 20min. Ce cratère régulier et profond d'environ 50m est occupé par le minuscule **lac Flammarion**. Par ciel dégagé, vous découvrirez une vue panoramique sur la Grande-Terre, les Saintes, Marie-Galante et la Dominique. La Citerne est le point d'arrivée de la trace de l'Armistice, qui dessert la chute du Galion.

Chute du Galion
Cette randonnée sans difficulté particulière (4km, 2h30 AR) mène au pied d'une chute impressionnante, haute de plus de 40m. En chemin, forêt tropicale et vues sur la Soufrière. De la

Chute du Galion

Savane à Mulets, prenez à droite la direction de la tumultueuse rivière du Galion et traversez-la. Bifurquez ensuite à gauche dans le sous-bois et parcourez 250m. Des cordages permettent de franchir la ravine de la Citerne et de gravir les derniers rochers.

Boucle Galion-Trace de l'Armistice

Une boucle exigeante de 6km, réservée aux marcheurs confirmés, et dangereuse les jours de pluie : 3h30 et de rudes ascensions au programme, en passant de la forêt humide à la savane d'altitude. Suivez d'abord le sentier qui dessert la chute du Galion. Après avoir traversé la rivière du Galion, prenez à droite la trace de l'Armistice, qui conduit à la Citerne. De là, vous regagnerez la Savane à Mulets par l'ancienne route goudronnée.

Trace Delgrès

Elle vous entraînera jusqu'au plateau de Papaye, sur les hauts de Matouba. De l'aire de pique-nique de Beau Soleil, le sentier pénètre dans la forêt de Bains Jaunes et longe le canal Lepelletier. Il franchit plusieurs ravines, ainsi que la rivière Noire, et passe parmi des jardins créoles en fin de parcours. Très beaux paysages et quelques passages escarpés que des cordes vous aideront à surmonter. Retour par le même chemin (5km et 3h AR).

Départ du parking de Beau-Soleil, 1km au nord-est de Saint-Claude, dir. la Soufrière

NOS ADRESSES

RESTAURANTS

À la bonne franquette

Le Sprint €

Le Sprint ne paie pas de mine. Pourtant, sa carte est riche et sa cuisine familiale simple séduit une large clientèle de travailleurs. Sur place ou à emporter : côtes de porc, d'agneau, bœuf-pays, poulet et poissons grillés, frites, *dombrés*... Même les pizzas prennent l'accent créole. Menu du jour 11€.

SAINT-CLAUDE 2e Plateau (à dr. de la N3 en venant de Basse-Terre, près du bureau de poste) 05 90 80 13 87 Mar.-mer. 11h-14h, jeu.-ven. 11h-14h et 18h-21h, sam. 11h-14h

LA RECETTE

COLOMBO DE PORC

Pour 6 pers.
1,5kg de rouelle de porc découpée en cubes
3 c. à s. d'huile
2 oignons émincés
2 c. à s. de colombo
2 cristophines
3 courgettes
1 aubergine
1 carotte
2 grosses pommes de terre
1 gousse d'ail écrasée
Sel, poivre, huile

Faites chauffer l'huile dans une cocotte, versez l'oignon émincé, laissez-le dorer et réservez-le. Faites revenir la viande 10min. Ajoutez l'oignon, le colombo, les pommes de terre coupées en quatre, les autres légumes détaillés en rondelles et l'ail. Salez et poivrez. Couvrez d'eau et laissez mijoter 45min. Servez avec du riz blanc.

VIEUX-HABITANTS

Les Habissois sont fiers de leur histoire : leur petite ville est l'une des plus anciennes de l'île. Voyez dans le bourg ombragé par des arbres centenaires l'église Saint-Joseph qui date du 17e s. Vieux-Habitants, c'est aussi un somptueux arrière-pays aux vallées préservées et aux crêtes panoramiques.

À VOIR

Fondée en 1636 sur une côte réputée pour ses mouillages sûrs, la localité de Vieux-Habitants demeura complètement isolée du reste de la Guadeloupe jusqu'au début du 20e s. Le transport des hommes comme des marchandises s'effectuait par bateau. Les vallées environnantes ont vu pousser à peu près toutes les cultures possibles, et la région a d'abord enrichi la colonie en tabac, en coton et en indigo, avant de se consacrer au café. L'association Verte Vallée s'efforce aujourd'hui de préserver le patrimoine naturel de la commune.

ACCÈS ET INFOS

- 12km au nord-est de Basse-Terre et 60km au sud-ouest de Pointe-à-Pitre
- Noël *Kakado* Les vendredis de décembre avant Noël, fête du *kakado*, l'écrevisse noire locale : dégustation et animations diverses

Contre vents et séismes

Église Saint-Joseph

C'est la première église édifiée en Guadeloupe. Le bâtiment d'origine (1636), incendié par les Anglais au début du 18e s., a été reconstruit et ses solides contreforts l'ont jusqu'ici protégé des séismes et des cyclones. Sa belle porte en pierre de taille date de 1701.

Rue des Habissois-Souverains (à côté de la mairie) Lun.-ven. 8h-12h

Tout savoir sur le café

Musée du Café

La visite de cette exploitation familiale débute dans un jardin planté de caféiers et de bananiers, se poursuit avec une captivante exposition sur le café et son histoire, et se termine (en sem.) au pôle de production pour tout connaître de la transformation du café, de la cueillette à la torréfaction et au conditionnement. Dégustation de café et d'un délicieux chocolat en fin de parcours.

Le Bouchu (à la sortie nord du bourg, dir. Bouillante) 05 90 98 54 96 www.cafe-chaulet.com Tlj. 9h-17h Fermé mi-sept.-mi-oct. 6€

Sous l'eau, les épaves

Anse à la Barque

On ne se lasse pas d'admirer le bleu profond de la mer des Caraïbes et la flottille de saintoises au mouillage. Prenez un masque et un tuba, entre 2 et 7m de

À NE PAS MANQUER

- Domaine de Vanibel
- Habitation La Grivelière

Récolte du café à La Grivelière

fond gisent les épaves de deux corvettes françaises sabordées en 1809 sous la menace britannique. Mais la plage n'est pas bien large et la proximité de la route n'incite pas à y étendre sa serviette. Sous les cocotiers se cachent les cuves désaffectées d'une indigoterie du 17e s.

4km au nord du bourg, dir. Bouillante

Passion café
Domaine de Vanibel

Victor Nelson est un agriculteur enthousiaste. Avec son fils Joël, il communique merveilleusement son intérêt pour le café, la vanille et la banane, qu'il cultive sur 30ha. Une visite incontournable, qui vous fera découvrir la fécondation des fleurs du vanillier, une plantation de caféiers avec sa bonifierie (séchoir et torréfacteur) du 19e s. restaurée, ainsi qu'une bananeraie de montagne. Dégustation et vente de café en fin de visite. Vous pourrez aussi y loger (p.256).

Cousinière Caféière (4km à l'est du bourg par la D13, fléché) 05 90 98 40 79 www.vanibel.fr Visite guidée (uniquement) jan.-avr. : lun.-sam. 14h30 et 15h45 ; mai-déc. : lun.-ven. 15h 7,50€

Caféière en or
Habitation La Grivelière

Nichée tout au fond d'une vallée splendide, celle de la Grande Rivière, cette exploitation du début du 18e s. est restée en activité jusque dans les années 1980. Les bâtiments – maison de maître, ateliers et hangars – sont classés et désormais la propriété du Conseil régional. Après leur restauration, ils ont repris du service. Le domaine couvre une centaine d'hectares, dont 25 sont consacrés à la culture du café, du cacao et de la vanille, tous transformés sur place “à l’ancienne”. La visite guidée est passionnante entre évocation du passé et de ses drames, découverte du jardin et des secrets de ses plantes... Vous pourrez prolonger l’étape à la table d’hôtes (p.134).

6km au nord-est du bourg (par la D27, une route difficile, prudence !) 05 90 98 63 06 www.habitationlagriveliere.com Mai-juin, mi-oct.-nov. : tlj. 10h-17h ; déc.-avr., juil.-août : 10h-18h 7,50€ avec dégustation de café

C’EST DANS L’AIR
Introduit en 1726 en Guadeloupe, le **café** dominait les collines de la Basse-Terre au 19e s. Un siècle plus tard, cyclones et chute des cours entraînèrent la fermeture de la plupart des plantations. Aujourd’hui, quelques passionnés ont relancé à petite échelle la culture du bonifieur, le café de Guadeloupe que le monde entier s’arrachait jadis.

À FAIRE

Allez à la plage

Plage de Simaho

Une plage un peu à l’écart du centre-ville. Avec ses gros galets et ses rouleaux, elle n’est pas vraiment recommandée pour la baignade. En revanche, le ponton aménagé tout du long invite à la promenade, et ses bars-restaurants à une pause.

500m au sud du bourg, dir. Basse-Terre

Plage de Rocroy

Une petite plage de galets et de sable gris, longue de 100m. Si les familles la fréquentent le week-end et au moment des vacances scolaires, elle est le plus souvent déserte.

2km au sud-est du bourg

Hissez-vous jusqu’au refuge des Trois-Crêtes

Le sommet des Trois-Crêtes (910m) offre par temps clair une vue à 360°. Deux sentiers y montent, l’un part de de la vallée de Beaugendre, l’autre de celle de la Grande Rivière. Vous pourrez enchaîner ces deux itinéraires à condition de prévoir un moyen de transport à votre point d’arrivée. Si vous aimez l’aventure, pourquoi ne pas passer la nuit au refuge des Trois-Crêtes, une simple cabane sans l’eau courante mais ouverte à tous, où vous devrez apporter vivres et couchage ?

Par la vallée de Beaugendre

Comptez 3h d’ascension jusqu’au refuge. Joli parcours au milieu d’une végétation luxuriante avec de splendides échappées sur les massifs montagneux et la mer des Caraïbes. Le tracé débute au bout de la rivière de Beaugendre, grimpe juwsqu’à la crête Corossol (640m) où se situe le refuge, puis dévale le morne Aulard, pour rejoindre le lit de la Grande Rivière. Attention au dévers important.

Départ Grand-Camp, 8km au nord-est de Vieux-Habitants dir. Bouillante, puis en suivant à droite le panneau “vallée de Beaugendre”

Par la vallée de la Grande Rivière

L'itinéraire commence par longer le cours de la rivière à travers des exploitations agricoles. Il vous faudra la traverser à gué avant de grimper jusqu'au carrefour des deux sentiers. De là, la crête Corossol vous mènera au refuge. Si vous avez choisi d'enchaîner les deux randonnées, redescendez plutôt par là. Prévoyez au moins 3h pour gagner le refuge des Trois-Crêtes.

Départ Habitation La Grivelière, 6km au nord-est de Vieux-Habitants

Profitez de routes panoramiques

De Vieux-Habitants, les routes qui partent vers l'est se terminent pour beaucoup en cul-de-sac après une dizaine de kilomètres. Elles suivent souvent les lignes de crête et offrent de spectaculaires paysages. Attention : elles ne sont pas toujours faciles à négocier. Vérifiez l'état de votre klaxon avant de partir.

Route du morne Claire Fontaine

Vue sur la vallée de la Grande Rivière au terme de cette route accrochée au flanc du morne Claire Fontaine.

Nord-est du domaine de Vanibel

Route du Grand Bel-Air

La plus impressionnante, sur une crête escarpée dominant des ravines de plus de 100m. Quelques passages sportifs, mais un panorama admirable en redescendant.

N2 dir. Bouillante sur 2km, puis dir. Bel-Air à droite, et enfin dir. Saint-Prix et Grand Bel-Air encore à droite

Route du mont d'Or

Se perd dans une bananeraie à plus de 600m d'altitude.

Baillif (N2 dir. Basse-Terre sur 4km, puis D13 dir. Madeleine, puis route de Claire Fontaine et du mont d'Or)

Randonnée le long de la Grande Rivière

NOS ADRESSES

PAUSES

Tous les soirs à partir de 18h, des camions vendent du poulet boucané et des sandwichs sur la grand-place de Vieux-Habitants. Ce qui pourra vous dépanner, la plupart des restaurants locaux étant fermés le soir. Sinon, prévoyez de quoi cuisiner dans votre bungalow ou allez dîner à Basse-Terre (p.121).

Barbecue
La Grillade

L'une des adresses les plus populaires du secteur. Tout le monde s'y retrouve pour ses grillades de poisson et de viande... et pour ses tables déployées au bord de l'eau. Menu complet à partir de 12,90€.

VIEUX-HABITANTS Marigot (4km au nord du centre-bourg, sur la N2) 05 90 98 49 32
Lun.-sam. midi

Simple et savoureux
An Ba Rezen La

Dans un vaste carbet le long de la plage de Simaho, vous dégusterez des plats simples mais savoureux tels qu'une daurade coryphène ou des côtes d'agneau grillées, des crudités, des *ouassous*, etc. tout en observant le spectacle des pélicans qui plongent à pic dans la mer pour chercher leur pitance. Comptez 20-25€ pour un plat et un dessert.

VIEUX-HABITANTS Plage de Simaho 05 90 92 10 88 Ven.-mer. 12h-16h

Grillades de poisson au citron et aux épices

Légumes du jardin
Table d'hôtes de La Grivelière ♥

La table d'hôtes est provisoirement installée sur la route qui mène à l'habitation. Le menu unique (21 et 24€, avec la visite guidée de l'habitation) change tous les jours et affiche, par exemple, un velouté d'igname et de patate douce, un colombo de marlin, un ragoût d'agneau et du poisson grillé. Une bonne cuisine de terroir, à savourer sur une jolie terrasse couverte en bois.

VIEUX-HABITANTS Route de la Grande Rivière 1,5km à l'est du bourg 05 90 98 63 06
Tlj. 12h-15h Fermé fin sept.-mi-oct.

LA RECETTE

RAGOÛT DE COCHON

Pour 6 pers.
2kg d'échine de porc
2 oignons
2 cives
2 citrons verts
2 gousses d'ail
4 feuilles de laurier
2 feuilles de bois d'Inde ou une c. à c. de graines d'anis
6 clous de girofle
1 piment rouge
1 piment frais (facultatif)
1/2 verre de vinaigre
Huile
Vin (facultatif)
Thym, persil, sel et poivre

Placez la viande découpée en gros cubes dans un saladier, avec le piment rouge, une cive et l'ail grossièrement hachés. Mélangez bien et arrosez du bois d'Inde, du sel et du poivre délayés dans le jus des citrons verts et le vinaigre. Laissez mariner de 3 à 6h. Faites chauffer dans l'huile d'une cocotte les clous de girofle, le thym et le laurier. Ajoutez la viande égouttée (réservez la marinade) et laissez-la dorer pendant une vingtaine de minutes. Ajoutez les oignons et la 2e cive émincés et faites revenir pendant 2min. Versez un demi-verre de marinade ou de vin. Laissez cuire à feu moyen 10min, puis nappez d'eau. Salez, déposez délicatement le piment frais sur le bouillon et laissez mijoter à couvert pendant 45min. Découvrez pour ajouter le persil ciselé et faites réduire le jus 15min à feu doux. Ôtez le piment et laissez un peu reposer avant de servir.

SHOPPING

Artisan d'art

Nature Design

L'artisan d'art Philippe Cazalis utilise comme matière première des graines, des calebasses et du bois de Guadeloupe pour réaliser des pièces uniques : bijoux en graines, magnifiques luminaires en calebasse semblables à de la dentelle, peintures sur bois et tables. C'est beau et original. Comptez 10-35€ pour un collier.

VIEUX-HABITANTS 2km à l'est du bourg, dir. La Grivelière 05 90 86 41 40 ou 06 90 73 68 46 Variables (appeler avant)

BOUILLANTE

La commune abrite les sites touristiques les plus fréquentés de la côte sous le vent, autour de Pigeon et de Malendure. Plage, pêche au gros, plongée, découverte des fonds marins, randonnée et baignade en rivière... Chacun peut y trouver son bonheur !

ACCÈS ET INFOS

- 11km au nord de Vieux-Habitants, 47km au sud-ouest de Pointe-à-Pitre
- Office de tourisme Plage de Malendure 05 90 98 86 87 www.destination-bouillante.com Lun.-ven. 9h-12h et 14h-17h (se rens. en basse saison)

À VOIR

Outre Malendure et les îlets Pigeon, la commune de Bouillante abrite la seule **centrale géothermique** de France. Les premiers forages, en 1990, ont permis d'extraire suffisamment de fluide géothermal pour alimenter une turbine. L'usine couvre aujourd'hui 6% de la consommation électrique de l'île.

Point de ralliement

Plage de Malendure

C'est l'une des plages les plus prisées de la côte sous le vent. Surtout le week-end, quand arrivent les habitants de l'agglomération de Pointe-à-Pitre. Difficile alors de trouver une place sur le petit parking. C'est la rançon d'un succès dû à son sable blanc, la vue sur les Îlets Pigeon et la beauté de ses fonds marins. Les propositions d'activités sont nombreuses : clubs de plongée, observation des baleines, balades en kayak, pêche au gros...

The spot de randonnée palmée

Îlets Pigeon ★

Les criques des îlets Pigeon – la Piscine, l'Aquarium et, surtout, le Jardin de corail – comptent parmi les spots de snorkeling les plus réputés de Guadeloupe. Leur eau transparente dévoile une multitude de coraux, d'éponges et de poissons, et l'on y croise souvent des tortues imbriquées. Vous pourrez vous y rendre par vous-même en kayak, mais sachez que la plupart des centres de plongée de Malendure proposent des sorties accompagnées à la demi-journée (palmes et masque fournis).

SENSATIONS FORTES

En 1959, le commandant Cousteau plonge autour des îlets Pigeon. Ébloui par leurs fonds, il exprime le vœu que la zone soit protégée. C'est chose faite depuis 2009 : pêche et chasse sous-marines y sont interdites. Intégrée au parc national de Guadeloupe, la **réserve Cousteau** est un site de plongée très couru avec près de 60 000 visiteurs par an.

À NE PAS MANQUER

- Plage de Malendure
- Îlets Pigeon ★

Malendure

À FAIRE

Lézardez dans une crique

Anse à Sable

Tout le monde succombe au charme de cette petite plage adossée à la falaise.

2,5km au sud de Malendure

Pagayez jusqu'aux îlets Pigeon

Gwada Pagaie

Vous pourrez louer des kayaks (2-4 places) pour gagner les îlets Pigeon en 15 min. Au programme : farniente dans des criques de rêve, exploration du plateau corallien avec masque et tuba ou ascension du "sommet" (35m d'altitude) de l'île principale. Comptez 25€ la demi-journée et 35€ la journée (équipement fourni). Conditions requises : avoir 5 ans révolus et savoir nager.

Plage de Malendure 06 90 93 91 71 www.gwadapagaie.com Tlj. 8h-17h

Plongez en apnée

Plage du Petit-Malendure

Cette anse ombragée possède de jolis fonds. Dans ses eaux claires, des myriades de poissons colorés (perroquets, chirurgiens, trompettes, etc.) évoluent parmi les coraux, les éponges et les gorgones éventails qui ondulent au gré de la houle. Attention, le courant peut être fort à proximité de la pointe. Vous aurez des chances de croiser des tortues vertes au milieu de l'anse, parmi les herbiers marins où elles vont se nourrir. Le matin, la mer est plus calme et vous serez plus tranquille.

Longez la falaise au nord de la plage de Malendure

Plage de Petite-Anse

Une charmante plage de sable fin et de gros galets, lovée au fond d'une baie bien protégée où mouillent quelques voiliers. Cette dernière forme un joli spot d'apnée. À l'arrière-plan, quelques bars et restaurants de fortune se dissimulent dans la végétation.

8km au sud de la plage de Malendure

Observez la faune marine... au sec

Le Nautilus

Embarquez pour un tour des îlets Pigeon (1h15 environ) dans l'un des deux bateaux (50 ou 100 passagers) à fond de verre, avec à la clé une halte baignade d'une vingtaine de minutes – emportez un masque avec tuba et des palmes. N'oubliez pas de réserver, car cette activité est très prisée !

Plage de Malendure 05 90 98 89 08 www.lesnautilus.com De 4 à 8 départs quotidiens selon la saison 22€

Plongez au large

Les centres de plongée sont nombreux à Malendure et ils proposent tous plus ou moins les mêmes prestations à des tarifs similaires. Les plongées dans la réserve Cousteau, autour des îlets Pigeon, constituent un must : fonds préservés très riches, sites peu profonds et accessibles à tous.

Bleu Passion

Bleu Passion privilégie la plongée en petit comité. Très impliqués dans la connaissance et le respect de l'environnement, ses responsables organisent aussi des randonnées palmées à la rencontre des tortues marines (1h30, 35€, 8 pers. maximum), avec informations sur la vie de ces animaux et le comportement à adopter pour éviter de les déranger. Plongée encadrée 37€, baptême 46€ (enfant 35€).

ZAC Lostau 2km au sud de la plage de Malendure 05 90 92 85 76 bleu-passion-guadeloupe.com

Les Heures saines Cétacés

Ce club possède deux bateaux pouvant accueillir respectivement 30 et 26 plongeurs. Comptez 45€ pour une plongée encadrée et 50-60€ pour un baptême, selon le temps passé sous l'eau.

Rocher de Malendure 06 90 44 14 85 www.heures-saines.gp Tlj. (sur rés.)

Centre de plongée des Îlets

Ce centre convivial est géré par Jaco Nadal, un instructeur diplômé installé à Malendure depuis plus de 20 ans. Autant dire qu'il en connaît un rayon sur la vie sous-marine et les meilleurs spots du secteur. Plongée encadrée 40€, baptême 47€ (enfant 38€).

Plage de Malendure 05 90 41 09 61 www.plongee-guadeloupe.fr

PPK Plongée

Une petite structure sérieuse qui ne vous entassera pas sur un bateau. Trois sorties/j. pour les îlets Pigeon, ou sur demande, des sorties à thème sur des sites plus sauvages, de nuit, ou sur des épaves. Immersion encadrée 45€, baptême 55€ (enfant 45€).

Plage de Malendure 05 90 98 82 43 www.ppk-plongee-guadeloupe.com

CIP Bouillante

Ambiance bon enfant qui n'interdit pas le sérieux. C'est le seul centre de Guadeloupe qui propose des stages de photo sous-marine sur deux jours (420€, niveau 2 minimum requis). Plongée encadrée 35€, baptême 45€ (enfant 35€).

Plage de Malendure 05 90 98 81 72 www.cip-guadeloupe.com

Allez saluer les baleines

Les cétacés ont toujours fréquenté les eaux chaudes de ce côté des Antilles. Si les baleines à bosse passent au large de la Guadeloupe au moment de leur grande migration annuelle (décembre-avril), nombre des mammifères marins observés dans l'archipel sont sédentaires, comme les globicéphales, les cachalots, les dauphins. En embarquant avec l'un des prestataires indiqués ci-dessous, vous aurez de bonnes chances d'en croiser certains. Les occasions de voir des représentants d'autres espèces (globicéphale tropical, pseudorque, grand dauphin, etc.) sont plus rares. Quant aux baleines à bosse, elles se montrent surtout en mars-avril.

Évasion Tropicale

Cette association propose des journées de découverte en petit comité à bord du *Tzigane VI*, un voilier long de 16m. Elles sont animées par Renato Rinaldi, un passionné qui n'a de cesse de plonger son micro dans l'eau pour détecter les vocalises d'un cétacé ou de scruter l'horizon en quête d'un souffle. Comptez env. 65€/pers., plus 25€ d'adhésion.

Rue des Palétuviers Pigeon 05 90 92 74 24 www.evasiontropicale.org

Dans la réserve Cousteau

Vie marine caribéenne

Comme son père Renato, Manolo Rinaldi propose des sorties sur une saintoise (10 pers. maximum) pour observer cachalots, dauphins et baleines. Tarif 60€.

06 90 44 14 85 Toute l'année 7h-11h, sur rés.

Les Heures saines Cétacés

Sorties à bord d'un catamaran à moteur de 30 places (55€/pers.), sur réservation. Un spécialiste des mammifères marins de l'association Évasion Tropicale (p.139) vous aidera à repérer les animaux et vous fournira toutes sortes d'informations à leur sujet.

Rocher de Malendure 06 90 44 14 85 www.heures-saines.gp Tlj. (sur rés.)

Randonnez entre plage et forêt

Trace du Petit-Malendure

Cet itinéraire facile de 2,5km (AS) traverse la forêt sèche et longe de jolies anses, ménageant par endroits de beaux points de vue sur les îlets Pigeon et Montserrat. Glissez maillot de bain, masque et tuba dans votre sac pour aller explorer les fonds marins de la plage du Petit-Malendure (p.137).

Départ parking 1,5km au nord de la plage de Malendure, après le pont sur la rivière Colas, au bord de la N2

Sautez dans les sources

Canopée

Les guides de Canopée proposent différents parcours de canyoning dans les ravines. Au total, cinq formules, allant de la simple randonnée aquatique avec toboggans, sauts et glissades sans utilisation de cordes (parcours de 2h30, à partir de 8 ans) à la journée très sportive "Canyon Xtrem" (6 descentes en rappel de 4 à 30m, à partir de 16 ans). De 45€ à 75€. Pensez à réserver.

Plage de Malendure 05 90 26 95 59 (8h-20h) www.canopeeguadeloupe.com Tlj., sur rés.

Lâchez prise

Les bains chauds de Thomas

Du parking, un chemin à droite mène en quelques minutes à une petite vasque en bord de mer, dont les eaux soufrées sont réputées soulager les rhumatismes. Après avoir fait trempette, vous pourrez vous offrir un bain de mer pour profiter de jolis fonds marins.

Thomas (6,5km au sud de Malendure par la N2, puis à dr. en suivant les panneaux "Bains chauds")

Bain du Curé

Une construction en béton, au sud de l'anse à Sable, signale l'endroit où jaillit une source chaude (40°C), jadis connue pour ses vertus digestives. Suite à un dynamitage malheureux destiné à augmenter son débit, la source coule depuis les années 1950 en grande partie dans la mer, mais deux de ses bains sont encore utilisables. Par souci d'hygiène, pensez à les vider après usage.

Au sud de l'anse à Sable

PLONGEZ EN GUADELOUPE

Des eaux chaudes toute l'année, claires et riches en coraux et en poissons aux couleurs chatoyantes, la Guadeloupe est un beau terrain de jeu pour les plongeurs. Et si vous êtes chanceux, vous pourrez entendre chanter les baleines à bosse au large des îlets Pigeon ou des Saintes. La côte sous le vent de la Basse-Terre concentre l'essentiel des sites, faisant de la plage de Malendure une véritable Mecque de la plongée. Les fonds de Deshaies, du Grand Cul-de-Sac marin et de Port-Louis recèlent également des spots magnifiques et plus sauvages. De Saint-François (Grande-Terre), vous pourrez mettre le cap sur le large pour explorer le banc des Vaisseaux. Le nec plus ultra reste néanmoins la plongée aux Saintes, avec notamment le fameux Sec Pâté, l'un des plus beaux sites des Antilles.

Fonds de l'archipel guadeloupéen

NOS ADRESSES

PAUSES

À emporter
Cap Créole

Ce traiteur de la mer propose une belle gamme de produits : poissons fumés, rillettes de marlin, de thon et de crabe, tartares de marlin et de thon, crabe farci, etc.

BOUILLANTE Quartier La Lise Pigeon 05 90 98 64 41 www.capcreole.com Lun.-jeu. 8h-18h30, ven.-sam. 8h-13h et 15h-18h30

Apéro en musique
Chez Loulouse

Tous les vendredis (16h-19h) et dimanches (17h-20h), un groupe de *gwoka* (musique traditionnelle jouée avec des tambours) se produit dans ce bar-restaurant de la plage de Malendure. Ambiance très conviviale et animée. L'entrée est libre, il suffit de boire un verre.

BOUILLANTE Plage de Malendure 05 90 98 70 34

RESTAURANTS

Nulle part ailleurs
Galets Beach

Adresse incontournable de la Côte sous-le-vent, Galets Beach est appréciée pour son ambiance lounge. Projetez-vous les pieds dans le sable : vous écoutez de la bonne musique live, vous bougez votre corps sur les DJ sets, un cocktail à la main, des tapas posées sous votre parasol rouge avec vue mer. Ici on vit des moments qui comptent.

BOUILLANTE Plage anse à Sable 05 90 81 58 08 Mer.-sam. 12h-15h et 19h-23h, dim. 12h-19h

Créole contemporain
Ô Z'épices €€

Jimmy Bibrac élabore une cuisine créole moderne à base de produits locaux de saison, qui séduira sans aucun doute les fins gourmets. À la carte, vous aurez par exemple le choix entre un filet de thazard à la crème de cives, un filet de bourse aux éclats de lambis sauce groseille ou une côte de veau sauce cacao. De 35 à 50€ pour une entrée et un plat.

BOUILLANTE Falaise 05 90 38 87 61 www.ozepices.net Mer.-sam. 12h-14h30 et 19h-21h30, dim. et j. fér. 12h-15h

Création Ô Z'épices

Aux 4 mondes

Gastronomique avec vue

Le Rocher de Malendure €€

Attablez-vous face à un panorama magique sur la mer et offrez-vous l'une des spécialités : le marlin pané au coco, la daurade gratinée à la moutarde à l'ancienne ou les *ouassous* à la crème flambés au rhum vieux. Entre 25 à 40€ pour une entrée et un plat. Le week-end, mieux vaut réserver.

BOUILLANTE Malendure 05 90 98 70 84 rocher-malendure.com Tlj. 12h-21h30 Fermé 1re sem. de juin et mi-sept.-mi-oct.

Étape gourmande

La Touna €€

Cuisine raffinée et service agréable ont fait le succès du lieu. De votre table, vous aurez une vue sur la mer et les îlets Pigeon. Produits frais, viviers de langoustes et d'*ouassous*. Ne manquez pas le mille-feuille de thon, aubergine et parmesan (20€), ni le filet de poisson-lion à la cardamome et son risotto (18€). Côté desserts, signalons la crème brûlée au maracudja (8€) et le tiramisu à la banane (8€). Comptez 25-35€ pour une entrée et un plat.

BOUILLANTE Rue des Galets Entre la plage de Malendure et Pigeon 05 90 98 70 10 www.la-touna.com Mer.-sam. 11h45-14h et 19h-21h30, dim. midi 11h45-14h30 sur rés. Fermé mi-juin-mi-juil. et 2 sem. en oct.

Ambiance cosy

Aux 4 mondes €€

L'une des tables vedette du coin (réservation conseillée) pour vous régaler d'une excellente cuisine du monde. En salé, le feuilleté de *ouassous* et le mille-feuille de marlin à la sauce à l'orange font fureur. Et les gourmands craqueront facilement pour la tarte tatin à la banane et au chocolat. Concerts deux fois par mois (ven. ou sam.). Comptez de 25 à 35€ pour une entrée et un plat.

1km au sud de Bouillante 05 90 41 63 79 Mar.-ven. 12h-14h et 19h-21h30, sam. 19h-22h, dim. 12h-14h

LA ROUTE DE LA TRAVERSÉE ★

La D23, seule route à traverser la Basse-Terre d'est en ouest, vous mènera au cœur du parc national. Le zoo de Guadeloupe et le sentier d'interprétation de la Maison de la forêt vous offriront un bon aperçu des splendeurs du massif. Pour en mesurer toute la majesté, randonnez sur l'un des sentiers bien balisés qui, de ravines en crêtes, sillonnent ce paradis végétal.

À VOIR

Ouverte en 1967, après des années de travaux, la route de la Traversée a contribué à désenclaver nombre de localités de la côte sous le vent. Au-delà d'un bénéfice économique et social certain, elle a aussi rendu accessibles les merveilles du massif forestier, protégé depuis 1989. Désormais jalonnée d'aires de pique-nique et d'attractions touristiques, elle est très fréquentée le week-end.

ACCÈS ET INFOS

- Cette route sinueuse de 25km relie Mahault (3,5km au nord de Malendure) à Versailles, sur la commune de Petit-Bourg. De juin à novembre, les intempéries l'interdisent parfois à la circulation plusieurs semaines d'affilée.
- Attention, la chaussée peut être glissante dans les virages.
- www.trafikera.fr L'état des routes de Guadeloupe en temps réel
- www.guadeloupe-parcnational.fr/fr/des-decouvertes/activites-de-pleine-nature/randonner Topo-guides téléchargeables

Incontournable
Zoo de Guadeloupe – parc des Mamelles 👍

Avec ou sans enfants, voilà une visite à ne pas manquer. La balade au cœur de la forêt tropicale, parmi les fleurs et les grands arbres, est à elle seule un enchantement. En chemin vous ferez connaissance avec un jaguar, des ratons laveurs (*ti'racoon* en créole, introduit au 18e s et devenu une espèce emblématique), d'adorables singes-écureuils, des tamarins à mains rousses et des singes-araignées à la drôle de "frange". L'un des clous de la visite est le parcours à la cime des arbres, ponctué de panneaux instructifs sur la faune et la flore. Le parc zoologique et botanique est affilié à l'EAZA (European Association of Zoos and Aquaria), gage du respect du bien-être des animaux et de la qualité de l'accueil du public.

Route de la Traversée 8km au nord-est de Malendure 05 90 98 83 52 www.zoodeguadeloupe.com Tlj. 9h-18h (dernière entrée 16h30) € 14,90€

Richesses de la flore
Maison de la forêt

Gérée par le Parc national de la Guadeloupe, elle accueille une petite exposition intéressante sur la forêt tropicale (faune, flore, activités humaines), les

À NE PAS MANQUER

- Zoo de Guadeloupe – parc des Mamelles
- Sentier de découverte de la Maison de la forêt

Sur le cours du Bras-David

eaux douces et leur protection. Les agents du parc pourront également vous renseigner sur les randonnées qui partent du parking : le sentier d'interprétation, la trace des Ruisseaux et celle de la rivière Quiock (p.146).

Route de la Traversée 15km au nord-est de Malendure 05 90 41 55 55 (parc) www.guadeloupe-parcnational.com Mai-juin, sept.-oct. : lun.-ven. 9h-16h30 ; nov.-avr., juil.-août : lun.-sam. 9h-16h30, dim. 9h-12h15

Pour le coup d'œil
Cascade aux Écrevisses

Quelques minutes de marche le long de la **rivière Corossol**, et vous voilà devant la cascade, dans un beau cadre forestier. Elle n'a pas le panache de celles du Carbet ou de Moreau, mais son profond bassin et la beauté de la végétation environnante lui donnent un éclat particulier. Assez proche de la route et aisément accessible (y compris aux personnes à mobilité réduite), ce lieu de baignade est très fréquenté. Vous trouverez d'autres chutes, plus tranquilles, à proximité.

1,5km à l'est de la Maison de la forêt

À FAIRE

Volez d'arbre en arbre
Le Tapeur

Ce parc d'aventures a pris le nom d'un oiseau familier des lieux, un pic endémique de la Guadeloupe. Avec ses cinq parcours d'accrobranche de niveaux différents, il s'adresse à tous, des familles aux groupes d'amis en mal de sensations fortes – pour peu que l'on mesure plus de 1,20m. Plus de 1km de tyrolienne, des ponts de singe, un passage en surf, la liane de Tarzan et, pour les moins de 7 ans, la piste du *ti'sucrier*... La forêt vue sous un autre jour ! Tarif 20€, 8-12 ans 16€, 3-8 ans 9€ (10% de réduction sur présentation du billet donnant accès au zoo).

En face du zoo 06 90 44 17 51 www.le-tapeur.fr Tlj. 9h-17h

Randonnez en forêt

Voici quelques-uns des itinéraires de randonnée dans la sylve humide qui partent de la Maison de la forêt (p.144).

Sentier de découverte de la Maison de la forêt

Il dessine une boucle de 600m (20min), jalonnée de cinq bornes d'information sur la faune et la flore de la forêt pluviale. Des renseignements que viendra compléter le dépliant gratuit remis à l'accueil. Une approche aisée d'un milieu naturel complexe et d'une grande beauté.

Trace des Ruisseaux

Ce sentier facile (boucle de 3km, env. 2h) se faufile dans l'exubérante végétation jusqu'au bord de la rivière Bras-David, dont les bassins d'eau claire invitent à la baignade.

Trace de la rivière Quiock

Cette boucle de 7km (env. 4h) longe d'abord la rivière Bras-David, puis franchit la rivière Quiock pas moins de 17 fois. Autant dire qu'elle offre maintes possibilités de baignade, mais aussi qu'elle est déconseillée par temps de pluie. Scrutez la rivière, vous y apercevrez peut-être des *ouassous*, crevettes d'eau douce devenues rares en Guadeloupe.

Gagnez les crêtes

Les plus belles randonnées de la région vous conduiront au sommet de deux dômes aux formes suggestives, les mamelles de Petit-Bourg et de Pigeon, vestiges d'un antique volcan. Deux ascensions relativement faciles et des

La route de la Traversée

panoramas inoubliables sur les alentours. Attention, cependant, aux passages glissants quand le temps se gâte.

Mamelle de Pigeon

Cette balade qui ne présente pas de difficulté majeure (2km, 1h30 AR) part du col des Mamelles, à 12km de Malendure et 600m d'altitude, et grimpe jusqu'à 742m, en passant de boisements humides à une forêt d'altitude moins luxuriante. Sur la fin de l'ascension, tâchez de repérer les *bois-foufous*, des arbustes ainsi nommés car leurs hautes fleurs jaunes attirent les colibris huppés, ou *foufous*, au plumage d'un beau vert irisé. Au sommet, si le temps est dégagé, point de vue à 360° sur la Basse-Terre. Retour par le même chemin.

Mamelle de Petit-Bourg

Cette trace de 3km (1h30 AR) part du parking aménagé 1km à l'est du col des Mamelles. Cheminant en bonne partie dans une forêt d'altitude clairsemée, elle offre plusieurs belvédères sur la mer des Caraïbes, la mamelle de Pigeon et les crêtes du nord de la Basse-Terre. Du sommet (711m), le regard porte jusqu'aux Petit et Grand Cul-de-Sac marin et, par temps clair, jusqu'à Marie-Galante au sud-est et à la Désirade à l'est.

NOS ADRESSES

PAUSES

Sur la route de la Traversée, les restaurants se résument au gîte des Mamelles (où l'attente peut être longue) et au snack Les Amaryllis, en face du zoo (où la nourriture est décevante). Mieux vaut acheter un casse-croûte avant le départ – vous ne trouverez aucune épicerie en route – et profiter d'une des quatre aires de pique-nique du parc national, équipées de barbecues. Celle de la cascade aux Écrevisses est bien aménagée, mais très fréquentée. Celle de Corossol est accessible aux personnes à mobilité réduite.

Bonne soupe, belle vue !

Gîte des Mamelles

Cet établissement aux allures de refuge de montagne, au cœur du parc national, est un café-restaurant où l'on vient siroter un alcool local et manger une soupe *calalou* ou un colombo de crabe. De la terrasse, belle vue sur la rade de Pointe-à-Pitre et la Grande-Terre ! Plat 13-26€. Repas autour de 30-35€. Concerts, café-théâtre et expositions.

COL DES MAMELLES (9km au nord-est de Malendure par la N2 et la D23) 06 90 39 90 06 www.facebook.com/gitedesmamellesofficiel Mar.-jeu. et dim. 10h-16h, ven.-sam. 10h-16h et 19h-22h

Pour une mousse en forêt

Brasserie artisanale de la Lézarde

L'endroit rêvé où se rafraîchir après une randonnée en forêt en savourant une bière blonde, ambrée ou blanche dans un luxuriant jardin. Et vous pourrez accompagner votre pétillant breuvage d'une tarte ou d'une assiette fromage-charcuterie.

VERNOU 1, allée Merwart (23km de Malendure et 15km de Petit-Bourg) 05 90 80 86 25 Mar.-sam. 11h30-21h

POINTE-NOIRE

Entre ses deux touristiques voisines, Deshaies et Bouillante, Pointe-Noire cultive une certaine authenticité. Vous pourrez vous y familiariser avec les savoir-faire artisanaux de la région : la culture ancestrale de la vanille ou du cacao et le travail du bois, une activité jadis florissante.

ACCÈS ET INFOS

- 9km au nord de Malendure
- Service du tourisme de la Ville de Pointe-Noire Chemin les Plaines (1km au sud-est du bourg, en face de l'Habitation Côte-sous-le-vent) 05 90 99 92 43 www.pointenoirevisit.com Lun.-mar. et jeu. 8h30-17h, mer. et ven. 8h30-13h
- Foire culinaire aux *ouassous* Pendant cette journée, dégustations, concerts, courses de canots, défilé. En juil.

À VOIR

Dans le bourg de Pointe-Noire, qui s'étire le long de la mer, allez flâner dans la rue Saint-Jean pour admirer ses maisons de bois à galerie et véranda. Au fil du temps, la bourgade a en effet attiré nombre de scieurs de long, de charpentiers, de menuisiers et d'ébénistes. Aussi le travail du bois fait-il partie intégrante de l'histoire locale.

Au temps d'antan

Habitation Côte-sous-le-vent

Découvrez le patrimoine culturel et social de la région. La visite débute par la reconstitution d'une maison créole, avec son mobilier ancien. La mini-ferme voisine, où s'ébattent lapins, coqs et poules, plaira aux enfants, tout comme la serre aux papillons et ses chatoyants pensionnaires. Une autre dépendance renferme plusieurs expositions : sur les plantes, la case créole, les métiers traditionnels du bois, la section la plus pittoresque étant consacrée à la flibuste. Une visite de 90min qui réjouira petits et grands.

Les Plaines (1km au sud-est du bourg) 05 90 80 42 62 www.habitationcotesouslevent.com Tlj. 10h-17h 14,50€

Vous en pincez pour le *ouassou* ?

Parc aquacole

Si le "roi des sources", ou *ouassou*, peuplait jadis toutes les rivières de la Basse-Terre, il ne reste plus guère de ces grosses crevettes d'eau douce à l'état sauvage. Ce parc aquacole est le seul de Guadeloupe où l'on élève le crustacé de façon écoresponsable. Vous pourrez découvrir librement l'exploitation, mais le mieux est de venir le vendredi ou le dimanche matin pour suivre une visite guidée, avant de profiter de la table d'hôtes (p.152). Vente de *ouassous* et de rougets créoles.

Les Plaines (2km au sud-est du bourg) 05 90 98 11 83 www.parc-aquacole.fr Tlj. 9h-17h 4€ (8€ visite commentée)

À NE PAS MANQUER

- Habitation Côte-sous-le-vent
- Plage de Petite-Anse
- Une randonnée palmée

Gousses de vanille

Miracle à Pointe-Noire
Sanctuaire Notre-Dame-des-Larmes

Par deux fois, le 9 mai et le 3 juin 1977, la Vierge serait apparue en Guadeloupe. Une petite route charmante (D17) conduit à l'oratoire construit depuis sur le site des apparitions. Du parking, une dizaine de minutes de marche vous mèneront dans un site vallonné où se niche la chapelle Notre-Dame-des-Larmes, entourée de pelouses plantées de fleurs. Une jolie promenade bucolique.

L'Espérance (5km au sud-est du bourg)

Prudence !
Saut d'Acomat

Nombre de Ponti-Néris appellent chute de l'Anaspèse cette cascade, qui se jette dans un bassin turquoise du haut de ses 10m. Le site est un but de promenade très apprécié le week-end. On y pique-nique tout en admirant les plongeurs qui rivalisent d'audace (une pratique formellement interdite, car le fond du bassin est tapissé de rochers inégaux). Comptez environ 10min de marche à partir du parking. Attention, après de fortes pluies, le sentier assez raide devient glissant et la baignade dans la cascade dangereuse (un phénomène d'aspiration dans le bassin peut entraîner la noyade).

Acomat (5km au sud-est du bourg)

Plaisirs cacaotés
La Maison du cacao

Commencez par le jardin, où des panneaux détaillent les étapes de la culture du cacaoyer. Suivez ensuite l'un des guides de la maison. En 30 minutes, vous saurez tout sur le cacao, son histoire, sa fabrication, ses vertus... Une conférence plutôt savoureuse, émaillée de dégustations – cacao seul, chocolats chauds à différents pourcentages de cacao, etc.

Grande Plaine (3km au sud du bourg) 05 90 98 25 23 www.maisonducacao.fr
Haute saison : lun.-sam. 9h-17h 8€

> **IL ÉTAIT UNE FOIS**
> Originaire du Mexique, le **cacaoyer** fut introduit aux Antilles au 17e s. Chacun de ses fruits (cabosses) renferme une quarantaine de graines (fèves). L'arbre atteignant 4 à 6m de hauteur, on récolte ses baies à l'aide de longues gaules munies d'une petite faucille. Après torréfaction et broyage, les fèves fermentées fourniront la poudre et le beurre de cacao.

Montagnes russes

Route de Morphy

Si vous vous dirigez vers le nord, lancez-vous sur cette route littorale qui s'embranche sur la N2 à la sortie de Pointe-Noire. Parfois si étroit que deux voitures ont du mal à se croiser, son ruban de bitume monte, descend et sinue pour épouser les moindres reliefs des mornes et ravines. En prime, de sublimes vues sur une côte vierge de constructions.

1km au nord du bourg

À FAIRE

Allez à la plage

Plage Caraïbe

Une large plage de sable et de galets, des arbres pour paresser à l'ombre, un ponton pour les enfants, des eaux calmes... C'est la plage idéale pour les familles, où s'organisent les pique-niques le week-end. Une poignée de bars et de restaurants complètent le tableau.

Pointe-Noire 2km au sud-est du bourg

Plage de Petite-Anse

Deux caps rocheux protègent cette ravissante petite plage familiale de la houle. N'oubliez pas vos palmes, masque et tuba. En explorant les fonds vers le nord vous ferez de jolies rencontres : bancs de calmars, poissons-perroquets, poissons-trompettes, poissons-coffres, éponges tubulaires jaunes, etc. Les places de stationnement étant limitées, mieux vaut vous y rendre tôt le matin ou en fin d'après-midi.

Pointe-Noire 5km au nord du bourg, au-delà de Baille-Argent

Descendez un canyon facile

Vert intense

Il suffit de 15min de marche pour arriver au bord de la **rivière Grande-Plaine**, sur la commune de Pointe-Noire. Puis débute une descente de canyon très facile (niveau 1, à partir de 7 ans) et ludique, idéale pour se familiariser avec l'environnement. Le dernier toboggan vous plongera dans les eaux vertes du saut d'Acomat (p.149), sous la surveillance des moniteurs. Tarif 45€. Sortie tlj. 9h-12h

Morne Houël Route du Camp-Jacob Saint-Claude ☎ www.vert-intense.com

Randonnez sous l'eau

Anse Caraïbe Plongée

Jazz, le moniteur vedette du club, ne refusera pas de vous emmener visiter le célèbre Jardin japonais ou les autres sites réputés des îlets Pigeon (p.136), et si vous vous laissez guider, il vous montrera de jolis coins de la réserve Cousteau, sans regarder sa montre. Plongée à partir de 40€, baptême 50€. Randonnée palmée également.

Plage Caraïbe Pointe-Noire (2km au sud-est du bourg) ☎ 06 90 64 04 34 www.plongee-guadeloupe-reserve-cousteau.fr

Anbadlola 👍

Antoine Maestracci vous entraînera *An-ba dlola*, "en bas de l'eau là" en créole, autrement dit sous l'eau, autour des îlets Pigeon pour des randonnées palmées en petit groupe (8 pers. maximum). Vous embarquerez sur la **plage Caraïbe**, où ce prestataire dispose d'un local, pour atteindre les îlets en 15min. Antoine assurera votre sécurité tout autant qu'il assouvira votre curiosité. Circuit de 1h30 aux îlets Pigeon et de 30min à la pointe de Malendure pour rencontrer les tortues. Tarif 40€ (palmes, masque, tuba et combinaison fournis).

Plage Caraïbe Pointe-Noire (2km au sud-est du bourg) ☎ 06 90 18 79 66 www.guadeloupe-plongee.fr

Canyoning en Basse-Terre

Faites-vous chouchouter

Le Parc aux Orchidées

Offrez-vous un moment de détente dans ce parc foisonnant de fleurs et de plantes tropicales. Commencez par le jacuzzi et poursuivez par un massage (ayurvédique, californien, balinais, suédois...) en plein air, bercé par le chant des oiseaux. On se sent si bien que l'on n'a plus envie de repartir. Bonne nouvelle : le parc met des chambres d'hôtes à disposition de ses visiteurs (p.258). Massage à partir de 60€ les 45min.

723, route de Trou-Caverne Pointe-Noire (3,5km au nord-est du bourg, fléché) ☎ 05 90 38 56 77 www.parcauxorchidees.com 🕒 Mar.-dim. 9h-12h et 14h-17h (sur rendez-vous)

NOS ADRESSES

PAUSES

Ouassous-pays
Table d'hôtes du parc aquacole

Les *ouassous* proposés dans la plupart des restaurants de Guadeloupe sont importés congelés d'Asie. Ici, ils passent directement des bassins à la cuisine. À déguster poêlés à l'orange, flambés au rhum, en fricassée ou grillés. Également des papillotes de loup caraïbe (ombrine ocellée), un poisson élevé en partie dans le parc et en partie en mer. Formules à 22 et 28€ (apéritif, entrée et plat).

POINTE-NOIRE Les Plaines (2km au sud-est du bourg) 05 90 98 11 83 www.parc-aquacole.fr Ven. et dim. midi (rés. vivement recommandée) Fermé entre mi-sept. et Toussaint

Casse-croûte
Boulangerie de la Reberdière

Difficile de résister à ses pâtisseries et douceurs, notamment à la noix de coco – déclinée en tartes, chaussons, galettes (*chiquini*), rochers (sucre à coco) et même en madeleines. Côté salé, les copieux sandwichs et les petits pâtés de crabe, de lambi ou de langouste font un malheur.

POINTE-NOIRE Guyonneau (sur le front de mer) 05 90 98 05 45 Lun.-sam. 5h45-19h30, dim. 10h-12h30

Du frais tous les jours
Au coin de l'amitié ♥

Ce bar-restaurant tout simple porte bien son nom, tant la patronne est accueillante et joviale ! Menu unique avec une entrée et un plat du jour (colombo de poulet, ragoût de bœuf, court-bouillon de poisson, etc.) à 12€, servi en salle ou en terrasse. En face de l'habitation Côte-sous-le-vent.

POINTE-NOIRE Les Plaines (1km au sud-est du bourg) 05 90 80 03 50 Lun.-sam. 8h-16h et 1 dim. sur 2

Lambis ou magret ?
Les Gommiers

Face au collège, voilà un restaurant qui ne paye pas de mine. Et pourtant, dans une salle un peu impersonnelle, vous trouverez une bonne cuisine créole (vivaneau grillé, fricassée de lambis) ou métropolitaine (magret de canard). Comptez de 20 à 36€ pour une entrée et un plat.

POINTE-NOIRE 200, rue Baudot 05 90 98 01 79 Lun.-sam. 7h-15h

RESTAURANTS

Sympa
An Ba Tol La €

Le soir, tout Pointe-Noire semble se donner rendez-vous sous le simple toit de tôle de cette “embarcation”. Dans l'assiette, des travers de porc, du poisson, du poulet, voire du kangourou grillé servi avec un gratin de légumes-pays ou des frites maison. L'ambiance est bonne, comme le rhum, et l'addition légère : comptez 10-15€ le repas ! Concert ou soirée karaoké deux samedis par mois, à ne pas manquer !

POINTE-NOIRE N2 (anse Guyonneau) 05 90 86 93 46 Oct.-août : mar.-jeu. 16h30-22h, ven.-sam. 16h30-23h

Simple et généreux
Le Reflet €€

Un excellent repas créole pour 16€. Salade de crudités variées et acras en entrée, suivis de plats du jour simples et bien fricotés : poisson grillé, copieux plat d'*ouassous*, poulet en sauce ou grillé. Pour les amateurs, boudin noir le week-end, menu lambis le lundi à 22€ en saison (jan.-mars) et menu langouste à 35€. Menu enfant à 9€. Apéritif offert.

POINTE-NOIRE Plage Caraïbe (2km au sud-est du bourg) 05 90 98 11 51 Lun.-mer. 9h-18h, ven.-dim. 9h-20h (fermé jeu. en basse saison) et le soir sur rés.

SHOPPING

Sables d'artistes
Rêve de sable

Michel et Marie Coste glanent les matériaux de leurs tableaux dans la nature : sables aux teintes et nuances subtiles, coquillages ou galets de rivière concassés qui ajoutent des notes plus colorées. Tout cela est ensuite collé sur un support en bois. Très accueillants, ils vous feront une petite démonstration amusante sur la manière de trier du sable avec un aimant. Tableaux de 35 à 500€.

POINTE-NOIRE Les Plaines 2km au sud-est du bourg 05 90 98 61 74 www.revedesable.fr Mer.-dim. 9h-12h et 14h-17h

Le plein de cacao
La Maison du cacao

Que vous ayez ou non effectué la visite du musée (p.149), vous pourrez acheter des produits gourmands de fabrication artisanale à la boutique : tablettes de chocolat, chocolats fins, pâte de cacao (8€ les 300g, avec la recette pour préparer le chocolat chaud), liqueur de cacao, beurre de cacao à utiliser comme soin de beauté (10€ le pot). Vous pourrez aussi y boire un bon chocolat chaud maison.

POINTE-NOIRE Grande Plaine (3km au sud du bourg) 05 90 98 25 23 www.maisonducacao.fr Lun.-sam. 9h30-13h30 et 14h30-17h

Maison du cacao

DESHAIES

Hébergements nombreux, bons restaurants, plages sublimes et douceur de vivre... Que demander de plus ? La bourgade de pêcheurs de Deshaies a su conserver son authenticité tout en devenant une destination recherchée. Une étape de charme regorgeant d'activités : plongée, pêche au gros, randonnée...

ACCÈS ET INFOS

- 12,5km au nord de Pointe-Noire, 40km au nord-ouest de Pointe-à-Pitre
- Syndicat d'initiative Rue de la Liberté 05 90 68 01 48 Mai-oct. : lun.-ven. 8h-12h ; nov.-avr. : lun.-sam. 8h-12h

À VOIR

Cases et farniente

Deshaies

Deshaies doit son caractère rustique à son relatif isolement – la route du Sud n'est ouverte que depuis 1957. Le bourg a conservé ses cases toutes simples à un ou deux étages ; l'église demeure l'un de ses rares bâtiments à rivaliser en hauteur avec les édifices de la République, mairie et bibliothèque. Au nord s'étirent des plages sublimes, tandis qu'au sud, le jardin botanique est un enchantement. Si vous recherchez l'animation, filez vers la marina, c'est là que se concentrent les bars et les restaurants avec leurs terrasses donnant sur le bassin.

C'est l'histoire d'un mec

Jardin botanique de Deshaies ★

Aménager un jardin de 5ha dans l'ancienne propriété de Coluche, ravagée par le cyclone Hugo en 1989, était un défi ambitieux. Le paysagiste et pépiniériste Michel Gaillard l'a relevé, pour ouvrir le 1er avril 2001 ce parc enchanteur, aujourd'hui l'un des plus fréquentés de l'île. Vous cheminerez sur un sentier (1,5km) parmi des arbres et des massifs de fleurs tous plus beaux les uns que les autres. Coup de cœur pour les roses de porcelaine, le bambinia et ses splendides fleurs roses où les colibris viennent se gaver de nectar, ou encore les sensitives qui se referment sur elles-mêmes dès qu'on les effleure. La tablette interactive que l'on vous remet à l'entrée et des panneaux vous renseigneront sur les différentes espèces. Le parcours est ponctué de carbets, bienvenus pour une pause, et de quelques enclos animaliers. Les familiers loriquets au plumage chatoyant amuseront les enfants en venant se régaler de nectar dans les pots qu'on leur tend. Pour compléter le tableau, une cascade, un étang semé de nénuphars et une vue remarquable sur la baie de Deshaies. La villa de Coluche, détruite par le cyclone, a été reconstruite à l'identique et transformée en hébergement de luxe (p.259). Sur place, restaurant panoramique et buvette-snack.

Villers 1,3km au sud du bourg 05 90 28 43 02 www.jardin-botanique.com Tlj. 9h-17h30 (fermeture de la billetterie à 16h30) 5,50€

À NE PAS MANQUER

- Jardin botanique de Deshaies ★
- Plage de Grande-Anse

Jardin botanique de Deshaies

À FAIRE

Étendez votre serviette dans un cadre enchanteur

Plage de Grande-Anse

Une vision de carte postale : près de 2km de sable doré bordé de raisiniers, de cocotiers... mais aussi de restaurants et de bars. Sans nul doute l'une des plus belles plages de toute la Guadeloupe ! La mer ne présente pas de danger tout près du rivage, mais les courants ne sont pas loin et mieux vaut surveiller les enfants. Pour être plus tranquille, éloignez-vous vers le sud-ouest.

1km au nord du bourg

Plage de la Perle

Un peu moins courue que celle de Grande-Anse et surtout moins envahie par les bars et les restaurants, elle mérite bienson nom : sable roux et propre, rideau d'arbres, belle vue sur l'îlet à Kahouanne et, par temps clair, sur l'île de Montserrat. Mais prudence, les vagues peuvent jouer des tours.

4,5km au nord-est du bourg

Plage de Tillet

Ici, ni bar ni restaurant, rien qu'une petite anse de sable fin doré, sauvage et magnifique, blottie entre deux caps rocheux. Et une végétation idéale pour se mettre à couvert le temps d'un pique-nique. Les rouleaux rendent la baignade difficile. Soyez prudent !

5,5km au nord-est du bourg, au bout d'un sentier (garez-vous au bord de la route)

Piquez une tête

Plage Leroux

La végétation n'a pas été épargnée par les tempêtes tropicales et la plage est un peu dénudée avec son sable blanc plutôt grossier. Vous apprécierez en revanche le calme de son plan d'eau et la richesse de ses fonds, surtout vers la pointe Ferry, côté sud.

6km au sud-ouest du bourg

Baladez-vous en bord de mer
Sentier littoral de Deshaies

Une balade facile (2h30 AS) à effectuer de préférence dans l'après-midi pour profiter du soleil déclinant. Vous grimperez d'abord jusqu'au sommet du Gros-Morne (206m) pour embrasser du regard l'anse de Deshaies. Redescendez ensuite pour suivre le littoral : plage de Grande-Anse, anse Rifflet, puis plage de la Perle. En semaine, si on ne vient pas vous chercher, vous pourrez regagner Deshaies en bus ; il en passe un toutes les 30min sur la nationale.

Départ du cimetière du bourg

Allez pêcher au gros
Deshaies Fishing

Depuis les années 1990, Christian propose des parties de pêche au gros à bord de son bateau confortable et bien équipé (GPS, radar, sondeur, etc.). Il vous promet de "combattre le poisson de votre vie" – espadon-voilier, marlin bleu, thon jaune, thazard, daurade coryphène, selon la saison et le hasard des rencontres. Les sorties (150€) partent de la marina à 8h30 (retour vers 15h30).

Marina 06 90 72 84 04 deshaies-fishing.com

Galopez dans un cadre paradisiaque
Ranch des 2 Îlets

Dans leur belle propriété de 3ha, Claire et Louisbert proposent des randonnées équestres à tous, à partir de 8-10 ans. N'hésitez pas à choisir la sortie de 3h (80€) qui file à travers champs de canne et sentiers de montagne jusqu'à la

Ranch des 2 Îlets

plage paradisiaque de Clugny (p.162) et qui s'achève par un bain de mer en compagnie de votre monture.

Métuvier Bas-Vent 5km au nord du bourg sur la N2, à dr. 05 90 28 51 93 https://ranch-2-ilets.ffe.com

Explorez les fonds marins

Deshaies bénéficie de la proximité de jolis sites de plongée. Peu profonds (pas plus de 20m en général), ils fourmillent de vie. Moins fréquentés que ceux des îlets Pigeon et du littoral autour de Malendure, ils n'en sont que plus intéressants !

Piton Plongée

Didier vous fera découvrir une dizaine de sites entre Deshaies et Ferry. Baptême 60€ (8-12 ans 50€) ; plongée d'exploration encadrée 50€, autonome 45€. Différents forfaits et formations. Plongée tous les matins et sur rdv pour les plongées de nuit ou de l'après-midi. Ambiance décontractée mais très pro.

Marina 06 90 34 32 81 www.piton-plongee.com

Tropicalsub Diving

À bord de sa barge en aluminium (20 pers. maximum), Éric Chevallier vous emmènera plonger au large de Deshaies (une douzaine de sites) ou autour des îlets Pigeon (le mer., supplément de 10€). Plongée 50€ (à partir de 8 ans), les deux à 90€.

Bd des Poissonniers Le bourg 05 90 28 52 67 www.tropicalsubdiving.com Lun.-sam. 8h-18h Fermé 15 j en oct.

Calypso Dive Center

Moniteur enthousiaste, Cyril vous accompagnera sur une dizaine de sites autour de Deshaies pour des sorties en petit comité (pas plus de 6 pers.). Plongées aux îlets Pigeon également. Baptême 60€ (8-12 ans 50€), immersion 48€, 210€ les cinq.

Bd des Poissonniers Le bourg 06 90 67 01 69 www.glplongee.fr Tlj. 9h-17h (sur rés.)

Mettez les voiles !

Sunny Days Catamaran

Et si vous séjourniez à bord d'un catamaran dans la baie de Deshaies ? Cet hébergement insolite s'accompagne d'expériences à vivre à bord ou autour du bateau : snorkeling, paddle, moments gourmands, chasse aux plus beaux sunsets de l'archipel... 2 nuits minimum à partir de 350€, hébergement pour 6 pers.

Port de Deshaies Deshaies 07 52 26 96 56 www.sunnydayscatamaran.com

NOS ADRESSES

RESTAURANTS

À Deshaies, les restaurants se succèdent le long de la rue principale, avec souvent de petites terrasses face à la mer et une cuisine de qualité. En haute saison, mieux vaut réserver. Attention, ceux de la plage de Grande-Anse ne sont pas si agréables que ça : leur terrasse donne sur le parking bondé et non sur la mer. N'oubliez pas l'Amer, cf. Rendez-vous avec... (p.98).

C'est bien, c'est chouette

Chez Lélette €

Terrasse sur la mer et tables les pieds dans le sable, on est bien chez Lélette. Cuisine créole simple, comme le cadre, mais savoureuse et préparée avec des produits frais : colombo de poulet (13€), blaff ou grillade de poisson (14€), langouste grillée (30€).

DESHAIES Bd des Poissonniers 05 90 50 94 80 Lun.-mar. et ven.-sam. 11h-14h et 17h-22h30, jeu. 11h-20h, dim. 11h-14h

Authentique... et bien situé

Le Coin des pêcheurs €

Une bonne adresse pour goûter des recettes typiques tout en se laissant bercer par le bruit des vagues. Boudin noir, *ouassous*, colombo de poulet, langouste grillée, poisson frais au court-bouillon, cristophine farcie... Bref, les classiques de la gastronomie créole ! Bonne carte des vins et service agréable. Menus 17 à 30€.

DESHAIES Rue de la Vague-Bleue (face à l'hôtel de ville) 05 90 28 47 75 Mer.-lun. 12h-15h, lun., mer.-jeu. et sam. 12h-15h et 18h30-21h30

Consensuel

Le Mahina €

Une terrasse bien sympathique avec sa vue sur la baie pour grignoter des tapas, une pizza, une copieuse salade composée et autres valeurs sûres de brasserie "métro". Armez-vous d'un peu de patience car il y a foule certains soirs. Comptez 25 à 40€ pour une entrée et un plat.

DESHAIES 139, bd des Poissonniers 05 90 88 95 38 Mer.-dim. 9h-22h Fermé 15 jours en juin et mi-sept.-mi-oct.

Deshaies

Cocktails des îles

Gastronomie exotique

La Savane €€

Une cuisine fine et inventive, et un joli cadre dans un esprit ethnique. On se bouscule à la Savane pour déguster du poisson (tartare de marlin à la graine de coriandre, tataki de thazard au sésame et émulsion wasabi) ou une viande (suprême de pintadeau sauce cacahuète et miel). Gardez une petite place pour le dessert. Les propositions sont tout aussi alléchantes : crème brûlée au citron vert, ananas au basilic. Prévoyez de 25 à 40€ pour une entrée et un plat. Pensez à réserver.

DESHAIES Bd des Poissonniers 05 90 91 39 58 Lun.-ven. 18h-22h, sam.-dim. 11h30-15h et 18h-22h

Pour un repas de fête

La Table du poisson rouge, habitation Tendacayou ♥€€€

Pour conjuguer plaisir des yeux et des papilles. La décoration est remarquable, comme la vue sur la côte et la cuisine. Les propositions du jour varient selon le marché, avec quelques plats signatures, pot-au-feu de la mer ou pintade rôtie. De 25 à 50€ pour une entrée et un plat. Réservez ! L'hébergement est tout aussi exceptionnel (p.259).

DESHAIES Matouba 1,5km nord-est de la marina 05 90 28 42 72 www.tendacayou.com Mer.-dim. 12h30-14h et 19h-21h

LA RECETTE

SOUPE Z'HABITANTS

Pour 4 pers.

400g de porc (queue ou poitrine fumée)
4 pommes de terre
3 carottes
1 poireau
1 branche de céleri
100g d'oseille
100g d'épinards
200g de giraumon (ou potiron)
2 navets
1 bouquet garni
1 oignon
2 gousses d'ail
1 cube de bouillon
1 piment frais
2 feuilles de bois d'Inde ou 1 c. à c. de graines d'anis

Laissez la viande dessaler au moins 12h dans de l'eau froide, renouvelée 2 ou 3 fois. Épluchez et lavez les légumes, coupez-les en morceaux ou en tronçons pas trop gros. Faites-les revenir dans l'huile chaude d'un faitout en remuant pour les faire "suer". Ajoutez la viande égouttée, le cube de bouillon, l'oignon émincé, l'ail pressé, le bois d'Inde (ou l'anis) et le bouquet garni. Salez, poivrez, couvrez d'eau et laissez cuire 1h30. Faites pocher le piment dans une casserole et servez-le à part. Après avoir ôté le bouquet garni, présentez le plat comme une potée ou mixez-le pour en faire une soupe "détox".

SAINTE-ROSE

Avec mer et montagne, la vaste commune de Sainte-Rose combine tous les atouts. Au nord se déploie le fantastique lagon du Grand Cul-de-Sac marin, constellé d'îlets et bordé d'une riche mangrove. Au sud, elle prend de la hauteur, et ses pentes se couvrent d'une magnifique forêt tropicale.

ACCÈS ET INFOS

- La ville de Sainte-Rose est à 14km au nord-est de Deshaies et 26km au nord-ouest de Pointe-à-Pitre.
- Maison du tourisme Pl. Tricolore 05 90 28 08 08 Lun.-mar. et jeu. 8h-12h30 et 14h-17h30, mer. et ven. 8h-13h
- Festival international des traditions croisées Troupes folkloriques de différents pays et marché artisanal. 1 sem. en juil., tous les 4 ans (2024...)

À VOIR

SAINTE-ROSE

Allez voir l'église Saint-Pierre, dont la construction en 1740 marqua la fondation de la ville. Autour, le long de la nationale, se concentrent commerces et services publics. De là, descendez vers le port, d'où vous pourrez partir en excursion à la découverte du Grand Cul-de-Sac marin (p.88). Vous y trouverez aussi des bars et des restaurants. Explorez ensuite les faubourgs, où deux musées évoquent l'histoire agricole de la commune. Si sa vocation première était la culture du tabac et du coton, Sainte-Rose fut une grande productrice de sucre et de rhum du 19e au début du 20e s.

Invitation au voyage

Port

Quel joli coup d'œil : des barques servent de perchoir aux pélicans, les eaux turquoise du lagon clapotent doucement et les vagues se brisent au loin sur la barrière de corail. Pour profiter du panorama, rien de tel que la terrasse de l'un des bars-restaurants installés sur le quai. Si vous cherchez un peu de tranquillité, poussez à l'est du port, au-delà du parking près duquel la plupart des prestataires d'excursions en mer attendent le chaland. Quelques bancs face à la mer permettent de contempler la mangrove.

Foulards, madras...

Association Sainte-Rose Arts et traditions

Cette association s'est donné pour mission la réhabilitation et la diffusion du costume créole. Ces parures, qui renvoient à la période coloniale, étaient tombées en désuétude. Aujourd'hui, le dernier chic pour une femme est de se marier en tenue créole. Dans ses locaux, l'association a réuni robes en madras ou en dentelle, foulards et autres coiffes. Elles sont louées pour les grandes occasions et exposées le reste du temps.

Bd Saint-Charles, en face du port 05 90 28 60 32 Sur rdv

À NE PAS MANQUER

- Écomusée Créole*Art* de la Guadeloupe
- Musée du Rhum
- Explorer le Grand Cul-de-Sac marin

Cases de Sainte-Rose

LES ENVIRONS

Histoire au jardin

Écomusée Créole*Art* de la Guadeloupe

Une famille de jadis n'aurait pu vivre sans les produits de son jardin. Ainsi, le fruit de la liane pied-torchon, récolté sec, servait de gant de crin pour la toilette et, plus couramment, de tampon à récurer les gamelles. Comme il ne suffit pas de l'expliquer, Jocelyn, botaniste génial et pédagogue, a créé des ateliers où les petits Guadeloupéens redécouvrent les gestes d'antan pour fabriquer le bâton de cacao et le café, transformer le manioc ou faire la lessive. Découvrez tout d'abord un jardin créole traditionnel, où fruits et légumes cohabitent avec des plantes médicinales. Une section plus didactique présente l'histoire de la Caraïbe au travers de reconstitutions de ses habitats : huttes amérindiennes, cases créoles... La famille propose aussi deux gîtes et une table d'hôtes (p.166).

Route de Sofaïa Ravine Cheval (2,5km au sud du bourg) 05 90 28 67 98 www.ecomusee.gp Mar.-dim. 9h-16h30 12,50€

Rhum et papillons

Musée du Rhum

Ce musée du rhum et sa collection d'outils anciens ne sont pas les seules attractions de la distillerie. La famille Reimonenq, qui la dirige depuis 1916, y a aussi réuni une fantastique collection de 5 000 insectes du monde entier. Avec, en vedette, les papillons et les dynastes hercules de la forêt guadeloupéenne, une espèce de scarabée qui peut atteindre 18cm de longueur. Vous pourrez vous remettre de vos émotions avec une dégustation de rhum maison.

Bellevue (2,5km au sud-est du bourg) 05 90 28 70 04 rhum-reimonenq-musee.com Lun.-sam. 9h-17h 6€

Roue à aubes

La deuxième ville la plus peuplée de Guadeloupe
Baie-Mahault

Cette commune compte plus de 30 000 habitants, qui travaillent pour la plupart dans la zone industrielle de Jarry-Moudong, poumon économique de la Guadeloupe, ou dans la région pointoise et ses 3 500 entreprises. Son port ne manque pas de charme et son petit cimetière mérite que l'on fasse un petit détour pour ses tombes décorées de lambis. Il s'accroche au flanc d'un morne, dominant une anse frangée de palétuviers où rouille l'épave d'un vieux cargo. Les chemins de terre qui partent à l'est du bourg vous emmèneront au bord de la rivière Salée, offrant de beaux points de vue sur le Grand Cul-de-Sac marin et le nord.

20km au sud-est de Sainte-Rose

À FAIRE

Bronzez, paressez...
Plage des Amandiers

C'est le point de départ du sentier littoral de Sainte-Rose (p.162). Une plage charmante, dont les abords ombragés abritent des carbets pour le pique-nique. Attention aux récifs coupants près du bord, masqués par l'écume permanente.

3km au nord-ouest du bourg

Plage de Clugny

Bien que proche de la nationale, la plage de Clugny est relativement paisible et peu bruyante. Un écran d'arbres l'isole et lui procure de l'ombre. Le courant et les rouleaux s'avèrent impressionnants dès que le vent souffle et rendent la baignade dangereuse. Attention également à la présence de quelques mancenilliers.

6km au nord-ouest du bourg

Pour une balade iodée
Sentier littoral de Sainte-Rose

Cet itinéraire facile (4km, 2h AS) relie la plage des Amandiers à celle de Clugny. En chemin, vous profiterez de splendides panoramas sur le Grand Cul-de-Sac marin, puis sur les îlets Tête-à-l'Anglais et à Kahouanne. Prévoyez un véhicule à l'arrivée si vous ne comptez pas rebrousser chemin.

Faites le geek en forêt
Saut des Trois Cornes

Une promenade facile (3km, 2h AR), à faire smartphone à la main. Ce sentier d'interprétation aménagé par l'ONF vous invite à identifier une trentaine d'arbres et autres végétaux sur le chemin du saut des Trois Cornes. Aux panneaux explicatifs s'ajoute la possibilité de télécharger gratuitement l'application Sylvastore, avec carte interactive géolocalisée, photos, vidéos... La balade part du parking de la source Sofaïa (6,5km au sud-ouest de Pointe-Noire), cf. plus bas.

www.onf/guadeloupe

Prenez de la hauteur
Trace Sofaïa-Baille-Argent

Avant de s'enfoncer dans une forêt touffue, ce sentier offre de formidables points de vue sur les mangroves du Grand Cul-de-Sac marin. Il s'élève peu à peu jusqu'à la Barre de l'île (ligne de crête nord-sud), à 760m. La redescente jusqu'à la mer des Caraïbes est délicate, des éboulements et de la boue venant fréquemment encombrer le sentier. La randonnée est longue, difficile, mais splendide (10km, 5h AS). Prévoyez un encas, de l'eau en quantité suffisante... et un véhicule à l'arrivée. Départ du parking de la source de Sofaïa. Arrivée au quartier Beausoleil, au nord de Pointe-Noire.

POUR MÉMOIRE

C'est à la Allègre, desservie par le sentier du littoral, que débarquèrent les premiers Français, en juin 1635. Les capitaines Duplessis et L'Olive, à la tête de 400 soldats et de 4 prêtres, devaient y établir une colonie. Mais une terrible famine décima la troupe. La plupart des rescapés gagnèrent le sud de la Basse-Terre. Seule une poignée de survivants décida de se fixer sur place. Ainsi naquit la paroisse de Sainte-Rose.

Rando Passion

Christian, l'un des guides de Rando Passion (p.165), vous propose une immersion dans la forêt tropicale et la culture créole au fil d'une randonnée dans une ravine au départ de Sofaïa. Au programme : découverte de la flore, baignade au saut des Trois Cornes, ascension du morne Volonté (vue sur le Grand Cul-de-Sac marin) et enfin repas créole, avec découverte des traditions locales et du jardin de "Tatie Christiane". Tarif 40€, 6-11 ans 20€.

Viard 06 90 49 83 77 www.randopassion.fr

Profitez d'une eau bienfaisante
Source de Sofaïa

La source sulfureuse de Sofaïa, surgie à la suite du séïsme de 1843, fut aussitôt reconnue pour ses vertus curatives. Dès 1852, on bâtit un bassin de pierre pour canaliser son eau à 31°C. Mais ce sont des douches qui diffusent désormais leurs bienfaits, à l'orée du sentier du saut des Trois Cornes (p.163).

Sofaïa (6,5km au sud-ouest du bourg par la D19)

Espace thermoludique René-Toribio

De préférence en fin de journée, offrez-vous un moment de bien-être : flottez dans le Spa ou l'un des deux bassins remplis d'une eau volcanique à 33°C, souveraine contre les rhumatismes ! Un bémol, le personnel veille à faire respecter les consignes d'hygiène et de sécurité avec une vigilance quasi militaire !

Chemin de Ravine-Chaude 05 90 57 16 70 Mar.-dim. 9h-20h

Explorez le Grand Cul-de-Sac marin

Du port de Sainte-Rose, partez en zodiac, en kayak ou en randonnée palmée à la découverte du Grand Cul-de-Sac marin.

Bleu Blanc Vert

Voici une formule amusante : vous pilotez un zodiac (quatre adultes par bateau), mais avec un guide à bord, qui vous présentera la mangrove. Au

Dans la réserve de biosphère du Grand Cul-de-Sac marin

C'EST DANS L'AIR
Le parc national pilote actuellement un projet de réintroduction des **lamentins** dans le Grand Cul-de-Sac marin. Ces gros mammifères marins qui vivent dans les eaux côtières sont de pacifiques herbivores au mufle aplati et à la queue arrondie en forme de pagaie. En Guadeloupe, ils ont disparu au début du 20e s., exterminés par les chasseurs.

programme : palétuviers, rivière Moustique, découverte de la faune et de la flore, pause masque et tuba sur la barrière de corail et arrêt à l'îlet Blanc. En période de vacances scolaires, réservez au moins deux jours à l'avance. Demi-journée au choix : 9h-13h ou 14h-18h. Tarif 35€, 3-11 ans 15€. Pas de CB.

Port de pêche 06 90 63 82 43 www.bleublancvert.com

Rando Passion

Le kayak de mer est parfait pour se déplacer dans la mangrove. Silencieux, il permet d'approcher plus facilement les animaux. Le circuit (3h30), accompagné par un guide naturaliste, traverse la forêt de palétuviers avant de gagner le lagon. Également des tours en mini-catamaran électrique (4h). Tarif 35€, 6-11 ans 20€. Location de kayaks (20€ la demi-journée).

Viard 3km au sud-ouest du bourg 05 90 28 98 73 (le soir) www.randopassion.fr

Nico Excursions

Nico propose des balades d'une demi-journée à la découverte du Grand Cul-de-Sac marin avec palmes, masque et tuba. En mettant la tête sous l'eau, vous découvrirez la richesse de cet écosystème, où des centaines d'alevins, mais aussi des bébés barracudas, trouvent refuge entre les racines des palétuviers. Tarif 40€, moins de 10 ans 25€.

Port de pêche www.nicoexcursions.com

Coco Mambo

Ce prestataire reconnu propose plusieurs formules : demi-journée (excursion dans la mangrove, snorkeling au-dessus d'une épave, barrière de corail et escale avec collation à l'îlet Caret, 38€, enfant 21€) ; formule îlet Caret à la journée (8h-16h, même programme avec un barbecue à l'îlet Caret, 63€/36€) ; circuit de quatre îlets (8h30-17h, 82€/38€) ; nuit sur un îlet (70€/31€).

Port de pêche 06 90 35 92 06 www.cocomambo.fr

NOS ADRESSES

PAUSES

Au bout du port

Le Poulpe ♥

La petite terrasse agréablement ombragée invite à une halte paisible et gourmande. Très bonne cuisine créole, servie avec une grande gentillesse. En entrée, vous dégusterez des acras-crudités, un crabe ou un lambi farci. En plat, vous aurez le choix entre du poisson grillé, un court-bouillon de poisson ou de la langouste grillée. De 25 à 35€ pour une entrée et un plat.

SAINTE-ROSE Bd Saint-Charles 05 90 28 74 21 Ven.-mer. midi

Du jardin à l'assiette

Table d'hôtes de l'écomusée Créole*Art* de la Guadeloupe

Vous goûterez avec autant de plaisir la nourriture que la conversation du patron, un jardinier gourmand. La daurade au *roucou* est sa spécialité, escortée de gratins de racines ou de fruits du jardin. Bon flan à la cannelle et son coulis de cacao. De 25 à 40€ pour une entrée et un plat.

SAINTE-ROSE Route de Sofaïa Ravine Cheval 2,5km au sud du bourg 05 90 28 67 98 Mar.-dim. 12h-14h

Moderne et raffiné

Les suggestions d'Alen Coliné

Dominant la baie, ce restaurant attenant à la médiathèque propose une cuisine innovante exaltant les saveurs et renouvelée chaque jour. Les mets sont joliment présentés et le service est agréable. Menu unique (apéritif en self-service, entrée, plat, dessert et pain maison) 39€.

BAIE-MAHAULT Bibliothèque Paul-Mado 1, pl. Childeric-Trinqueur 05 90 26 14 09 Mar.-sam. 12h-15h30 Sur rés. uniquement

RESTAURANTS

Toute une histoire

La Sucrerie de Nogent ♥€€

Chantal, passionnée d'histoire, a restauré une sucrerie du 17e s. pour y loger sa table d'hôtes. L'ardoise est élaborée selon l'inspiration du moment : acras de légumes du jardin, poulet boucané à l'ancienne, mousse de corossol ou glace manioc et gingembre... Le terroir dans toutes ses saveurs et, en bonus, la chaleureuse présence de la maîtresse des lieux, encyclopédie vivante de la Guadeloupe ! Comptez 30€ le repas. Mieux vaut réserver.

SAINTE-ROSE 41, Domaine Nogent (derrière le Super U) 05 90 59 55 00 Mer.-dim. 12h-17h ; le soir sur rés.

Dans les règles de l'art

L'Arbre à pain €€

Grande salle blanche, nappes et serviettes amidonnées sur les tables, savoureuse cuisine de grand-mère... ici, on aime le travail bien fait ! Préférez les produits de la mer : fricassée de *chatrou* ou de lambis, raie sauce antillaise, colombo de requin... En accompagnement, une recette de riz différente chaque jour. De plus, les assiettes sont copieuses, au point de rendre les entrées superflues. Entre 20 et 40€ pour une entrée et un plat.

SAINTE-ROSE Bd Saint-Charles 05 90 28 70 87 Haute saison : jeu. et dim.-lun. 12h-14h, mer. et ven.-sam. 12h-14h et 19h-22h

Une table élégante

Restaurant de l'Habitation du Comté €€

Au restaurant de cet hôtel de charme (p.259), vous dégusterez une cuisine raffinée et originale : feuilleté de *chatrou* à la tomate, aux chou chinois et cacahuètes ; risotto safrané et queues d'*ouassous* rôties ; soufflé chaud à la noix de coco servi avec des beignets et une glace coco. Formules à 25 ou 28€, menu à 36€.

SAINTE-ROSE Comté de Lohéac 2,5km au nord-ouest du bourg 05 90 21 78 81
Jeu.-lun. midi et soir

Voir aussi **La Table de Léna** (p.98).

LA RECETTE

CHRISTOPHINES FARCIES

Pour 4 pers.

2 christophines (ou chayottes)
150g de lardons ou de tofu fumé
3 ciboules
2 oignons
2 gousses d'ail
1 piment
3 c. à s. de chapelure ou 100g de gruyère râpé
1/4 de baguette rassie
Lait, sel, poivre

Faites tremper la mie de pain dans du lait. Coupez les christophines en deux et faites-les cuire env. 30min à l'eau bouillante salée. Hachez ciboules, oignons, ail et piment et faites-les revenir quelques minutes à la poêle dans un peu de matière grasse avec les lardons ou le tofu. Une fois les christophines égouttées et refroidies, prélevez-en la pulpe et mixez-la avec le pain pressé. Ne jetez pas les peaux. Versez le hachis dans la poêle. Assaisonnez, mélangez bien et faites revenir 3 à 5min. Remplissez les demi-christophines, saupoudrez de chapelure ou de fromage râpé. Enfournez pour 20-30min à 210°C (th.7).

Les Saintes, Marie-Galante et la Désirade : trois mondes à part, chacun avec son caractère. La Désirade est une île pour les robinsons : pas de vie nocturne, peu de restaurants, seulement la plage, le soleil et les cocotiers. Marie-Galante, l'agricole, est ourlée de plages splendides et peu fréquentées. Les Saintes, plus courues, possèdent l'une des plus belles baies au monde et des fonds marins d'exception.

Les Petites Îles de la Guadeloupe

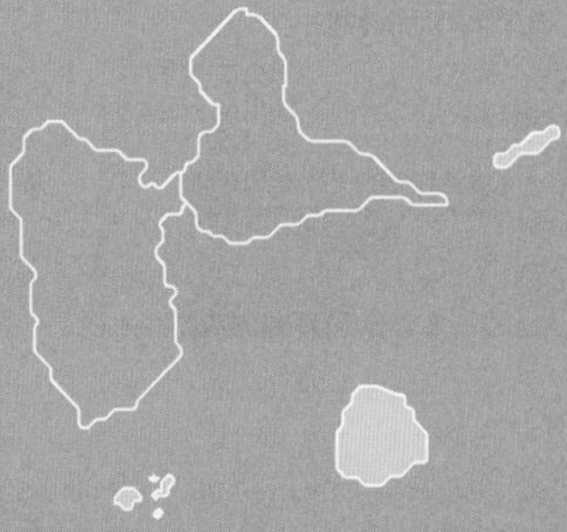

Plage du Vieux-Fort, Saint-Louis, Marie-Galante

Plan 5

GRAND CUL-DE-SAC MARIN
Morne-à-l'Eau
Le Moule
LA GRANDE-TERRE p.35
LES GRANDS FONDS
Pointe-à-Pitre
MÉMORIAL ACTE
SAINTE-ANNE
PETIT CUL-DE-SAC MARIN
Petit-Bourg
ROUTE DE LA TRAVERSÉE
LA BASSE-TERRE p.91
LA SOUFRIÈRE
Capesterre-Belle-Eau
SAINT-FRANÇOIS
POINTE-À-PITRE
POINTE-À-PITRE
LES SAINTES
CANAL DE MARIE-GALANTE
Basse-Terre
Trois-Rivières
CANAL DES SAINTES
TROIS-RIVIÈRES
SAINT-FRANÇOIS (VIA MARIE-GALANTE)
LES SAINTES
POINTE MOREL
FORT NAPOLÉON
LE PÂTÉ
GROSSE POINTE
TERRE-DE-HAUT
Grande-Anse
Petites-Anses
LES SAINTES
LES SAINTES p.178
GROS CAP
GRAND ÎLET
PASSAGE DE LA DOMINIQUE

OCÉAN ATLANTIQUE
LA DÉSIRADE
POINTE DU GRAND-ABAQUE
POINTE DOUBLÉ
Baie-Mahault
Le Souffleur
PLAGE DU SOUFFLEUR
Beauséjour
GRANDE ANSE
POINTE DES COLIBRIS
LA DÉSIRADE p.208
Saint-François
POINTE DES CHÂTEAUX
← SAINT-FRANÇOIS (LA GRANDE-TERRE)
GROSSE POINTE
Vieux-Fort
MARIE-GALANTE
Saint-Louis
MARIE-GALANTE p.190
Grande-Anse
Port-Louis
Grand-Bourg
Capesterre-de-Marie-Galante
L'ÉCOMUSÉE-HABITATION MURAT
PLAGE DE LA FEUILLÈRE
POINTE DES BASSES
N
5 km

SIX BONNES RAISONS...

... de visiter les Petites-Îles de la Guadeloupe : les Saintes, Maire-Galante et la Désirade.

LA PLAGE À FIFI (p.208), pour déguster une salade de poisson coffre, à l'ombre des cocotiers.

L'ÉCOMUSÉE DE MARIE-GALANTE (p.190), pour plonger dans l'histoire de l'île, au château Murat.

☀ **GUEULE GRAND GOUFFRE** (p.195), pour une halte contemplative au cœur d'un site naturel de toute beauté, à Marie-Galante.

☀ **DORMIR UNE OU PLUSIEURS NUITS AU SAINTES** (p.178), pour vivre au rythme des Saintois et visiter Terre-de-Bas (p.180), l'île voisine hors du temps.

☀ **LE PAIN DE SUCRE À TERRE-DE-HAUT** (p.182), pour une pause snorkeling et savourer un tourment d'amour, de retour sur la plage.

☀ **LES DISTILLERIES DE MARIE-GALANTE** (p.194), pour une visite guidée... et une bouteille de sirop de batterie en vue d'agrémenter vos punchs !

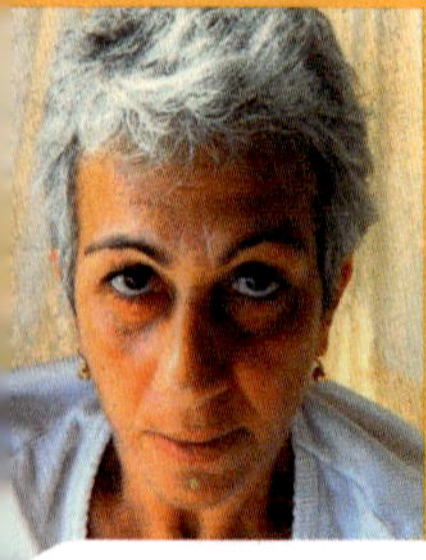

RENDEZ-VOUS AVEC...

Née en Afrique noire et élevée en Guadeloupe, **Nathalie Bordy** a posé ses valises à la Désirade en 2001, après avoir bourlingué dans les deux Amériques. Elle se consacre à la promotion touristique de cette île à laquelle elle voue une véritable passion. Son "petit coin de paradis".

Mes créateurs de couleurs

A Indigo en Désirade – La vie en bleu

J'ai beau fréquenter régulièrement cet atelier, la magie opère à chaque fois. Renée et Ghislain Joanneaux révèlent à leurs visiteurs le secret des plantes à couleurs des Antilles. On peut même suivre les étapes de la réalisation de la teinture bleue à partir de l'indigo, de la fraîcheur de la mousse que produit la plante à la douceur de la couleur créée.

BEAUSÉJOUR Près de la mairie
07 69 40 57 14 Tlj. 9h-15h30
Ateliers : tlj. 9h30-12h sur rés., 25€

Mes sorties sous-marines

B L'îlot plongée

Un de mes grands bonheurs est de partir plonger avec Olivier sur la côte nord de l'île. Les "Cathédrales", des grottes sous-marines, sont l'un de mes coins de prédilection. Au programme, tortues, raies et une multitude de poissons tropicaux qu'Olivier connaît par cœur, c'est un ancien marin pêcheur.

BEAUSÉJOUR 06 90 85 06 76

Ma table créole

C Lagranlag

J'aime la simplicité de l'accueil et la jolie terrasse. Mais surtout les petits plats qui mijotent en cuisine :

court-bouillon de poisson, fricassée de lambis, langouste avec ses gratins de légumes-pays. Le tout précédé d'un ti-punch aux olives, la spécialité de l'île. Plats 14-18€.

BEAUSÉJOUR 05 90 20 01 00
Mar., jeu. et dim. 8h30-16h30, mer. et ven.-sam. 8h30-16h30 et 18h30-22h30 Fermé en sept.

Ma rando

D Le sentier du Grand Nord

Il m'arrive de troquer mes palmes contre des chaussures de marche. Ma balade préférée ? Le sentier du Grand Nord, cf. Crapahutez sur la Montagne (p.209). Une rando sur

SI LA DÉSIRADE ÉTAIT...

Une couleur Ce serait un véritable kaléidoscope : les dizaines de teintes chatoyantes que présentent les roches cristallines de la réserve naturelle de Baie-Mahault.

Iguane endémique de la Désirade

ENVIE DE FLÂNER ?
Les plus belles promenades nez au vent se font sur les longues **plages** de l'île : celle du **Souffleur** (p.209) ou celle de **Petite-Rivière** (p.209). Les alizés, les vagues qui se brisent sur la barrière de corail, au loin la galette de Marie-Galante...

F Plage du Souffleur

G Plage de Petite-Rivière

les hauteurs de la Désirade avec des vues sur toute l'île dont je ne me lasse pas. Et puis une halte revigorante sur une plage en chemin.
BEAUSÉJOUR Départ chemin du Calvaire

Ma balade au bout du monde
E La réserve naturelle de Baie-Mahault

J'emmène toujours mes invités vers ce bout du monde, dans l'est de l'île (p.207) : c'est une réserve naturelle où l'on croise à coup sûr les iguanes des Petites Antilles, des reptiles qui se baladent tranquillement au milieu d'espèces végétales emblématiques comme la *tèt à l'anglè*, un cactus tout rond, ou le gaïac, un arbuste au bois dur comme de la pierre. Le tout sur fond de roches volcaniques.

Mon île en fête
La *Fèt a Kabrit*

Un grand moment festif ! Lors du week-end de Pâques, le cabri désiradien passe à la casserole. Dès l'arrivée du bateau, on peut en déguster à toutes les sauces. Mais ce n'est pas tout ! À Beauséjour, sur la plage à Fifi (p.208), s'organisent des concerts pour zouker sous les cocotiers.
Week-end de Pâques

LES SAINTES

L'archipel des Saintes se compose de sept îlets déserts et de deux îles habitées : Terre-de-Haut et Terre-de-Bas. Au total, pas plus de 3 000 habitants... mais près de 300 000 visiteurs par an. C'est que la baie des Saintes appartient au club très select des plus belles baies du monde. Les plages y sont splendides et les paysages empreints d'une douceur inégalée.

À VOIR

Vous ne croiserez pratiquement aucune voiture aux Saintes. Vous y circulerez à pied ou sur un deux-roues loué au débarcadère. Les distances ne sont jamais bien longues, mais les routes sinueuses, étroites et par endroits très pentues. Optez pour le vélo électrique (env. 20€/j.) plutôt que pour le scooter, bruyant et dangereux si vous êtes novice (20-50€/j.). Également des voiturettes électriques – silencieuses, mais plus onéreuses et parfois encombrantes (50-70€/j.).

ACCÈS ET INFOS

- À 15km au sud de la Basse-Terre
  Liaisons maritimes quotidiennes avec Trois-Rivières (45min), Pointe-à-Pitre (1h), Saint-François (1h45 via Marie-Galante), moins fréquentes avec la ville de Basse-Terre (30min), cf. Transports (p.240).
- Soleil des Îles Ses navettes assurent 5 ou 6 rotations/j. (15min de traversée) entre les deux îles. Comptez 11€ AR. Terre-de-Haut 06 90 50 36 28
- Office de tourisme de Terre-de-haut Pl. du Débarcadère 05 90 94 30 61 lessaintes.fr
  Lun.-sam. 8h-12h et 14h-17h, dim. 8h-12h
- www.terredebas.com

TERRE-DE-HAUT ★

Dès l'arrivée en bateau, c'est un enchantement : une baie aux eaux turquoise festonnée de mornes et semée d'embarcations au mouillage ; tout au fond, un bourg charmant. La plus orientale des Saintes (5,2km^2) concentre l'essentiel de l'offre touristique. Descendants pour la plupart de marins bretons, normands ou poitevins, ses habitants sont d'excellents pêcheurs.

La "capitale"

Terre-de-Haut (plan 6, C1)

Le village, tout en longueur et en partie piéton, épouse les contours de l'anse du Bourg. Ses jolies maisons de bois pastel, rehaussées de frises, s'inscrivent dans la tradition saintoise. Allez jeter un coup d'œil à l'église en roche volcanique qui donne sur la grand-place, et à la **chapelle des Marins** juchée sur un belvédère, à 1km à l'est, sur la route de Grande-Anse. Une balade particulièrement appréciable en début de matinée ou en fin d'après-midi, quand la chaleur est retombée et que les excursionnistes à la journée sont repartis.

À NE PAS MANQUER

- Terre-de-Haut ★
- Petites-Anses
- Baie de Pompierre
- La baie des Saintes du haut des mornes
- Les fonds marins de l'archipel

Baie des Saintes

Arrêt photo
Maison-bateau

Immanquable, sur la route du fort Napoléon, cette villa toute de blanc et de bleu vêtue domine les eaux calmes de la rade du haut de sa "proue". Le photographe Adolphe Catan, qui l'avait fait construire en 1942, la légua à la commune en 1955, en exigeant qu'elle devienne la résidence du médecin en poste sur l'île.

Rue Jean-Calot

Comme neuf
Fort Napoléon (plan 6, C1)

Quand sa construction débuta en 1844, les guerres franco-anglaises étaient terminées. C'est ce qui vaut à cette forteresse à la Vauban de nous être parvenue intacte. Elle abrite un musée consacré aux conflits qui opposèrent la France et l'Angleterre de 1701 à 1815, aux traditions locales et à l'embarcation emblématique de l'archipel, cf. La saintoise (p.183). Ne manquez pas de grimper sur le chemin de ronde, il a été transformé en un jardin botanique (belle collection de cactus) où paressent des iguanes, et offre un splendide panorama à 360°.

2km au nord du bourg (45min à pied) 06 90 61 01 51 Tlj. 9h-12h30 5€

Saintoises en action
Baie du Marigot (plan 6, D1)

Elle s'ouvre sur la côte nord de l'île, entre le fort Napoléon et le morne Morel. Il faut y aller pour assister au retour de pêche et non pour la baignade. Sur la gauche, le chantier Foy fabrique et répare des saintoises. Une colonie d'iguanes a élu domicile derrière la plage.

1,2km à l'est du fort Napoléon et 1km au nord du bourg par la rue du Marigot

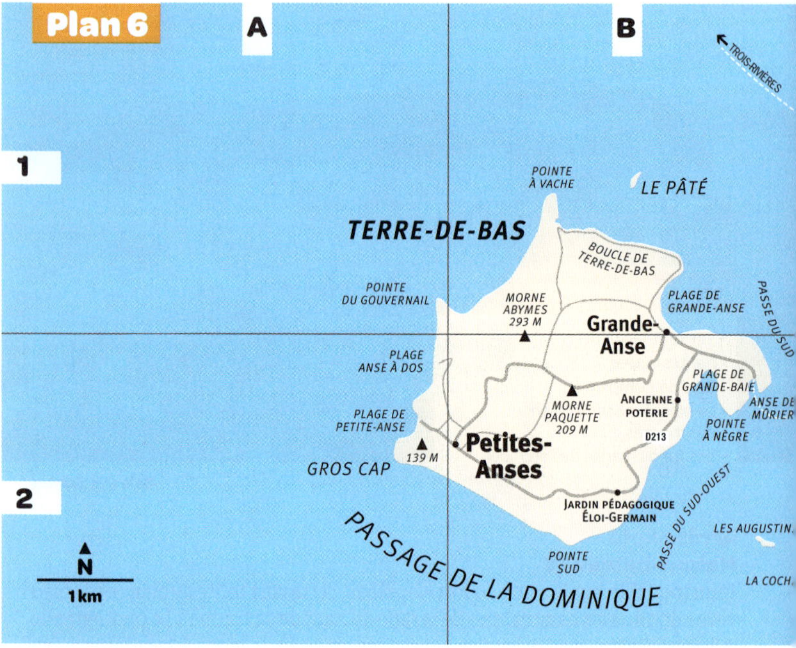

TERRE-DE-BAS

Cette île de 6,8km^2, l'une des plus tranquilles des Antilles, abrite deux bourgs : Grande-Anse, sur sa côte est, et Petites-Anses, sur sa façade ouest. Entre les deux (moins de 5km) plongent dans l'eau limpide des mornes verdoyants, dont le sommet offre des vues saisissantes sur les autres Saintes. Fertile, contrairement à sa voisine, Terre-de-Haut se consacra à l'agriculture avant de se tourner vers la pêche, l'artisanat et le tourisme. Sa mise en valeur fut assurée par des esclaves noirs, ce qui explique que sa population soit plus métissée que celle de Terre-de-Haut.

Grande-Anse

L'arrivée

Grande-Anse (plan 6, B1)

C'est là que le bateau vous déposera. Vous y trouverez quelques restaurants et boutiques, ainsi que la plupart des hébergements de l'île. Mais pas de folie, l'animation du bourg reste toute relative !

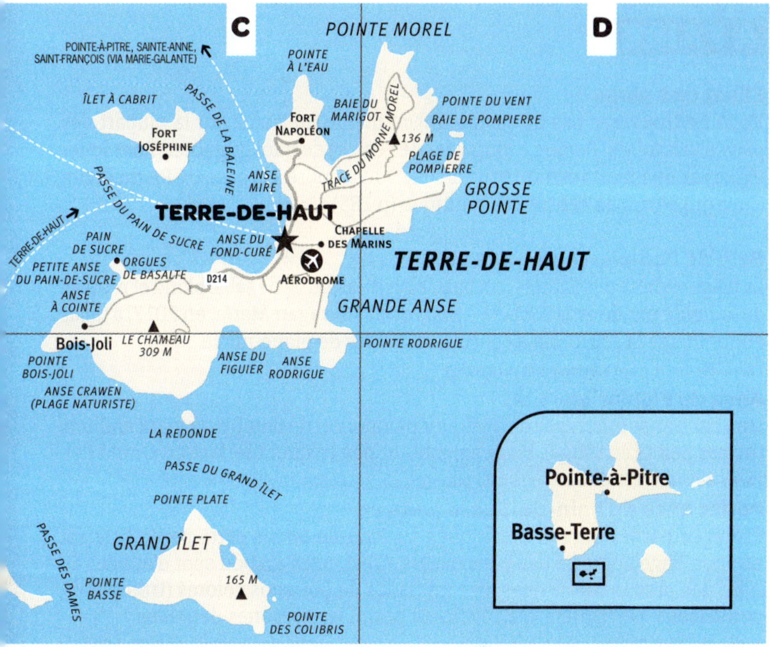

Essentiel

Jardin pédagogique Éloi-Germain (plan 6, B2)

Il renferme un jardin médicinal, une collection de cactées et surtout plus de 3 000 pieds de bois d'Inde. Cet arbuste très répandu à Basse-Terre est aussi appelé "laurier antillais". Ses graines et ses feuilles, qui dégagent un parfum d'anis, de girofle ou de citronnelle, sont utilisées comme épices, et possèdent des vertus thérapeutiques, notamment antibactériennes et anti-inflammatoires. Gérard Beaujour, le maître des lieux, en tire des huiles essentielles ; il vous expliquera tout le processus de distillation.

Route du Sud (env. 2km au sud-ouest de Grande-Anse) 05 90 99 85 47 Visite sur rés. la veille 5€

Village de charme

Petites-Anses (plan 6, A2)

Petites-Anses ne manque pas de charme, avec son damier de rues, son église et son atmosphère hors du temps. Le bourg n'offre aucune vue sur la mer. Au bout de la rue du Mapou, descend vers la plage de Petite-Anse une rampe, percée par des esclaves au début du 19e s. et entièrement pavée de roches volcaniques. Elle dégringole vers le port de pêche, que le cyclone Dean dévasta en 2007, emportant le petit phare qui se dressait à l'extrémité de la jetée.

4km au sud-ouest de Grande-Anse

À FAIRE

Élisez une plage

Vous ne trouverez pas un restaurant ni même un snack sur la plupart des plages saintoises. Pensez à emporter de l'eau et de quoi grignoter. Pour louer un kayak ou un catamaran, vous devrez vous rendre à la base UCPA du Fond-Curé (p.184) ou au centre Éco-nautique (p.185).

Baie de Pompierre (plan 6, D1)

La plage vedette des Saintes : un beau plan d'eau ourlé de sable blond et protégé de la houle par de gros rochers – mais dont l'ouragan Maria, en 2017, a hélas endommagé la couronne de cocotiers. Tables de pique-nique.

Terre-de-Haut (1km au nord-est du bourg)

Anse du Figuier (plan 6, C2)

Une belle anse ombragée de quelques palmiers et de nombreux mancenilliers (troncs peints en rouge). Plage agréable et peu fréquentée, face au Grand Îlet.

Terre-de-Haut (1,5km au sud-ouest du bourg)

Petite anse du Pain-de-Sucre (plan 6, C1)

Protégée par les orgues basaltiques du Pain-de-Sucre, cette petite baie est un mouillage apprécié des plaisanciers. C'est aussi un bon spot d'apnée : au nord des orgues basaltiques, des myriades de poissons colorés (trompettes, chirurgiens, perroquets, etc.) évoluent parmi les gorgones-dentelles.

Terre-de-Haut (2,2km au sud-ouest du bourg en suivant la D214 puis la route du Bois-Joli)

> **COULEUR LOCALE**
> Jadis, aucun pêcheur saintois ne se serait risqué en mer sans son ***salako***. Constitué de lattes de bambou habillées de madras et de rubans à nouer sous le menton, ce couvre-chef à large bord aurait été importé au 19e s. du Tonkin, alors colonie française. Quelques couturières, telle Pâquerette Morvan (rue du Marché) à Petites-Anses, en perpétuent la confection.

Plage de Grande-Anse (plan 6, B1)

La plus grande plage des Saintes, sans cesse balayée par les alizés, est fréquentée par les surfeurs, mais les lames de fond et la violence des courants y interdisent la baignade. Vue exceptionnelle sur Terre-de-Haut.

Terre-de-Bas (Tout près du débarcadère)

Plage de Grande-Baie (plan 6, B2)

Nichée au creux d'une anse profonde, elle bénéficie de fonds particulièrement riches, à découvrir avec palmes, masque et tuba.

Terre-de-Bas (500m au sud-est du bourg)

Plage de Petite-Anse (plan 6, A2)

Au-dessous du bourg de Petites-Anses, une jolie plage de sable noir cernée de falaises, où vous ne croiserez guère que des pêcheurs.

Petites-Anses Terre-de-Bas (à côté du port de pêche)

LA SAINTOISE

Ce sont des charpentiers de marine bretons, installés aux Saintes, qui ont conçu au 18e s. l'embarcation emblématique de la Guadeloupe et des îles voisines : la saintoise, une barque non pontée, à la voilure triangulaire. La forêt tropicale a fourni les matériaux de construction : poirier-pays, acajou – ce dernier, très résistant, étant réservé aux planches extérieures de la coque –, corossolier pour le mât, bambou pour la bôme et lianes pour les cordages. La *sentwaz* s'est modernisée à partir des années 1960, avec l'introduction du moteur hors-bord, puis l'utilisation de matériaux composites pour la coque. Certains passionnés restent cependant fidèles aux techniques traditionnelles. Sans oublier de couper le bois trois jours après la pleine lune, au moment où il est le plus robuste.

Saintoise

Plage de l'Anse à Dos (plan 6, A2)
Au bout d'une belle route forestière assez pentue (comptez 15min de marche de Petites-Anses), une charmante plage semée de rochers que dominent deux carbets à l'ombre des cocotiers.

Terre-de-Bas (env. 500m au nord-ouest de Petites-Anses)

Explorez la baie des Saintes en bateau

Christian Maisonneuve (plan 6, C1)
La baie bien abritée des Saintes se prête parfaitement à la navigation sur de petites embarcations. Vous pourrez aborder aisément les criques les plus désertes et l'îlet à Cabrit, qui ferme la baie. Christian Maisonneuve loue des bateaux – avec (90€/j.) ou sans permis (à partir de 80€/j.) et du matériel pour la plongée en apnée. Il organise aussi des sorties de pêche tôt le matin.

74, rue Benoît-Cassin Terre-de-Haut 📱06 90 13 85 07

Adonnez-vous aux sports nautiques

Centre UCPA (plan 6, C1)
La base nautique dispense des cours à ses résidents, mais aussi aux visiteurs de passage (téléphonez au moins un jour à l'avance). Tarifs à la demi-journée très compétitifs : cours de kayak 25€, catamaran ou planche à voile 40€. Location d'un kayak 10€, d'un catamaran pour deux 70€, d'une planche à voile 35€.

Allée de la Petite-Anse (à la hauteur du 18, rue Benoît-Cassin) Terre-de-Haut 📱05 90 99 56 34 (activités) www.ucpa.com 🕒 Base nautique Ouvert sam.-mer. 9h-12h et 14h-17h

Kayak de mer de l'UCPA

Admirez la faune marine

Centre Éco-nautique (plan 6, C1)

À bord de votre canot à fond de verre ou entièrement transparent, vous pourrez contempler coraux et poissons colorés sans mettre la tête sous l'eau. Selon vos envies, mettez le cap vers le Pain-de-Sucre ou les criques sauvages de l'îlet à Cabrit. On vous prêtera palmes, masque, tuba et un bidon étanche. Tarif 30€ la journée.

40, rue Jean-Calot (en face de la pharmacie) Terre-de-Haut 06 90 65 79 81 www.clearbluecaraibes.fr Mar.-sam. 9h-17h, dim. 9h-15h

Partez à l'assaut des mornes

Les deux îles offrent l'occasion de splendides randonnées avec la mer en arrière-plan.

Le Chameau (plan 6, C2)

Le point culminant des Saintes (309m) évoque la bosse d'un chameau, comme son nom l'indique. Son ascension, assez raide, réclame une bonne heure d'effort, récompensée par un panorama impressionnant. Pour aller encore plus haut, grimpez au sommet de la tour de la Vigie (1843) qui vous dévoilera les côtes de la Basse-Terre, la Soufrière, Marie-Galante et la Dominique. Au sud, le Grand Îlet et la Coche esquissent les contours du cratère d'un ancien volcan. Départ au sud de l'anse du Fond-Curé, sur la route du Pain-de-Sucre (env. 2km au sud-ouest du bourg).

Terre-de-Haut

> **SENSATIONS FORTES**
> Du 12 au 16 août, la **fête patronale de Terre-de-Haut** célèbre la victoire française sur les Anglais du 15 août 1666, remportée avec l'appui de la garnison saintoise. Élection de miss Terre-de-Haut, concours de belote, de pêche et du meilleur tourment d'amour, course pédestre, concerts, messe solennelle le 15 et grand feu d'artifice le 16. Circulation motorisée interdite dans le bourg.

Morne Morel (plan 6, D1)

Une boucle facile et agréable (3km, 3h). Vous longerez la plage avant de gravir le morne Morel (136m), planté de frangipaniers, de cactus, de gommiers rouges et de mancenilliers. Beau panorama sur la Basse-Terre et Marie-Galante. L'ancienne batterie Caroline domine la plage de Pompierre. Le site doit son nom à une jeune fille qui, ne voyant pas son promis revenir de la guerre, se serait jetée dans le vide quelques heures à peine avant le retour de celui-ci.

Terre-de-Haut

Trace des Falaises (plan 6, B1)

Cette randonnée (2h30 en boucle) vous promènera dans une forêt sèche (poirier-pays, bois d'Inde, merisier) puis longera le littoral avant d'attaquer l'ascension du morne Sec dont vous contournerez la cime. Beaux points de vue sur la Basse-Terre et Terre-de-Haut en cours de route.

Terre-de-Bas Départ plage de Grande-Anse

Explorez les fonds saintois

Les fonds marins des Saintes comptent parmi les plus beaux de l'archipel guadeloupéen. Attention, le **Sec Pâté**, site le plus célèbre, n'est pas à la portée de tous les plongeurs (niveau 2 requis). Mais même si vous n'êtes pas un pro de la plongée, vous aurez accès à une quinzaine de spots variés (canyons, arches, grottes, tombants, tables de corail, secs) fourmillant de vie et de couleurs, dans des eaux translucides.

Pisquettes

Une équipe dynamique pour rendre votre plongée aux Saintes inoubliable. Tous les moniteurs ont le brevet d'État. Départs à 9h et 14h. Baptême 57€ (moins de 12 ans 42€), plongée 52€ (225€ les 5). Sec Pâté à la demande (supplément de 10€). De Noël à Pâques, la réservation est conseillée.

Le Mouillage Terre-de-Haut (peu avant la Maison-bateau) 05 90 99 88 80 www.pisquettes.com

La Dive Bouteille

Philippe privilégie la plongée en petit comité (10 plongeurs maximum). En général, une sortie à 8h (retour à 12h30) pour deux descentes successives sur deux sites différents (entrecoupées d'une collation, thé et gâteaux) : à partir de 120€ (supplément de 18€ pour le Sec Pâté).

Terre-de-Haut (au sud-ouest du bourg, après l'anse du Fond-Curé) 05 90 99 54 25 www.dive-bouteille.com

NOS ADRESSES

PAUSES

Glace au soleil

Césibon

Le soleil tape fort sur ce petit coin de paradis. Une glace sera bienvenue pour se rafraîchir. Pensez Césibon : une bonne adresse où déguster des parfums locaux de glaces et de sorbets. Accueil chaleureux : on valide ! À partir de 5€.

TERRE-DE-HAUT Rue Jean Calot
05 90 95 36 90 Tlj. 6h-18h30

Pour un brunch ou un cocktail

Les Balançoires FWI

À deux pas du Pain de Sucre, la terrasse conviviale de ce bar-restaurant jouit d'une vue de rêve sur la mer. C'est le spot idéal pour siroter un cocktail face à la plage, partager des

Noix de coco en goguette

tapas ou croquer dans un bon burger (à partir de 17,50€). À noter, le brunch sucré-salé en musique du dimanche. Réservation recommandée.

TERRE-DE-HAUT (plan 6, C1) Impasse de la Batterie 06 90 34 55 13 Tlj. 11h45-22h30

En musique

Coconut's Bar

Le Coconut's Bar est le seul endroit un peu festif du bourg de Terre-de-Haut, surtout les vendredi et samedi soirs. On peut y boire un cocktail ou une bière en terrasse, dans une atmosphère musicale tonitruante. Le samedi, place à la danse sur des airs antillais. Soirées à thème également.

TERRE-DE-HAUT (plan 6, C1) Rue Benoît-Cassin (en face du marché) 05 90 86 31 13 Lun.-jeu. 17h-21h, ven.-sam. 17h-3h

Bon et pas cher

La Toumbana

Accueil charmant et prix doux dans ce restaurant installé sur la route de la plage de Grande-Anse. Le menu à 12€ permet de goûter au boudin créole, au poisson grillé sauce chien ou au poulet grillé. D'autres menus autour de 15-20€. La qualité est aussi au rendez-vous. Démonstration avec la brochette de poisson accompagnée d'un gratin de légumes-pays.

TERRE-DE-HAUT (plan 6, C1) Route de l'aérodrome (face au cimetière) 05 90 99 57 56 Mi-oct.-mi-sept. : lun.-sam. midi

Secret de fabrique

Chez Eugénette ♥

L'adresse incontournable de Terre-de-Bas. Gaétane, la fille d'Eugénette, a pris le relais et maintient la renommée de ses acras de morue, dont elle garde la recette jalousement secrète. Poisson quotidiennement. Menu du jour à 12€. Pour goûter à la langouste, au *chatrou* et au poisson-coffre, les autres spécialités de la maison, passez commande la veille, voire l'avant-veille.

TERRE-DE-BAS (plan 6, B2) Grande-Anse 05 90 99 81 83 Tlj. midi

RESTAURANTS

Les bons restaurants ne manquent pas à Terre-de-Haut et vous aurez l'assurance d'y consommer du poisson de première fraîcheur. Attention, nombre d'établissements ferment pendant plusieurs semaines semaines entre mai et septembre.

Poisson à l'honneur

Les Couleurs du monde €€

Un établissement avenant aux couleurs vives, où se régaler d'une cuisine exotique sophistiquée et joliment présentée. Pour vous en convaincre, goûtez au thon Kurosawa (sashimi). Également des salades avec du fromage et des assiettes composées créoles... À midi, le thon mariné aux agrumes suffit amplement. Entrée et plat autour de 25€. Petite restauration l'après-midi.

TERRE-DE-HAUT (plan 6, C1) 33, rue Jean-Calot 05 90 92 70 98 Lun.-sam. 12h-14h et 19h-21h, dim. 12h-14h

Glamour

Au bon vivre €€

C'est l'une des meilleures tables de l'île. Ambiance raffinée dans l'agréable patio meublé de teck, en parfaite harmonie avec la carte qui

LA RECETTE

TOURMENT D'AMOUR

Pour la pâte (8 pers.)
500g de farine fluide
100g de sucre roux
10cl d'huile
100g de beurre ramolli
2 œufs
1 c. à c. d'extrait de vanille
1 petit verre d'eau
1 pincée de sel

Pour la garniture
250g de noix de coco râpée
200g de beurre
250g de sucre roux
10cl de lait
1 c. à c. d'extrait de vanille
1 pincée de muscade
1 pincée de cannelle
1 pincée de sel
2 c. à s. de rhum vieux
1 jaune d'œuf

Préparation de la pâte
Versez dans une jatte la farine, le sucre roux, l'huile, le beurre en pommade, la vanille, les œufs et la pincée de sel délayée dans l'eau. Mélangez jusqu'à former une boule. Laissez-la reposer 2h au frais.

Préparation de la garniture
Versez dans une jatte la noix de coco, le sucre roux, le beurre, le lait, la vanille, la cannelle, la muscade et le rhum. Versez dans une casserole et mélangez à feu doux jusqu'à former une crème onctueuse.

Assemblage
Préchauffez le four à 180°C. Avec la pâte brisée, formez deux boules. Étalez-les pour obtenir deux grands cercles. Beurrez un moule à manqué et garnissez-le de pâte jusqu'au bord supérieur. Versez la crème. Rabattez légèrement la pâte. Mouillez-en le bord. Posez dessus le second cercle de pâte. Piquez-le à la fourchette. Badigeonnez-le de jaune d'œuf. Enfournez pour 30 à 45min. Servez le tourment légèrement tiède.

affiche une palette de plats recherchés. En entrée, profiteroles de langouste ou carpaccio de *chatrou* sauce gribiche. À faire suivre d'un magret grillé sauce maracudja (fruit de la passion) ou de lasagnes aux lambis. Belle carte des vins. De 25 à 40€ pour une entrée et un plat. Réservation conseillée en haute saison.

TERRE-DE-HAUT (plan 6, C1) 31, rue Jean-Calot 05 90 94 19 84 ou 06 90 37 86 19 Tlj. 12h-22h Service 12h-14h, 18h-21h30 Tapas 14h-19h

Terrasse avec vue

1 Ti-Bo Doudou €€

Une adresse incontournable pour les amateurs de poisson et autres produits de la mer. Les pieds dans le sable de l'anse du Fond-Curé, vous goûterez les aiguillettes de daurade aux cinq baies, le pavé d'espadon à la bisque de langouste, ou le suprême de bourse sauce crustacés. Menu unique à 25€. En haute saison, pensez à réserver.

TERRE-DE-HAUT (plan 6, C1) 58, rue Benoît-Cassin 05 90 98 56 67 Mer.-jeu. 12h-14h, ven. et dim. 12h-22h

Régal sur la plage
Le Triangle €€

Pour sa terrasse au bord de l'eau, avec vue sur la rade de l'anse du Fond-Curé. Cuisine créole familiale : *chatrou* ou lambis en fricassée, gratins de racines-pays (igname, patate douce...). Entrée et plat de 25 à 35€.

TERRE-DE-HAUT (plan 6, C1) Rue Benoît-Cassin (au niveau de la ruelle du Fond-Curé, dans le sud du bourg) 05 90 99 50 50 Juil.-août, nov.-mai : lun.-jeu. uniquement midi, ven.-sam. midi et soir

Jazz sur la baie
Ti Kaz'la ♥€€

Ambiance jazzy et clapot des vagues bercent cette table gastronomique à la salle impeccable, face à la baie des Saintes. À la carte, des saveurs des îles (salade de daurade à l'ananas frais et au lait de coco, fricassée de *chatrou*) se mêlent à des plats typiquement métropolitains (pied de cochon désossé farci aux ris de veau et aux morilles, escalope de foie gras poêlée). Prévoyez de 30 à 50€ pour une entrée et un plat.

TERRE-DE-HAUT (plan 6, C1) 10, rue Benoît-Cassin 05 90 99 57 63 tikazla.com Jeu.-lun. 12h-14h et 19h-21h30

SHOPPING

Couleurs créoles
Cathy Régnier

Cette aquarelliste installée dans la rue trouve l'inspiration dans la poésie des vieilles cases créoles et dans les scènes de la vie quotidienne. Reproductions (de 3 à 12€) et peintures originales. Également un carnet de voyage à 20€.

TERRE-DE-HAUT (plan 6, C1) Rue Jean-Calot 05 90 99 55 68 Lun.-sam. 9h-13h et 14h-17h30

Voyage en bleu
Maogany

Mettez du bleu dans votre vie grâce aux articles uniques teintés de façon artisanale selon la technique du Batik. Les vêtements et accessoires de la boutique vous offriront un aller simple pour Terre-de-Haut une fois les vacances achevées.

TERRE-DE-HAUT 26, rue Jean-Calot 05 90 99 50 12 Tlj. 9h-19h

MARIE-GALANTE

La "Grande Galette" – un plateau calcaire tout rond de 157km^2 – mérite qu'on lui consacre plus qu'une journée d'excursion. Ses plages sont splendides et peu fréquentées, ses bourgs paisibles, ses habitants accueillants... et l'on croise encore des chars à bœufs dans ses champs de canne. La Guadeloupe du siècle dernier, dit-on dans l'archipel.

À VOIR

Mieux vaut être motorisé pour visiter à son aise la plus vaste des "dépendances" de la Guadeloupe (11 000 habitants), même si des bus et des minibus relient ses trois localités principales. À plusieurs, optez pour un modèle de catégorie supérieure, les petites cylindrées s'essoufflant vite dans les montées, nombreuses et souvent raides. Vous pourrez aussi louer un deux-roues à Grand-Bourg ou à Saint-Louis (pensez à réserver), afin de sillonner la campagne et gagner sans encombre les plages et les restaurants les plus retirés.

ACCÈS ET INFOS

- Marie-Galante est ancrée à 35km au sud-est de la Guadeloupe. Comptez 1h de traversée de Pointe-à-Pitre à Grand-Bourg, et 30 à 45min entre Saint-François et Saint-Louis, cf. Transports (p.240).
- www.lagalette.net Le site référence de l'île
- Office de tourisme Ancien palais de justice Rue Pierre-Leroy Grand-Bourg 05 90 97 56 51 www.ot-mariegalante.com Mi-avr.-mi-déc. : lun.-mar. et jeu. 8h-12h et 13h-16h, mer. 8h-14h, ven. 8h-16h ; mi-déc.-mi-avr. : lun.-jeu. 9h-12h et 13h-16h, ven. 8h-16h, w.-e. et j. fér. 8h-12h
- Terre de Blues 4 jours de concerts donnés par des musiciens de renommée internationale. Autour de la Pentecôte. terredeblues.com

GRAND-BOURG ET LE SUD-OUEST DE L'ÎLE

Entrée en matière

Grand-Bourg (plan 7, B4)

C'est là qu'en 1493 aurait mouillé la *Santa Maria Galanda* de Christophe Colomb. Centre administratif et commerçant de l'île, Grand-Bourg a essuyé bien des catastrophes : assauts hollandais et anglais au 17e s., séisme de 1843, pas moins de trois incendies, sans compter les cyclones... Quelques belles maisons créoles s'alignent cependant dans les rues et ruelles qui cernent l'église. La mairie et le palais de justice ont été dessinés par Ali Tur (p.227), dans le style propre aux années 1930.

La mémoire du sucre

Écomusée de Marie-Galante (plan 7, B4)

Derrière la séduisante façade classique du Château-Murat se dissimule une sombre réalité. Les premiers colons français, arrivés en 1648 à Marie-Galante, s'essayèrent sans succès à la culture de l'indigo, du tabac et du coton. Dès les années 1660, l'économie sucrière prit la relève, et la population servile

À NE PAS MANQUER

- Écomusée de Marie-Galante
- Anse Canot
- Plage de Vieux-Fort
- La Feuillère ★

Ancienne distillerie Roussel-Trianon

noire devint vite numériquement supérieure à celle des colons. C'est ainsi qu'en 1839 quelque 300 esclaves trimaient sur l'**habitation Murat**, le plus vaste domaine sucrier de l'île, avec de plus de 200ha. Outre "château" néo-classique, relevé dans les années 1960, on peut voir certaines de ses dépendances (cuisines, magasins) du début du 19e s. et les bâtiments destinés au traitement de la canne : la sucrerie et sa cheminée, l'emplacement du moulin à bêtes et le moulin à vent. Derrière le jardin de simples ont été reconstituées trois cases à esclaves.

Section Murat (1km à l'est du bourg) 05 90 97 48 68 Lun.-ven. 9h-12h et 14h30-17h, sam.-dim. 9h-12h30

IL ÉTAIT UNE FOIS

On surnomme Marie-Galante l'**île aux Cent Moulins**. De fait, au début du 19e s., on n'y comptait plus les moulins à vent ou à bêtes (mulets ou bœufs) qui servaient à broyer la canne à sucre. Mais le cyclone de 1928 leur fut fatal, et rares sont ceux encore debout. Quant à la canne, toujours coupée à la main, elle alimente trois distilleries et une sucrerie.

Aujourd'hui comme hier

Habitation Roussel-Trianon (plan 7, A3-A4)

Vous verrez là les vestiges d'une vieille distillerie, avec ses bâtiments caractéristiques : les ateliers, le moulin à vent et la maison de maître réduite à sa plate-forme. Faits de terre et de bois, les quartiers des esclaves ont disparu. Un peu plus loin, vous apercevrez la **sucrerie de Grande-Anse**, l'une des deux dernières de Guadeloupe en activité, avec celle de Gardel (p.73) sur la Grande-Terre. Au printemps, pendant une centaine de jours, elle emploie

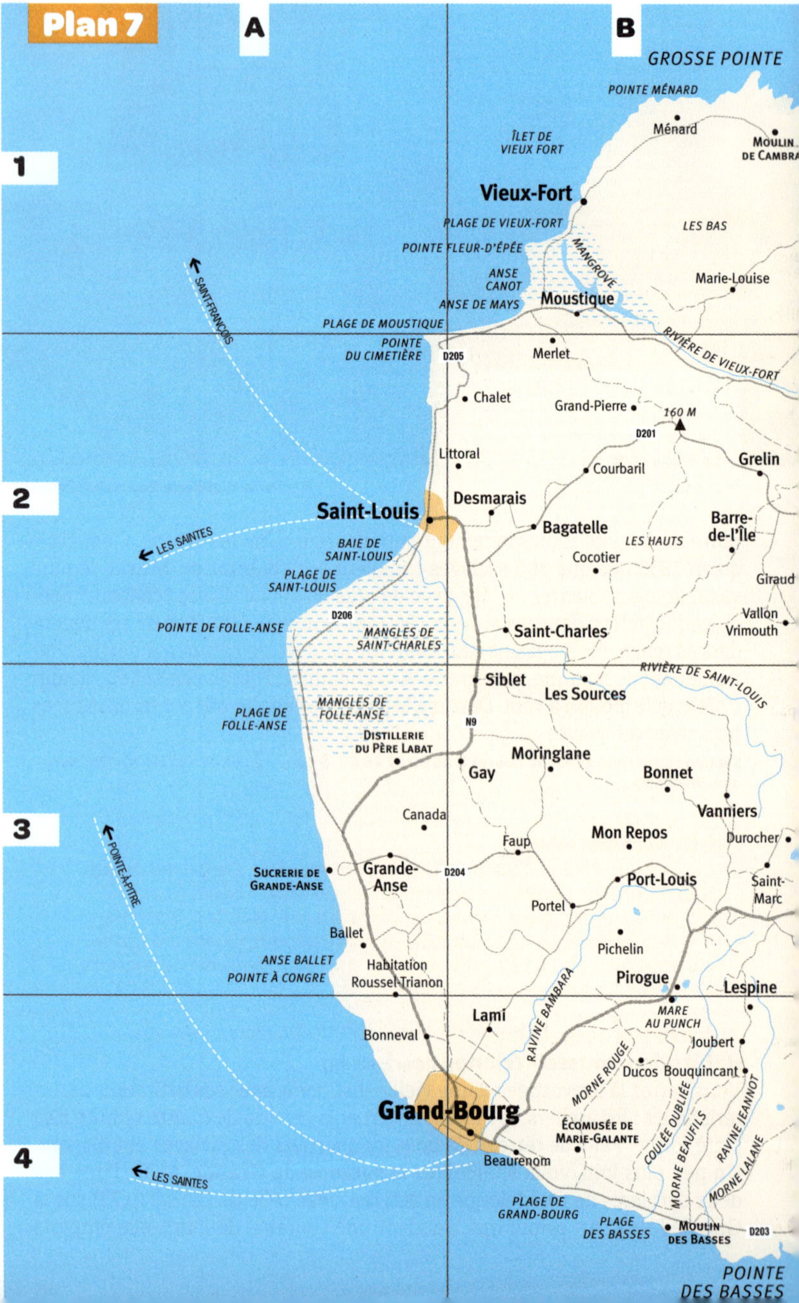
Plan 7
A
B
1
2
3
4
GROSSE POINTE
POINTE MÉNARD
Ménard
MOULIN DE CAMBRA
ÎLET DE VIEUX FORT
Vieux-Fort
PLAGE DE VIEUX-FORT
POINTE FLEUR-D'ÉPÉE
LES BAS
MANGROVE
ANSE CANOT
ANSE DE MAYS
Moustique
Marie-Louise
PLAGE DE MOUSTIQUE
SAINT-FRANÇOIS
RIVIÈRE DE VIEUX-FORT
POINTE DU CIMETIÈRE
D205
Merlet
Chalet
Grand-Pierre
160 M
D201
Littoral
Courbaril
Grelin
Saint-Louis
Desmarais
Bagatelle
Barre-de-l'Île
LES SAINTES
BAIE DE SAINT-LOUIS
LES HAUTS
Cocotier
PLAGE DE SAINT-LOUIS
Giraud
D206
Vallon
Vrimouth
POINTE DE FOLLE-ANSE
MANGLES DE SAINT-CHARLES
Saint-Charles
RIVIÈRE DE SAINT-LOUIS
Siblet
Les Sources
PLAGE DE FOLLE-ANSE
MANGLES DE FOLLE-ANSE
N9
DISTILLERIE DU PÈRE LABAT
Moringlane
Gay
Bonnet
Vanniers
Canada
POINTE-À-PITRE
Faup
Mon Repos
Durocher
SUCRERIE DE GRANDE-ANSE
Grande-Anse
D204
Port-Louis
Saint-Marc
Portel
Ballet
Pichelin
ANSE BALLET
Habitation
POINTE À CONGRE
Roussel-Trianon
Pirogue
Lespine
RAVINE BAMBARA
MARE AU PUNCH
Lami
Bonneval
Joubert
MORNE ROUGE
Ducos
Bouquincant
Grand-Bourg
COULÉE OUBLIÉE
MORNE BEAUFILS
RAVINE JEANNOT
ÉCOMUSÉE DE MARIE-GALANTE
Beaurenom
MORNE LALANE
LES SAINTES
PLAGE DE GRAND-BOURG
PLAGE DES BASSES
MOULIN DES BASSES
D203
POINTE DES BASSES

C
D
Pointe-à-Pitre
Basse-Terre
GUEULE GRAND-GOUFFRE
Malétie
CAYE PLATE
GROSSE POINTE
L'Anse-du-Vent
ANSE BOIS-D'INDE
ANSE BALLET
MOULIN D'AGAPY
Chapelle-Sainte-Thérèse
POINTE PISIOU
POINTE GROS-NEZ
ANSE PINEAU
POINTE CAVALLE
SAINT-GERMAIN
ANSE CHAPELLE
Mayoumbé
Saragot
POINTE SARAGOT
Guignès
D205
ANSE COUDRIER
Grand Bassin
ANSE PITON
Dorot
LE TROU-À-DIABLE
Borée
204 M
Garel
Calebassier
Desruisseaux
La Rose
La Rose-Verger
L'Étang-Noir
Jacquelot
Tacy
PLAGE FEUILLARD
Moulin-Bézard
Sainte-Croix
Pélisson
Grand-Case
ÉOLIENNES
ANSE FEUILLARD
POINTE DE TALI
Nesmond
DISTILLERIE BELLEVUE
D201
Pavillon
ANSE TALISERONDE
D202
Dubois
DISTILLERIE BIELLE
LES BALISIERS
Vital
Rabron
Gai
Girard
Beauséjour
Héloin
Rabi
Haut-du-Morne
LES GALERIES
Robert
Vidon
POINTE DU GROS-CAP
Pichery
Chapelle-Sainte-Anne
Capesterre-de-Marie-Galante
Le Salut
164 M
PLAGE DE LA FEUILLÈRE
GROS MORNE
POINTE LA FEUILLIÈRE
La Chapelle
Cadet
PLAGE DE PETITE-ANSE
POINTE DESHAIES
AÉRODROME
N
1 km

une main-d'œuvre nombreuse, notamment pour la coupe de la canne, qui s'effectue encore à la main.

Grande-Anse (3,5km au nord de Grand-Bourg) ⌚ Accès libre

Rhum de Labat

Distillerie Poisson (plan 7, A3)

L'excellent rhum qu'elle produit (env. 300 000l par an) doit son nom à Jean-Baptiste Labat (p.120), le père dominicain qui passe pour l'inventeur du rhum. Aujourd'hui, c'est l'un des plus prisés de Guadeloupe. En période de distillation, les cabrouets chargés de canne font la queue bien au-delà du chemin d'accès. Une visite et une dégustation s'imposent. Ainsi qu'une halte dans le bon restaurant établi en face du domaine (p.202).

Domaine Poisson Section Poisson (6km au nord de Grand-Bourg) 05 90 97 03 79 ⌚ Lun.-sam. 8h-15h, dim. et j. fér. 9h-13h

L'ami du rhum

Sirop de batterie Siblet (plan 7, B3)

De l'avis quasi général, la famille Maurin fabrique le meilleur sirop de batterie de l'île. On peut assister à la cuisson de ce concentré de jus de canne dans une vaste cuve bouillonnante. Le *siwo batterie* entre dans la composition du ti-punch, de pâtisseries et des bananes flambées. Demi-litre 5€, litre 7,50€.

Siblet (7,5km au nord de Grand-Bourg) 05 90 97 02 87 ⌚ Tlj. 9h-13h

Vieilles machines

Distillerie Bielle (plan 7, C3)

Cette exploitation accueille de nombreux groupes, et sa visite est jalonnée de panonceaux explicatifs. De vieilles machines à vapeur sont exposées à l'arrière de la distillerie et, sur le parking, des vendeuses proposent des beignets, des acras chauds et autres coupe-faim créoles.

Section Bielle (9km au nord-ouest de Grand-Bourg) 05 90 97 93 62 www.rhumbielle.com ⌚ Juin, sept.-oct. : lun.-sam. 9h30-13h ; juil.-août, nov.-mai : lun.-sam. 9h30-13h, dim. 10h-12h

SAINT-LOUIS ET LE NORD

Un bourg paisible

Saint-Louis (plan 7, B2)

Une impression de bout du monde. Le village de pêcheurs ne semble vivre qu'aux heures d'arrivée et de départ des bateaux. En dehors de ces moments d'effervescence, quand les petites terrasses de la rue Jerpan se remplissent, ses ruelles au carré sont plongées dans la torpeur tropicale. Les voitures sont rares, et l'on peut se promener en toute quiétude à la recherche des plus belles **maisons en bois**. Les constructions sont simples, hormis l'ancienne mairie (Ali Tur, vers 1930) et l'immeuble de la police, à droite du débarcadère. De part et d'autre du bourg s'étendent de longues plages. Au sud, seules celles de Saint-Louis et de Folle-Anse sont accessibles en voiture. Pour rejoindre les autres, il faut traverser la forêt qui les sépare de la route ou longer la côte à

Dans le centre de Saint-Louis

pied. Les plages qui s'étirent au nord de la localité sont encore plus belles et moins fréquentées. Mais gare aux *yen-yens*, ces petits moustiques invisibles et voraces qui envahissent le littoral en fin de journée (dès 16h).

10km au nord de Grand-Bourg

Bouche bée

Gueule-Grand-Gouffre (plan 7, C1)

Cette grande crevasse à ciel ouvert est née de l'écroulement d'une voûte calcaire. Le spectacle est particulièrement impressionnant quand la houle est forte et que les vagues s'y engouffrent.

Section Cambrai (11km au nord-est de Saint-Louis)

Grand spectacle

Caye-Plate (plan 7, C1)

Panorama époustouflant sur les falaises du nord ! Par temps dégagé, on distingue la Désirade. Un sentier vous conduira au bord de l'escarpement (prudence !) ; en contrebas s'ouvrent des grottes dans lesquelles se ruent les vagues (descente interdite). De là, le sentier des falaises suit le rivage vers le sud.

Section Caye-Plate (12km au nord-est de Saint-Louis)

À Capesterre-de-Marie-Galante

CAPESTERRE ET LE SUD-EST

Dos à la mer

Capesterre-de-Marie-Galante (plan 7, C4)

N'y cherchez pas de terrasse avec vue sur le large. Ici, on s'abrite comme on peut des alizés. Après le cyclone dévastateur de 1928, on conçut les choses en grand. Voyez sur l'immense esplanade centrale le bel hôtel de ville dessiné par Ali Tur, tout comme l'ensemble de villas Art déco du bord de mer. La région est l'une des plus paisibles de l'île, pour le bonheur des randonneurs notamment.

13km à l'est de Grand-Bourg

DRÔLE D'HISTOIRE

1849 : pour la première fois, les esclaves affranchis votent aux élections législatives. Mais il y a triche. On ne leur distribue que les bulletins en faveur des grands propriétaires. En représailles, la sucrerie Pirogue est prise d'assaut, son rhum et son sucre sont jetés dans la mare la plus proche. La "**mare au punch**" entre dans la mémoire marie-galantaise.

Un peu de géologie

Les Galeries (plan 7, D3)

Les plaques tectoniques qui coulissent sous les fonds marins de l'archipel remodèlent en permanence le paysage. Ainsi Marie-Galante continue-t-elle à s'élever. En témoignent les galeries du quartier des Galets, creusées par la houle atlantique à l'époque où elles se trouvaient au niveau de la mer. Une agréable balade accessible à tous (prudence tout de même, le sentier longe de près le bord des falaises). Boucle de 1h.

Départ 2km à l'est du bourg

Haut lieu amérindien

Anse Taliseronde (plan 7, D3)

Au moins une dizaine de sites précolombiens ont été identifiés entre Capesterre et la pointe de Tali, dans le secteur des Galets. Les fouilles les plus importantes, effectuées dans l'anse Taliseronde, ont livré des sépultures et un abondant matériel en terre cuite. Mais rien n'empêche de s'y baigner.

6km au nord du bourg

Siwo m'était conté

Fabrique de sirop de batterie Moysan (plan 6, C3)

Le mardi, le mercredi et le vendredi, on y fabrique du sirop de batterie. On chauffe le jus de canne, ou vesou, dans une série de chaudières afin de le débarrasser des impuretés qui remontent à la surface et l'on obtient par évaporation un concentré sombre et épais qui servira d'édulcorant. Un processus long et délicat, car il faut sans cesse brasser le liquide, pour éviter qu'il caramélise ! À ne pas confondre avec la mélasse, résidu du raffinage du sucre.

Section Vidon Le Robert (env. 4km au nord-ouest de Capesterre) 05 90 97 40 72
Mar.-mer. 10h-13h

Des rhums primés

Distillerie Bellevue (plan 7, C3)

Avec 850 000l produits par an, c'est la plus grosse distillerie de Marie-Galante. Son rhum blanc fruité est aussi l'un des plus médaillés et des plus prisés des connaisseurs. La visite des installations, assez modernes, vaut surtout pour les échanges avec les ouvriers et le spectacle du piston à vapeur. Vaste gamme de rhums, de punchs et autres produits locaux au magasin.

Section Bellevue (6km au nord-ouest du bourg) 05 90 97 29 58 www.habitation-bellevue.com Tlj. 9h-13h Visite libre et dégustation gratuite

À FAIRE

À vous les plus belles plages !

Plage de Grand-Bourg (plan 7, B4)

La plus proche du chef-lieu, elle offre un tableau idyllique : rideau de palmes et sable fin face à un lagon scintillant. En prime, un terrain de beach-volley et de beach-soccer.

Plage des Basses (plan 7, B4)

Entre le bourg des Basses et l'aérodrome, la plage de la pointe des Basses est la plus agréable de cette portion de littoral. La barrière de corail assure le calme du plan d'eau, un spot de planche à voile et de paddle réputé. Superbes vues sur la Dominique et les Saintes à l'horizon.

4km à l'est de Grand-Bourg

Plage de Folle-Anse (plan 7, A3)

Elle s'étire sur près de 2km et l'on peut toujours y dénicher un coin tranquille. Ses fonds marins sont constellés d'étoiles de mer. Attention, *yen-yens* redoutables après 16h.

6km au nord de Grand-Bourg

Anse Canot (plan 7, B1)

Assurément la plage la plus envoûtante des environs de Saint-Louis. Cette crique enserrée entre deux mornes est l'un des mouillages favoris des plaisanciers. Le week-end, une dizaine de bateaux se disputent les lieux. Toutefois infréquentable dès que la lumière décline et que les moustiques se mettent en chasse.

4km au nord de Saint-Louis

Plage de Vieux-Fort (plan 7, B1)

L'une des plus belles de Marie-Galante, avec son carbet pique-nique et son îlet au large, planté de deux petits palmiers ! Pour plus d'intimité, dirigez-vous vers la pointe Fleur-d'Épée. De l'autre côté de la route, la rivière de Vieux-Fort,

Plage de Grand-Bourg

bordée de palétuviers et peuplée de tortues Molokoï et de poules d'eau, se découvre à bord du Cismag (p.200).

5km au nord de Saint-Louis

La Feuillère ★ (plan 7, C4)

Également appelée la Ferrière, la seule plage à même de rivaliser avec celles de Saint-Louis. Vous pourrez partir, avec masque et tuba, à la rencontre des poissons qui peuplent le lagon. Ou profiter de son kilomètre de sable blanc et de l'ombre de ses cocotiers. Un vent constant y attire les amateurs de planche à voile et de kitesurf.

Sortie de Capesterre dir. Grand-Bourg

Anse Feuillard (plan 7, D3)

Face à l'océan et aux alizés, l'anse Feuillard étire son ruban de sable immaculé sur un petit kilomètre. Au loin, un liseré d'écume signale la barrière de corail qui délimite le lagon. Sur la droite, les roches de la pointe de Tali abritent une faune et une flore marines très riches. La plage n'est accessible qu'à pied (15min de la route) par un chemin qui s'ouvre à 500m de la fourche "O bout du monde".

6km au nord de Capesterre

Faites un tour de l'île en charrette

Jardin de Buckingham (plan 7, A3)

Guy-Henri Vingataramin, qui cultive la canne à sucre, a conçu le seul accueil à la ferme de l'île, ouvrant son domaine aux visiteurs pour leur présenter plantes et cultures traditionnelles. Sa passion ? Les charrettes qui accompagnent travaux des champs et fêtes familiales. Il a même composé des poèmes en leur honneur, qu'il se fera un plaisir de vous lire. Les présentations faites, vous pourrez grimper à bord pour une promenade de 2h à travers la campagne au pas lent des bœufs (10€/pers.). Repas avec boisson 15€ sur rés. Accès libre au domaine.

La Croisée (4km au nord de Grand-Bourg, route de Saint-Louis, puis fléchage à dr.) 06 90 49 66 42 Visite tlj. Pour rencontrer le maître des lieux, mieux vaut s'annoncer par téléphone.

Partez en randonnée

Sentier de Murat (plan 7, B4)

Il part de l'écomusée (p.190) et forme une boucle de 9km (3h). Il traverse champs de canne et sous-bois pour gagner les hauts du bourg des Basses, avant de suivre la Coulée oubliée vers le nord, une ravine de 1 800m jonchée d'un chaos rocheux dévoré par la végétation. Le sentier aboutit à un vallon pour conduire à la Mare au punch, cf. Drôle d'histoire (p.196). Puis il repart vers Murat en passant par le Morne rouge (vue magnifique sur la Dominique).

Départ de l'écomusée de Marie-Galante, à l'est de Grand-Bourg

Sentier des falaises (plan 7, C2-C1)

L'ONF a balisé ce sentier qui longe les falaises et relie Borée, en retrait de l'anse Piton (au carrefour des D201 et D205), à Caye-Plate, au nord de Saint-Louis. Splendides vues sur cette région spectaculaire du littoral et incursions à l'intérieur des terres, en forêt. L'itinéraire étant en ligne, mieux vaut prévoir deux véhicules. Pour marcheurs confirmés (10km AS, 4h).

Départ Borée, 8km au nord de Capesterre

EMG – Échappées marie-galantaises

Cette agence organise des visites et randonnées guidées à travers l'île.

Rue Furcie-Tirolien Grand-Bourg 06 90 63 03 59 ou 09 76 02 75 58 www.echappeesmariegalantaises.com

Pagayez ou pédalez dans la mangrove

Cismag (plan 7, B1)

En canoë-kayak ou en pédalo, vous remonterez la rivière de Vieux-Fort en traversant trois types de mangroves : la mangrove littorale (palétuviers rouges, identifiables à leurs racines-échasses enchevêtrées), la mangrove arbustive (quelques palétuviers noirs et des étangs "bois sec", qui attirent nombre d'oiseaux migrateurs) et la mangrove palustre (mangles-médailles pouvant atteindre 20m de hauteur). Tarif 9€ les 45min. Gare aux moustiques !

En face de la plage de Vieux-Fort Saint-Louis (5km au nord de Saint-Louis) 05 90 97 13 72
Mar.-sam. 9h-16h45

Observez la nature

Amicale Écolambda

Cette association s'est donné pour mission de valoriser les écosystèmes marie-galantais. Elle propose des marches découvertes tous les derniers dimanches du mois (5€/per.) sous la conduite d'un naturaliste. Calendrier sur le site Internet.

06 90 29 29 09 www.ecolambda.org

Sentier des falaises

NOS ADRESSES

PAUSES

Après la traversée

La Galante

Face au débarcadère, un bar-lounge où siroter un ti-punch et grignoter une salade ou une tarte salée (comptez 10€).

GRAND-BOURG (plan 7, B4) Pl. Félix-Éboué (face au débarcadère) 05 90 97 77 35 Mer.-jeu. et sam. 8h-20h, ven. 8h et 23h45, sam. 14h-20h

Acras sur le port

Ornata

C'est le café du port. On va y boire un verre au comptoir ou en terrasse. Au déjeuner : excellentes assiettes composées (poisson fumé, boudins ou acras) et plat du jour à 9€. Salades, snacks, poissons... Une bonne adresse, dommage qu'elle ferme à 20h.

GRAND-BOURG (plan 7, B4) Pl. Félix-Éboué 05 90 97 54 16 Lun.-sam. 8h-20h

À déguster chez soi

L'Antre 2 Traiteur

Si vous avez loué un gîte, voici un bon traiteur : plats du jour de 6 à 8€, salades, tartares de poisson ultra-frais. Au rayon épicerie fine, vous trouverez entre autres d'excellents vins. En venant le matin, vous aurez un plus grand choix.

GRAND-BOURG (plan 7, B4) Rue Beaurenom-Prolongée (route de La Treille, au nord du centre) 05 90 97 81 92 Lun.-ven. 8h30-18h, sam. 8h30-15h

En terrasse

Boulangerie Jacques

Une pause agréable au cœur du bourg. Petits déjeuners servis toute la matinée et sandwichs à midi.

SAINT-LOUIS (plan 7, B2) Rue Raphaël-Jerpan 05 90 97 14 35 Lun.-ven. 5h-16h30, sam. 5h-14h, dim. et j. fér. 5h-12h

LA RECETTE

CRABES FARCIS

Pour 4 pers.

6 tourteaux moyens
25g de chapelure
4 c. à s. de crème fraîche épaisse
4 échalotes
1 piment *habanero*
2 gousses d'ail
Huile
20g de beurre
2 c. à s. de rhum vieux
1 c. à c. de sauce Worcestershire
Sel et poivre
Gruyère râpé

Faites cuire les crabes dans un grand volume d'eau salée. Égouttez-les et laissez-les refroidir avant d'en prélever la chair. Dans une jatte, mélangez la chapelure et la crème fraîche. Ciselez le piment *habanero* soigneusement débarrassé de ses graines. Faites revenir les échalotes et l'ail hachés à la poêle, dans l'huile et le beurre. Ajoutez la chair des crabes, la chapelure et la crème. Mélangez bien à la spatule. Versez le rhum, le piment ciselé et la sauce Worcestershire. Salez et poivrez. Remuez à nouveau. Remplissez 4 carapaces de la préparation. Parsemez de gruyère râpé. Passez 1min sous le gril du four et servez.

Sur place ou à emporter
Le Soleil levant

Au cœur de Capesterre-de-Marie-Galante, cette épicerie est aussi un *lolo* où l'on peut s'attabler devant de copieux plats du jour à 12€ (également à emporter).

CAPESTERRE-DE-MARIE-GALANTE (plan 7, C4) 42, rue de la Marine 05 90 97 31 55 Lun.-sam. 6h30-20h, dim. 6h30-13h (pas de repas)

Tapas sur la plage
Dantana Café

Un agréable restaurant de plage ouvert toute la journée. Côté table, on privilégiera les assiettes de tapas à la créole. Le week-end en soirée, animation musicale. Comptez autour de 20€ pour un plat.

CAPESTERRE-DE-MARIE-GALANTE (plan 7, C4) Plage de La Feuillère 06 90 48 05 67 Mer.-dim. 10h-23h

RESTAURANTS

Si vous le pouvez, goûtez au *bébélé*, la grande spécialité marie-galantaise : une soupe épaisse à base de *dombrés* (boulettes de farine de blé), fruit à pain, bananes vertes et tripes de bœuf.

Drink ou dîner-spectacle
Sun 7 Beach ♥€€

Sur la terrasse, un ti-punch à la main, le spectacle du coucher du soleil sur le lagon est un moment magique. La cuisine antillaise évolutive vaut elle aussi le déplacement : cassolette de *chatrou* au beurre d'escargots (12€), poisson du jour (20-25€)... Ouverture dès 17h pour l'apéritif.

GRAND-BOURG (plan 7, B4) Route de Murat (sortie est du bourg) 05 90 97 87 58 Lun.-ven. midi et soir, sam. soir

Inventif
La Table du Père Labat ♥€€

Un jeune chef a tenté l'aventure d'un restaurant semi-gastronomique en pleine campagne, sur le domaine de la distillerie du Père Labat (p.194). Dans le conteneur qui lui sert de cuisine, il concocte des plats savoureux et originaux, mêlant traditions créole et métropolitaine : foie gras aux fruits tropicaux, blanquette de poisson à la vanille, etc. Comptez 25-30€ pour une entrée et un plat.

GRAND-BOURG (plan 7, A3) Distillerie du Père Labat (6km au nord du bourg) 06 90 37 84 91 Mar.-sam. 10h-14h30 et 18h-21h30

Pour déjeuner en maillot
Aux plaisirs des marins ♥€

Ici, les tables sont posées à même le sable. Prenez un *ti'punch* au comptoir en compagnie de pêcheurs avant de vous attabler. Choisissez ensuite une table dans la salle ventilée (avec vue sur la mer) ou sur la petite plage pour vous régaler d'un *bébélé* ou d'un court-bouillon coloré au *roucou*. Plats à partir de 12€.

SAINT-LOUIS (plan 7, B2) 1km au nord du bourg en suivant le bord de mer 05 90 97 08 11 Tlj. uniquement midi

Pieds dans l'eau
La Baleine rouge €€

Pour dévorer un burger ou une salade (12-16€), ou bien pour savourer un tartare de bœuf ou de poisson servi dans une noix de coco, sans détacher le regard du bleu de l'océan. Le tout dans une ambiance chaleureuse. Plats 17-24€.

Aux plaisirs des marins

SAINT-LOUIS (plan 7, B2) 21, rue Légitimus (pl. de l'Église) 05 90 48 57 87 Jeu.-lun. 18h30-21h30 et 0h-15h30 Fermé en sept. et juin

Festif
Chez Henri $$

On se rend dans ce bar-restaurant doublé d'un espace artistique (expositions, théâtre, musique) pour le décor et pour l'ambiance. On déguste les spécialités les pieds dans le sable : omelette créole aux racines-pays et son mélange d'épices, poissons sauce caraïbe et, en dessert, banane galante. Et l'on revient pour le spectacle du samedi soir ! Plats de 13 à 24€.

SAINT-LOUIS (plan 7, B2) 8, av. des Caraïbes 05 90 97 04 57 www.chezhenri.net Tlj. 9h-23h30

Cuisine du marché
Le Reflet de l'île €

Ne cherchez pas le menu, la carte dépend des arrivages. Burgots farcis, langouste, coquilles farcies aux lambis, poulet au lait de coco... Les assiettes sont soignées et leur contenu est savoureux. Poulet boucané 8,50€, langouste 22€. Accueil cordial. Une très bonne adresse.

CAPESTERRE-DE-MARIE-GALANTE (plan 7, C4) 3, rue de la Marine 05 90 97 41 30 Haute saison : mar.-dim. 12h-14h30 et 19h-21h30 ; basse saison : mar.-dim. 12h-14h30

Authentique
Pomme Cannelle €

Dans son restaurant tout simple, en pleine campagne, Marie-Christine mitonne avec passion toute la gamme des spécialités créoles : colombos, fricassées, *bébélés* et poulet à 9,50€... Mieux vaut prévenir de votre venue. Repas complet autour de 20€.

CAPESTERRE-DE-MARIE-GALANTE (plan 7, C4) Section Pichery (4km à l'ouest du bourg ; suivez le littoral puis à dr. à la hauteur du Touloulou) 05 90 97 17 08 Mar.-mer. et ven.-dim. midi et soir, jeu. soir

Poisson sous les cocotiers
Le Sarha chez Pa Pèd Tan €€

On ne pourrait rêver restaurant de plage plus séduisant, à l'ombre des cocotiers. Bonnes spécialités locales, avec le poisson en vedette. Service attentionné. Comptez 25-45€ le repas.

CAPESTERRE-DE-MARIE-GALANTE (plan 7, C4) Plage de la Feuillère 06 90 40 30 14 Tlj. 9h-0h

Dîner de gala

La Playa ♥€€

Paella royale, langouste sauce mangue ou coco... et des tartares de viande ou de poisson qui font merveille. À déguster dans une élégante salle en bois rouge, heureusement séparée de la route par des jalousies. Prévoyez 35€ pour une entrée et un plat. Mieux vaut réserver.

CAPESTERRE-DE-MARIE-GALANTE (plan 7, C4) Sortie du bourg, dir. Grand-Bourg 05 90 93 66 10 Tlj. 19h-21h Fermé 15 j. en juin, 3 sem. en sept.-oct.

SHOPPING

Dépannage sur mesure

La Suite

Vous avez oublié votre maillot de bain, vos tongs, ou vous avez fini le bon roman emporté pour occuper vos longues après-midi sur la plage ? Pas de problème, ce concept-store à la sauce marie-galantaise réunit une boutique de vêtements et de cosmétiques, une épicerie fine et une librairie. Vous y trouverez de nombreuses marques antillaises, mais pas seulement !

GRAND-BOURG (plan 7, B4) 38, rue du Docteur-Marcel-Etzol 05 90 97 06 90 Page Facebook Lun.-sam. 9h-19h, dim. 9h-13h

Kreol West Indies

Production locale

Kreol West Indies

Dans la succursale marie-galantaise de cette maison installée près de Saint-François (p.62), vous trouverez toute une gamme de vêtements, de linge de maison et d'accessoires fabriqués dans une logique équitable et durable.

GRAND-BOURG (plan 7, B4) Rue Beaurenom prolongée Sortie est du bourg, puis à g. 05 90 97 21 56 www.kreolwestindies.com Tlj. 10h-12h et 14h-18h

À l'or fin

Océom – Les bijoux de l'océan

Jean-Pol Jacob crée des bijoux à partir de véritables coquillages et végétaux marins qu'il plonge dans un bain d'or à 24 carats. Dollars des sables, gorgones, étoiles de mer, pinces de crabe finissent, magnifiés par l'or, en pendentifs, broches, bagues ou boucles d'oreilles. De superbes pièces originales à partir de 29€.

GRAND-BOURG (plan 7, B4) Av. du Dr. Marcel-Etzol 05 90 97 58 86 www.oceom.fr Lun.-sam. 9h-13h (horaires aléatoires en basse saison) Fermé en sept.

Faites-le vous-même

Maison de l'indigo

Deux passionnés, Anne-Murielle et Ghislain, se sont fixé pour objectif de remettre à l'honneur les plantes colorantes aux Antilles : indigo, campêche, roucou, curcuma, raisinier, etc. Dans leur boutique, vous trouverez paréos, foulards en soie... tous teints sur place. Ils proposent aussi des stages d'initiation à la préparation des couleurs et à la teinture. Vous repartirez avec vos réalisations.

GRAND-BOURG (plan 7, B4) Section Murat (sortie est du bourg) 📱05 90 84 56 49 ou 06 90 74 10 25 www.maisondelindigo.com 🕒Lun.-sam. 9h30-13h Visite de l'atelier le sam. sur rdv

Madou siwo

La Belle Hôtesse

Marie-Galante produit un miel au doux parfum de fleurs ! On en trouve notamment là, sur les hauteurs de Saint-Louis, avec du sirop de batterie, du jus de canne et, bien sûr, du punch !

SAINT-LOUIS (plan 7, B2) Plateau de la Belle-Hôtesse (sortie nord du bourg, indiqué à gauche sur la D205) 📱05 90 97 02 15 🕒Oct.-août : lun.-ven. 9h-14h

LE RHUM MARIE-GALANTAIS

Il compte parmi les meilleurs de l'archipel. Son parfum très particulier fait oublier un peu vite sa forte teneur en alcool (59° contre 50 à 55° pour les autres rhums guadeloupéens). La production des trois distilleries de l'île est strictement contingentée. Une fois leur quota atteint, elles cessent leur activité jusqu'à la saison suivante. Mais en mars-avril, elles sont en pleine effervescence. Leur visite permet alors de rencontrer des ouvriers spécialisés passionnés par leur métier.

Galettes du dimanche

Manioquerie Farimag

Le jeudi soir et le week-end, cette manioquerie est en pleine production et l'on peut y assister à l'épluchage du manioc. Dimanche (10h30-14h) est le jour de la fabrication des cassaves, ces galettes de manioc mélangé à de la noix de coco. Vente de farine de manioc et de coco, de cassaves et de *kilibibi* (maïs grillé, à saupoudrer sur les glaces).

CAPESTERRE-DE-MARIE-GALANTE (plan 7, D2) Route des Éoliennes Section Jacquelot (2km au nord du bourg) 📱06 90 42 26 56 🕒Mar.-dim. 10h-16h

SORTIES

Collé serré

Le Touloulou

C'est là qu'il faut aller pour danser jusqu'au bout de la nuit... Certains vendredis soir, cours collectif de salsa pour les touristes fatigués du zouk. Fait également restaurant et loue des bungalows.

CAPESTERRE-DE-MARIE-GALANTE (plan 7, C4) Plage de Petite-Anse (2km au sud-ouest) 📱05 90 97 32 63 🕒Ven.-sam. 12h-14h30 et 19h-22h, dim.-mer. 12h-14h30

LA DÉSIRADE

Trois localités reliées par une unique route goudronnée, de longues et belles plages au sud, de hautes falaises sauvages au nord et, au milieu, un plateau calcaire que sillonnent des sentiers de randonnée... Cette petite île tout en longueur (11km sur 2), dont le relief évoque une barque renversée, est un havre de quiétude où il fait bon passer quelques jours à se ressourcer.

ACCÈS ET INFOS

- La Désirade est arrimée à 8km à l'est de la Grande-Terre (45min de bateau de Saint-François (p.240). Plusieurs loueurs de véhicules au débarcadère
- Office municipal de tourisme Beauséjour 05 90 84 61 39 www.mairie-ladesirade.fr Lun.-ven. 8h-12h et 14h-17h, w.-e. et j. fér. 8h-12h
- Fête des Marins-Pêcheurs 3 jours de festivités autour du 15 août

À VOIR

Pour suivre l'unique route, qui longe le littoral sud, du "quartier" des Galets à celui de Baie-Mahaut en passant par Beauséjour, le chef-lieu, et le Souffleur, un deux-roues suffit. En revanche, il vous faudra louer un 4x4 pour vous aventurer sur les pistes qui explorent la côte opposée.

Le tour de la capitale

Beauséjour (plan 8, B2)

C'est là que vous débarquerez. Le bourg regroupe la plupart des commerces et presque tous les restaurants ouverts le soir. On en fait vite le tour : une promenade sur le port de pêche principal de l'île, et une autre sur la place de la mairie, Ne manquez pas la place du Maire-Mendiant et son église Notre-Dame-de-Bon-Secours. Le bourg de Beauséjour est très agréable à parcourir et parmi les maisons créoles qui l'entourent, voyez le presbytère et sa galerie typique.

Jardin botanique du Désert (plan 8, B2)

Fruit des efforts de deux collectionneurs passionnés de plantes grasses, ce jardin artistement aménagé à flanc de colline réunit des spécimens de plusieurs centaines d'espèces de cactées et de succulentes originaires de tous les continents. Pour bénéficier d'une visite guidée, mieux vaut s'annoncer à l'avance.

Le Désert (800m du centre de Beauséjour, à côté du collège Maryse-Condé) 06 90 85 85 33 www.jardinbotaniqueladesirade.com Sur rés. 10€

Chemin de croix

Chapelle Notre-Dame-du-Calvaire (plan 8, B2)

Cette sobre chapelle est le point d'arrivée du chemin de croix qui, le Vendredi saint, monte du bourg. Perchée à plus 200m au-dessus de la mer, elle offre un beau panorama, que détaille une table d'orientation. Y grimpent une route carrossable et l'un des plus beaux parcours pédestres de l'île, cf. Crapahutez sur la Montagne (p.209).

2km au nord de Beauséjour Tlj.

À NE PAS MANQUER

- Plage du Souffleur ★
- Crapahutez sur la Montagne

Pêcheurs de la Désirade

Pour la plage

Le Souffleur (plan 8, C2)

Adossé à l'éminent plateau calcaire central, face à la mer, ce "quartier" de pêcheurs possède la plus belle plage de la Désirade (p.209).

6km au nord-est de Beauséjour

Bout du monde

Baie-Mahault (plan 8, C1)

Le nord-est de l'île est lesté d'un lourd passé. Au 18e s., tandis que les premiers colons s'installaient aux Galets, à l'autre bout de l'île, s'implanta à Baie-Mahaut une léproserie qui ne devait fermer qu'en 1956. Elle a été totalement rasée, mais on peut voir les restes de sa chapelle à l'entrée du bourg. La pointe orientale de l'île est vierge de toute construction. Une réserve naturelle y a été créée en 2011 pour préserver de très anciennes formations géologiques. Une aubaine pour les iguanes qui y prospèrent en toute tranquillité, et pour les promeneurs. Vous pourrez vous aventurer dans une savane battue par les vents tout au bout de l'île jusqu'à l'ancienne station météo (fermée en 1971).

8,5km au nord-est du Souffleur

Chapelle Saint-Jean-Baptiste

Avec se façade toute simple et ses murs chaulés, ce sanctuaire, également appelé Notre-Dame-du-Phare, évoque les petites églises coloniales d'Amérique centrale. À l'intérieur, on peut voir l'*Étoile de mer*, maquette de bateau portée en procession chaque année dans les rues du bourg.

En plein centre de Baie-Mahault

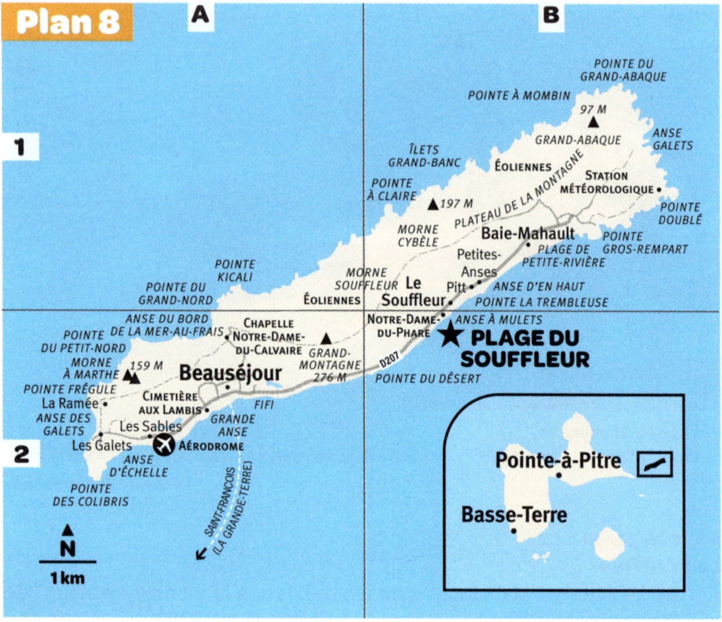

À FAIRE

Rêvassez sous les cocotiers

Plage à Fanfan (plan 8, B2)

Un superbe feston de sable blanc et son rideau de cocotiers. Derrière, le long du cimetière communal, les pêcheurs confectionnent des nasses. Autrefois en bambou et palmes tressées, elles sont désormais réalisées avec du grillage métallique.

Beauséjour 400m à g. du débarcadère

Plage à Fifi (plan 8, B2)

Cette belle langue de sable fin frangée de cocotiers est suffisamment profonde pour que la circulation – modeste au demeurant – sur la route départementale ne constitue pas une gêne. Et l'on peut y déjeuner fort agréablement dans l'une des cabanes devant la plage.

Beauséjour À la sortie est, dir. Le Souffleur

Plage aux Colibris (plan 8, A2)

Une jolie plage peu fréquentée, sans doute parce qu'elle est bordée de mancenilliers. C'est aussi le terrain de jeu favori des iguanes. Pour l'atteindre, vous devrez suivre une piste sur 500m. Attention à ne pas ensabler votre voiture.

Beauséjour 2km à l'ouest du bourg

Plage du Souffleur ★ (plan 8, C2)

La plus belle plage de la Désirade. Beaucoup de touristes venus de la Grande-Terre ou de la Basse-Terre s'y rendent le temps d'un week-end. Son sable doux est bordé d'immenses cocotiers, et la proximité de la barrière de corail permet d'observer une multitude de poissons dans son lagon.

Le Souffleur

Plage de l'anse Petite-Rivière (plan 8, D1)

La plus orientale des plages désiradiennes est aussi la plus calme, car c'est la plus éloignée de la route.

Baie-Mahault À l'est de Baie-Mahault

Assistez à un combat de coqs

Pitt du Souffleur (plan 8, C2)

Ambiance survoltée au moment des paris et lors des combats. La lutte des coqs, les ergots entourés d'une bandelette de linge, peut se prolonger 10min, parfois davantage pour les spécimens très pugnaces. L'entrée est gratuite (ce qui n'est pas le cas de la plupart des *pitts* de Guadeloupe), et votre voisin de banc aura plaisir à vous expliquer les règles, non écrites mais strictes, de ce passe-temps qui passionne les Guadeloupéens. Le bar, qui vend des boissons fraîches à petits prix, se remplit entre deux combats.

Sur le chemin qui mène à la mer Le Souffleur 🕒 Jan.-juin : sam. ou dim. (matin le plus souvent)

Crapahutez sur la Montagne

Le plateau calcaire de la Montagne occupe la majeure partie de l'île. Les cinq sentiers (faciles) qui le parcourent offrent un aperçu de la flore et de la faune

Plage à Fifi

insulaires : de Beauséjour, le **chemin de Croix** monte face à l'appontement jusqu'à la table d'orientation. Le **chemin du Latanier**, une bifurcation sur la gauche, avant d'arriver à la chapelle, redescend vers les Galets en passant par la pointe Frégule, puis celle des Colibris. Sur le chemin de Croix s'embranchent également le **sentier du Grand Nord**, qui débouche sur une magnifique plage rocheuse de la côte septentrionale, et le **chemin de la Grand-Montagne**, qui permet de traverser le plateau jusqu'à Baie-Mahault en 2h environ. Pour grimper jusqu'au plateau à partir du Souffleur, il faut suivre le **sentier des Éoliennes**. De Baie-Mahault, le **sentier de la Pointe Doublé** gagne l'ancienne station météo en traversant une savane sèche fouettée par les vents.

Coq de combat à la pesée

COULEUR LOCALE

La **Fête des Marins-Pêcheurs** est une fête populaire très courue et l'on vient de tous les coins de Guadeloupe pour y assister. Les 15 et 16 août, les pêcheurs honorent Marie, la patronne des marins ; dans l'église de Beauséjour est célébrée une messe solennelle. Le 17, on honore les marins défunts. Les festivités se terminent par un pique-nique géant.

NOS ADRESSES

PAUSES

Farniente gourmand

Les Pieds dan'l sable

Des cabanes plantées le long de la plage à Fifi, celle-ci est la plus recommandable. Comme annoncé, on y mange sur la plage , à l'ombre des cocotiers, le regard rivé sur le large. Carte simple de viandes à la plancha et langouste à la brésilienne (18€) traitée de la même manière. Pas de CB.

BEAUSÉJOUR (plan 8, B2) Plage à Fifi 06 90 74 89 80 Tlj. uniquement midi (le soir, sur rés.)

Sous les cocotiers

La Roulotte

Campée à l'entrée de la plage du Souffleur, cette roulotte sert une bonne cuisine créole : poulet boucané (12€), poisson grillé (15€), lambi (22€)... Les tables sont dressées à l'abri du soleil, sous les cocotiers, tout près de la mer. Entre deux bouchées, vous pourrez donc aller piquer une tête.

LE SOUFFLEUR (plan 8, C2) Plage du Souffleur 06 90 54 19 64 Mar.-dim. 9h30-17h

La Roulotte

RESTAURANTS

Vous n'aurez aucune difficulté à trouver dans l'île une table pour le déjeuner. En revanche, le soir, le choix se limite aux restaurants de Beauséjour et au Rose-Ita, au Souffleur, qui ouvre plusieurs soirs par semaine.

Cuisine désiradienne

La Payotte €

Une paillote aux couleurs du soleil et de la mer installée au bord de la plage à Fifi, dans un cadre enchanteur. Si vous commandez une langouste, le patron ira la choisir dans le casier immergé à quelques mètres du rivage. Cette garantie de fraîcheur vaut aussi pour le poisson, acheté au retour des bateaux. Délicieuse spécialité locale, le poulet cajou est cuisiné à la perfection. Plats 14-25€.

BEAUSÉJOUR (plan 8, B2) Plage à Fifi 05 90 20 01 29 Dim.-jeu. uniquement midi, ven.-sam. midi et soir

Parenthèse créole

Lagranlag €

Le goût de la Désirade est ici. Cuisine créole traditionnelle savoureuse autour de produits frais : poisson coffre, langoustes, ... Accueil chaleureux et bons conseils pour profiter de l'île. Un stop s'impose pour une agréable parenthèse gourmande. Vos papilles vous remercieront !

BEAUSÉJOUR Mar., jeu. et dim. 8h30-16h30, mer. et ven.-sam. 8h30-16h30 et 18h30-22h30 Fermé en sept.

Voir aussi **Lagranlag** (p.176).

Pour aller plus loin

Loriquet à noix de coco colorée

GÉOGRAPHIE

Regardez une carte : la Guadeloupe dessine la silhouette d'un papillon. Ses deux ailes, la Basse-Terre et la Grande-Terre, sont séparées par la rivière Salée, un bras de mer dont la largeur n'excède pas 200m. Cet archipel s'inscrit au cœur de l'arc des Petites Antilles, qui s'étire sur quelque 850km du nord au sud, entre le tropique du Cancer et l'équateur.

Relief

Les îles les plus anciennes (la Grande-Terre, Marie-Galante, la Désirade) sont érodées et leur soubassement volcanique recouvert par des formations calcaires, tandis que les îles plus récentes (la Basse-Terre, les Saintes) présentent un vigoureux relief volcanique.

La Grande-Terre (587 km^2). Presque plate (135m d'altitude maximum), l'aile orientale du papillon n'est ponctuée que de rares collines, et il n'y surgit aucun cours d'eau. Ses grandes plaines sèches sont le domaine de la canne à sucre. Les cultures vivrières se concentrent dans la région centrale des Grands Fonds, composée d'une multitude de mornes (collines) peu élevés mais escarpés, que séparent des ravines encaissées semées de mares. S'opposant aux falaises vertigineuses de l'est et du nord-est de l'île, les plages de la côte sud ont fait de la Grande-Terre un haut lieu du tourisme balnéaire.

La Basse-Terre (848km^2). Changement de décor ! Montagneuse et verdoyante car sillonnée par de nombreux cours d'eau, cette île est rehaussée du point culminant des Petites Antilles, la Soufrière (1 467m). Ses versants abrupts à l'ouest, côté mer des Caraïbes, laissent peu de place à l'occupation humaine. Cultures et habitations sont installées sur les pentes douces du massif, à l'est, côté Atlantique.

Marie-Galante (158km^2). À 45 minutes de bateau de Pointe-à-Pitre, la "Grande Galette" – 15km de diamètre – présente un puzzle de plaines argileuses séparées par quelques vallées peu profondes et des collines dont l'altitude n'excède pas 200m. Terre sèche, balayée par les vents, l'"île aux cent moulins" se consacre entièrement à la culture de la canne à sucre. Elle est festonnée de longues plages de sable encore épargnées par le tourisme de masse.

La Désirade (21km^2). Ancré à 11km à l'est de la Grande-Terre, ce plateau incliné de 11km de longueur et 2km de largeur évoque une barque renversée. Exposée aux vents de l'Atlantique, cette île ingrate est longtemps restée inhospitalière, et ses habitants cultivent une longue tradition de solidarité. Particularité géologique : à la pointe orientale de l'île, des roches multicolores veinées de coulées basaltiques témoignent de la plus ancienne activité volcanique des Petites Antilles.

Les Saintes. À 15km au sud de la Basse-Terre, ce petit archipel est constitué de neuf îlots, dont deux sont habités. Terre-de-Haut (5km^2) est une succession de petites plaines et de mornes escarpés, échancrée d'anses ourlées de sable blond. Terre-de-Bas (8km^2) est bien plus massive, avec des falaises plongeant dans la mer.

Volcan et séismes

Les Guadeloupéens ont appris à vivre avec leur volcan. Depuis 1696, la Soufrière s'est réveillée à six reprises, la dernière fois en 1976-1977. Un réveil chaque fois marqué par des éruptions phréatiques, c'est-à-dire faites de violentes émissions de vapeur d'eau et de gaz mêlées à des matériaux solides, mais sans remontée de magma en fusion. La terre tremble aussi quelquefois. Dernier séisme important, celui du 21 novembre 2004, particulièrement ressenti aux Saintes.

L'OBSERVATOIRE VOLCANOLOGIQUE ET SISMOLOGIQUE
À l'écoute des moindres soubresauts du volcan, il peut prévenir plusieurs semaines à l'avance des risques d'éruption. (http://www.ipgp.fr/fr/ovsg/observatoire-volcanologique-sismologique-de-guadeloupe).

L'île aux belles eaux

C'est ainsi que les populations précolombiennes appelaient la Basse-Terre. De fait, l'île compte plus d'une centaine de cours d'eau, dont les plus importants alimentent maintes cascades. Le plus long est la Grande Rivière à Goyaves (23km). La rivière du Grand Carbet forme des chutes spectaculaires qui soulevèrent l'admiration de Christophe Colomb et de ses hommes en 1493. Volcanisme actif et abondance des pluies sont à l'origine de nombreuses sources chaudes, dont les vertus curatives sont peu exploitées. Citons les sources Dolé à Gourbeyre, les eaux de Sofaïa à Sainte-Rose, ou encore la Ravine chaude, l'une des rares sources aménagées, sur la commune de Lamentin. Les dépressions du massif de la Soufrière recèlent de petits lacs de montagne : Grand Étang, étang Madère, étang Roche, étang Zombi.... Ces plans d'eau contribuent à la diversité biologique de la forêt.

Le littoral

Là encore, la diversité est de mise avec des falaises battues par l'Atlantique sur la côte est de la Grande-Terre et des plages de sable blanc au sud, défendues par un long récif-barrière (les cayes). Le littoral oriental de la Basse-Terre est frangé de plages paisibles protégées par une barrière de corail, tandis que la côte ouest, plus escarpée, tombe directement dans la mer. Au nord de l'isthme qui sépare les deux îles, le Grand Cul-de-Sac marin est un lagon de 15 000ha délimité par le plus long récif corallien des Petites Antilles. Sa très grande diversité biologique lui vaut la protection du parc national de Guadeloupe.

CLIMAT

Chaud et humide. Lorsque vous sortez de l'aéroport, votre conviction est faite : la Guadeloupe est bien une terre tropicale. Rien d'étouffant néanmoins, car les alizées qui balaient les îles une grande partie de l'année rendent l'atmosphère agréable.

Hivernage et carême

La Guadeloupe connaît deux saisons. De janvier à juin règne le temps tiède et sec du carême, la haute saison touristique. C'est de juillet à décembre, pendant l'hivernage, que s'abattent plus des trois quarts des précipitations de l'année. Côté températures, la moyenne annuelle tourne autour de 27°C, avec des écarts entre le jour et la nuit qui dépassent rarement 7°C. Sauf au début de l'hivernage : en soirée, une petite laine est parfois bienvenue.

Le régime des pluies

La Guadeloupe est soumise aux alizés, ces vents permanents qui soufflent du nord-est au sud-ouest. Au contact de la terre ferme, les masses d'air chaud et humide prennent de l'altitude, se refroidissent et se condensent. C'est ainsi que la côte au vent – orientale donc – essuie des précipitations tout au long de l'année ; certains sommets de la Basse-Terre reçoivent plus de 12m d'eau par an. Vidé de son humidité, l'air redescend sur l'autre versant, la côte sous le vent, moins arrosée.

Pointe des Châteaux, Grande-Terre

Cyclones

Tous les ans, de juillet à octobre, la population vit au rythme des prévisions météo. C'est la saison des dépressions tropicales, qui se muent parfois en tempêtes (plus de 90km/h, comme Erika en 2009), puis en ouragans. Nées au large des côtes de l'Afrique, ces tempêtes en tourbillon – le fameux œil du cyclone – prennent force et vitesse au contact de la mer surchauffée. Elles abordent les Antilles au maximum de leur puissance avec des vents supérieurs à 200km/h, des marées formant des vagues gigantesques, des pluies torrentielles, des cours d'eau en crue et des glissements de terrain. L'ouragan Hugo qui frappa la Guadeloupe dans la nuit du 16 au 17 septembre 1989 reste, avec le cyclone de 1928, le plus dévastateur du 20e s. : son œil est passé au-dessus de la Grande-Terre avec des vents à plus de 300km/h et un bilan très lourd de 11 morts et 25 000 sans-abri.

FAUNE ET FLORE

À climat chaud et humide, végétation luxuriante. Fragile aussi, en raison de la pression des activités humaines. En 1992, l'Unesco a attribué à l'archipel guadeloupéen le statut de réserve mondiale de biosphère. Protéger les milieux naturels, telle est la mission du parc national de la Guadeloupe, créé en 1989.

La flore

Entre 500 et 1 000m d'altitude s'épanouit l'épaisse forêt tropicale humide : 300 essences, une centaine d'espèces d'orchidées, environ 270 espèces de fougères, dont les spectaculaires variétés arborescentes peuvent atteindre 15m de hauteur. Sans oublier le foisonnement des lianes et des plantes épiphytes, philodendrons, ananas-bois, ailes-à-mouche formant parfois de véritables jardins suspendus. La végétation pousse extrêmement vite : 1m par an pour l'acajou blanc, par exemple. Au-dessus de 1 000m, la forêt humide fait place à une végétation rabougrie de tourbière et de savane qui n'excède pas 1,50m de hauteur. Hors de la forêt croissent des espèces arbustives comme l'acacia et le campêche, au bois très dur, mais aussi maintes espèces introduites par l'homme. Le flamboyant, en fleur entre mai et août, provient de Madagascar, tout comme l'élégant arbre du voyageur. Quant au cocotier, originaire d'Asie du Sud-Est, il serait arrivé tout seul au milieu du 17e s., sans intervention de l'homme. Au bord du Grand et du Petit Cul-de-Sac marin – les lagons qui s'étendent entre les deux ailes du “papillon”, de part et d'autre de l'isthme – prospère la mangrove : une forêt de palétuviers rouges, des arbres amphibies ancrés dans la vase grâce à leurs racines aériennes. Signalons que depuis 2011, l'archipel est, comme d'autres îles antillaises, confronté périodiquement à un échouage massif de sargasses, algues dont la prolifération engendre des risques sanitaires et nuit à l'économie locale. Les pouvoirs publics tentent de se mobiliser...

La faune

Décimée dès le 17e s. par une chasse excessive, la faune guadeloupéenne n'en compte pas moins d'intéressantes espèces. **Mammifères.** Prédominent les vaches, les chèvres et les chiens, les mammifères sauvages étant les parents pauvres du bestiaire guadeloupéen. Le raton laveur, racoon de Guadeloupe, ou rina, a été introduit accidentellement des États-Unis au 19e s. Autre immigrée, la mangouste fut importée d'Inde en 1887 pour lutter contre les rats, eux-mêmes échappés des navires européens au 17e s. Une mauvaise idée, car les rats se sont réfugiés dans les arbres, tandis que les reptiles, les oiseaux qui nichent au sol et les œufs des tortues marines faisaient les frais de cette redoutables prédatrice. L'archipel abrite pas moins de treize espèces de chauves-souris, dont deux sont endémiques. Victime des hommes et des mangoustes, l'agouti est un mignon petit rongeur dont il ne subsiste que quelques spécimens à la Désirade et dans le nord de la Basse-Terre. **Oiseaux.** La forêt est le royaume des grives. En vedette, la grive trembleuse (*cocobino*), agitée de mystérieux tremblements, et qui s'observe facilement près des aires de pique-nique. Vous entendez un bec qui frappe vigoureusement un tronc d'arbre ? Il s'agit d'un pic de Guadeloupe, seul pic sédentaire des Antilles. Sortez de la forêt et approchez des jardins : vous y verrez à coup sûr des colibris cherchant nourriture et protection. Également, le familier sucrier au resplendissant poitrail jaune. Une promenade dans les zones humides du littoral vous permettra d'observer plusieurs espèces de hérons. Vous y verrez peut-être aussi des balbuzards opérer de spectaculaires plongeons, toutes serres en avant, pour saisir leur proie. Ces aigles pêcheurs, également appelés *gli-gli*, peuvent atteindre 1,70m d'envergure. Sur l'ensemble de la côte prospère le pélican brun, reconnaissable à la poche située sous son bec. **Lézards et tortues.** Vous croiserez plusieurs espèces de ces inoffensives bestioles. L'anolis, un petit lézard vert, s'invite souvent dans les maisons. Le mabouya est un gecko rosâtre qui, le soir, est attiré par la lumière et s'annonce par un cri rauque. Mais le saurien le plus spectaculaire demeure l'iguane, qui peut atteindre 1,60m et peser jusqu'à 15kg. Cinq espèces de tortues marines fréquentent les plages de la Guadeloupe plus ou moins régulièrement. **Poissons et invertébrés marins.** Vivaneaux (une sorte de daurade tropicale), colas, thazards, thons, bonites, etc. : les eaux guadeloupéennes sont généreuses avec les pêcheurs. Elles abritent aussi une foule d'invertébrés : éponges, coraux, méduses, étoiles de mer, oursins... Citons également la langouste et le lambi, un imposant gastéropode à conque spiralée et à la chair très fine, hélas victime de la surpêche. Les plans d'eau et les rivières regorgeaient jadis de *ouassous*, des crevettes aux longues pinces et à la chair délicate.

Colibri huppé sur une fleur de balisier

HISTOIRE

La Guadeloupe s'est peuplée par vagues d'immigration successives venues du continent sud-américain. Les premiers arrivants abordent l'île vers 4000 avant notre ère. Vers 500 av. J.-C., de nouveaux venus introduisent la technique de la céramique et le manioc amer. Ils sont agriculteurs. Au tournant de notre ère s'installent les Arawaks, puis vers 700 accostent les Caraïbes, que connaîtra Christophe Colomb.

Les Européens atteignent les Antilles

"*Tenemos terra*". Ce 3 novembre 1493, Christophe Colomb en est à son second voyage transatlantique, et la vigie vient de signaler une île toute plate et déserte. Avec son équipage, Colomb débarque, bannière royale au vent, et en prend possession au nom du roi d'Espagne. Il la nomme Marie-Galante, du nom du vaisseau amiral de sa flotte. Le lendemain, les dix-sept navires et leurs 1 500 hommes croisent aux abords d'une île volcanique. Colomb la baptise Guadalupe, en souvenir du pèlerinage au monastère espagnol de Santa María de Guadalupe qu'il a effectué au retour de son premier voyage dans le Nouveau Monde. Cette île-là est peuplée. Les explorateurs y découvrent des villages, mais vides. Leurs occupants amérindiens ont prudemment choisi la fuite. Il faudra attendre le 17e s. pour que s'engage la colonisation.

Les débuts de la colonisation

Jusque-là possession espagnole, la Guadeloupe est occupée par les Français en 1635. Le 28 juin, deux navires mouillent devant la côte nord de la Basse-Terre. À bord, deux gentilshommes chargés de gouverner la future colonie, 150 artisans et paysans – plus ou moins volontaires et pour la plupart originaires de Normandie –, quelques familles qui ont payé leur passage et deux missionnaires. Leur première tâche est de livrer une guerre sans merci aux Caraïbes ; en 1639, il n'en reste plus qu'une poignée, réfugiée sur la Grande-Terre et à Marie-Galante. Commence alors le développement de la culture de la canne avec, pour corollaire, l'importation d'une main-d'œuvre servile. En 1656, on compte environ 3 000 esclaves noirs pour 12 000 colons blancs.

Convoitises et économie coloniales

Par deux fois, en 1691 et en 1703, les Anglais attaquent la Guadeloupe. Mais à chaque fois ils sont contraints de rembarquer rapidement. En 1759, nouvelle tentative. Cette fois, ils parviendront à se maintenir jusqu'en 1763. Ces quatre années de présence sont marquées par la fondation de Pointe-à-Pitre et par le développement des cultures de la canne – on recense 391 sucreries dans l'archipel en 1790 – et du caféier, introduit dans

Sucrerie en Guadeloupe, gravure publiée dans *Le Tour du monde* en 1860

les années 1720. Cette économie repose entièrement sur le travail forcé. À la veille de la Révolution, la colonie compte près de 90 000 esclaves, quelque 3 000 “libres de couleur” vivant principalement dans les villes et les bourgs, et 14 000 blancs.

La Révolution française...

À l’annonce de la prise de la Bastille, la Guadeloupe se déchire. D’un côté les “patriotes” favorables à la Révolution, de l’autre les planteurs qui défendent l’ordre ancien et leurs privilèges. Ces derniers appellent les Anglais à la rescousse. Le 4 février 1794, la Convention vote l’abolition de l’esclavage. En avril, les troupes britanniques s’emparent de la Guadeloupe. En juin débarque près du Gosier une force républicaine conduite par Victor Hugues, commissaire de la République. Appuyée par une troupe d’anciens esclaves, les “sans-culottes noirs”, elle parvient à repousser les Anglais en mer en décembre. Victor Hugues demeure en fonction jusqu’en 1797. Émerge alors une bourgeoisie d’anciens “libres

LES FLIBUSTIERS, OU LIBRES FAISEURS DE BUTIN

Au nom du roi mais pour leur compte, les corsaires livrent une guerre navale aux Espagnols et aux Anglais et prennent parfois part à des combats terrestres. Ainsi, en 1703, les renforts venus de Martinique en Guadeloupe comprennent six compagnies de flibustiers. Ils redoublent d’activité lors des guerres de la Révolution et de l’Empire (1793-1814).

de couleur". Pour les ex-esclaves, la situation évolue plus lentement. Ils restent attachés aux plantations, mais reçoivent un salaire en rétribution de leur travail. Certains gagnent les villes, d'autres s'engagent dans les troupes révolutionnaires ou se font corsaires.

... Un espoir trahi

Mai 1801 : la colonie est déchirée entre factions rivales. Le Premier consul, Napoléon Bonaparte, envoie le baron de Lacrosse rétablir l'ordre en Guadeloupe. Ce dernier décide d'éloigner les officiers de couleur de la garnison insulaire. Mal lui en prend. Il est arrêté et expulsé manu militari. Un conseil de gouvernement présidé par un officier de couleur en appelle au Premier consul. Pour toute réponse, Bonaparte dépêche un corps expéditionnaire de 4 000 hommes. Conduite par Louis Delgrès, un officier de couleur né libre, une partie de l'armée de la Guadeloupe s'oppose aux troupes envoyées par Paris. Le combat s'achève le 28 mai 1802 sur les pentes de la Soufrière ; cernés, Delgrès et ses 300 derniers partisans préfèrent le suicide à la reddition. Le 20 mai, un décret a rétabli l'esclavage dans les colonies françaises. En Guadeloupe, les propriétaires retrouvent leur domaine et les "marrons" (esclaves fugitifs) sont activement pourchassés.

L'abolition de l'esclavage

Bien qu'officiellement interdite depuis 1818, la traite négrière continue de façon à peine clandestine à décharger ses sinistres cargaisons sur le rivage de Trois-Rivières et de Saint-François. Il faudra attendre la proclamation de la Seconde République pour voir l'esclavage définitivement aboli le 27 avril 1848. La Guadeloupe reste cependant une "île à sucre", dont la production occupe désormais plus de la moitié des surfaces cultivées. Les habitations-sucreries perdent bientôt de leur importance au profit de centrales dotées de machines à vapeur. En 1863 est fondée la centrale Beaufort, sur la côte ouest de la Grande-Terre, équipée d'un réseau de voies ferrées qui permet d'acheminer les cannes vers la sucrerie, et la production de cette dernière jusqu'à la mer. Pour pallier le manque de main-d'œuvre consécutif à l'abolition de l'esclavage, on fait appel à des travailleurs libres venus d'Inde. De 1854 à 1888, près de 45 000 Indiens abordent la Guadeloupe.

1870-1914 : crise sucrière et montée de la contestation sociale

La fin du 19e s. est marquée par une crise de surproduction sucrière associée à une chute des prix, qui se prolonge jusqu'en 1914. Elle entraîne une profonde mutation de l'industrie de la canne : transformation des habitations-sucreries en distilleries et concentration de la propriété au profit des sociétés métropolitaines auxquelles appartiennent les usines. Dès 1887 le sucre d'usine l'emporte largement sur le sucre d'habitation. Cette crise économique favorise la montée en puissance d'un courant politique socialisant. Il s'incarne en la personne d'Hégésippe Légitimus, élu député de la Guadeloupe en 1898, à 30 ans, puis maire de Pointe-à-Pitre en 1904. La grande grève des travailleurs de la canne de 1910 donne lieu à des troubles violents au terme desquels on relève plusieurs morts.

D'une guerre à l'autre

Les monuments aux morts le rappellent, de 1914 à 1918, la Guadeloupe a largement contribué à l'effort de guerre. Les distilleries aussi : le conflit a stimulé la production et l'exportation de rhum, qui sera limitée ensuite par un système de contingentement. Au début des années 1920 apparaît une nouvelle culture d'exportation, la banane. Le 12 septembre 1928, un cyclone traverse l'archipel, faisant près de 1 500 victimes, laissant des villes dévastées et rayant de nombreux villages de la carte. Le gouvernement fait appel à l'architecte Ali Tur pour reconstruire les bâtiments publics et les églises (p.227). Au début de la Seconde Guerre mondiale, la Guadeloupe reste sous l'autorité de Vichy avant de basculer, en 1943, du côté de la France libre.

LE SOUFFLE DE LA RÉVOLTE

De janvier à mars 2009, un vaste mouvement social enflamme la Guadeloupe. Salariés, syndicats et étudiants réclament une hausse du pouvoir d'achat. Le protocole d'accord signé entre l'État et le collectif LKP (Ligue contre les profiteurs) d'Élie Domota, à l'origine de l'insurrection, met fin à 44 jours de paralysie de l'archipel.

De la départementalisation à la régionalisation

La Guadeloupe devient un département français d'outre-mer en 1946, puis une région avec les lois de décentralisation de 1982. En 2003, les Guadeloupéens repoussent par référendum un projet visant à regrouper ces deux institutions en une collectivité territoriale unique. Les deux instances se partagent donc encore les compétences sur le même territoire (préfecture : Basse-Terre ; sous-préfecture : Pointe-à-Pitre). Depuis la Libération, les partis de gauche et de centre-gauche dominent la vie politique. La question de l'indépendance est peu relayée politiquement. Elle est, en revanche, clairement revendiquée par le principal syndicat de l'île, l'UGTG, à l'origine de la grève générale qui paralyse l'île pendant 44 jours en 2009. Ce mouvement de protestation contre la vie chère aboutit rapidement à la dénonciation d'une situation encore coloniale que connaîtrait l'île. En 2015, l'inauguration par le président de la République du Mémorial ACTe de Pointe-à-Pitre marque un temps fort de la reconnaissance des crimes de la colonisation. À la fin de cette même année, les élections régionales se soldent par la défaite de la liste de gauche conduite par Victorin Lurel, ancien ministre et président sortant, au profit d'une coalition conduite par le divers gauche Ary Chalus, qui reçoit le soutien de la droite locale. Mais aux élections législatives de 2017, les divers gauche l'emportent dans deux circonscriptions, une autre revenant à En Marche et la dernière au PS.

POPULATION

La Guadeloupe compte env. 383 000 habitants aux origines diverses et souvent métissées – Afrique, Europe, Inde, Chine, Moyen-Orient....

Noir, métis et mulâtres

Noirs et métis, descendants des esclaves africains, représentent les quatre cinquièmes de la population. Le terme de mulâtre désignait à l'origine les enfants d'un Blanc et d'une Noire. Il s'est appliqué par la suite à une communauté d'individus reniant leur part noire pour former une bourgeoisie citadine de pharmaciens, d'avocats et de médecins.

Les Indiens

Fondée dans la seconde moitié du 19e s. par des travailleurs venus du pays tamoul, des comptoirs français de Karikal ou de Pondichéry, la communauté indienne représente de 25 000 à 50 000 individus (selon que l'on inclut ou pas les métis). Bénéficiant de la citoyenneté depuis 1923, les Indiens de Guadeloupe ont vite adopté le créole et souvent embrassé le catholicisme. Ils ont importé leurs traditions culinaires parfumées et épicées, faisant du colombo l'un des plats "nationaux" guadeloupéens. Une partie d'entre eux ont toutefois conservé leur religion ancestrale et les lieux de culte hindous sont nombreux dans les campagnes.

Les békés

Appelés aussi "Blancs-pays", ils descendent des premiers colons européens (normands, bretons, vendéens, poitevins, aquitains et provençaux) et constituent de 5 à 10% de la population.

Les Chinois

Des ouvriers originaires de Chine méridionale arrivent en Guadeloupe à partir de 1859. Ils cessent bientôt de trimer dans les plantations pour tenir des commerces ou occuper des emplois de service.

Les Libanais et les Syriens

Leurs ancêtres sont arrivés en 1884 ou après la Première Guerre mondiale, au temps du protectorat français sur le Liban et la Syrie. Ils se sont spécialisés dans le commerce et l'activité de bazar.

Les métropolitains

Les "métros" forment un groupe de plus en plus important. À côté des fonctionnaires, on trouve des retraités aisés et de jeunes "aventuriers" venus tenter leur chance au soleil, dans les secteurs des loisirs et des services. Les métropolitains sont aussi présents dans le monde de l'entreprise.

ÉCONOMIE

L'économie guadeloupéenne est largement dépendante des investissements publics. Elle repose aussi sur l'agriculture avec deux produits phare, la banane et la canne à sucre. Deux piliers cependant soumis aux fluctuations des cours mondiaux.

Handicaps

La Guadeloupe est un territoire jeune, avec près de 28% de la population de moins de 25 ans (contre 24,4% en métropole). Mais 56,3% de ces moins de 25 ans sont au chômage. Plus généralement 23,7% des actifs sont privés d'emploi (autour de 10% en métropole). Conséquence : un revenu par habitant moindre qu'en métropole (20 000€/an contre 28 000 pour la moyenne nationale). L'économie guadeloupéenne souffre d'une insularité qui renchérit les échanges. Hormis l'agroalimentaire, le domaine industriel fait figure de parent pauvre. Le tertiaire emploie 84% des salariés, et la fonction publique 42% (contre 26,3% en métropole). Avec environ 500 000 visiteurs par an (sans compter les croisiéristes qui font escale pour la journée), le tourisme concourt pour 7% à la production de la richesse de l'archipel.

Maison de la Banane, Trois-Rivières

BANANES POLLUANTES

De 1972 à 1993, la culture intensive de la banane s'est accompagnée de l'emploi massif de chlordécone, un pesticide cancérogène, neurotoxique et perturbateur endocrinien. Depuis, un programme "banane durable" a été adopté. Mais le chlordécone empoisonnera encore les sols, cours d'eau et estuaires pendant cinq ou six siècles si aucune dépollution n'est effectuée.

Banane et canne à sucre

La culture de la banane, essentiellement tournée vers l'exportation, n'occupe que 8% des surfaces cultivées, mais représente près de 25% de la valeur de la production agricole avec 75 000t/an. La canne à sucre reste la principale culture locale, en accaparant près de 80% des surfaces cultivées. Elle est récoltée entre février et mai, mécaniquement, sauf à Marie-Galante. Les sucreries Gardel (Grande-Terre) et Grand-Anse (Marie-Galante) absorbent 90% de la production. Le reste part dans les distilleries.

TRADITIONS

Chaleureuses, exubérantes, avec la musique et les chants qui donnent le tempo, les fêtes guadeloupéennes sont toujours spectaculaires. Bonne nouvelle : le carnaval se prépare des semaines à l'avance et, dès le début du mois de janvier, vous pourrez assister à des défilés en costume.

Carnaval

Trois jours par an, la vie s'arrête. Du moins celle des bureaux, des administrations et des écoles. C'est le carnaval. Du dimanche précédant le Mardi gras au mercredi des Cendres, l'île ne dort plus, ou si peu. Un véritable marathon festif. Derrière les masques, les rôles et les genres s'inversent, les différences sociales s'estompent, les puissants sont tournés en dérision. Le Dimanche gras est le point culminant de ces journées avec la parade en costume des chars et des associations. Elles répètent depuis plus d'un mois. Le lundi est le jour des mariages burlesques : les femmes deviennent les maris et les hommes des femmes, le plus souvent enceintes. Le Mardi gras est le jour des Diables, Grands Diables rouges ou Diablotins, qui s'emploient à terroriser les passants et le voisinage. Le mercredi des Cendres est le jour de la mort de Vaval, le roi du carnaval. À la fin de la journée, son effigie est brûlée aux cris de "*Vaval mô*" (Carnaval est mort).

Noël

Pendant tout le mois de décembre, dans les quartiers et les villages, s'organisent des *chanté nwèl*. Vous y entendrez les cantiques de circonstance, parfois de très anciens chants populaires français, comprenant toujours un refrain en créole et ponctués à l'occasion de vers en latin. Le tout pimenté par les rythmes chaloupés de la musique antillaise. Dans les jardins illuminés, les familles se réunissent pour le réveillon autour du traditionnel jambon de Noël aux épices et à l'ananas, accompagné d'un gratin d'ignames. Tout aura commencé avec force rasades de *schrub*, la boisson que se doit de préparer toute maîtresse de maison qui se respecte : des écorces d'oranges et de mandarines macérées dans du rhum vieux et du sucre pendant au moins un mois.

Jeux traditionnels

Les compétitions de bœufs tirants puisent leur origine dans l'histoire agricole de l'île. Des attelages de deux bœufs tirent une charrette lourdement chargée, de 1,2t à 2,2t selon la catégorie, sur une piste pentue de 180m de longueur. Le "chauffeur" dispose d'un fouet dont il ne peut faire usage que douze fois. Le meilleur chrono remporte la coupe. Ces rencontres sont organisées par des associations qui répondent aux doux noms de

Solides de Morne-à-l'Eau, Volcans de Sainte-Anne, Frappeurs du Moule ou encore Forçats de Grand-Bourg. Les combats de coqs importés par les conquistadors restent populaires, cf. Couleur locale (p.108). Les rencontres se déroulent dans une arène de combat appelée *pitt* (mot dérivé de l'anglais *cockpit*). On y parie de fortes sommes d'argent.

ESPRITS ET ÊTRES DOTÉS DE POUVOIRS
Ils hantent les carrefours, les chemins, les cases.... Le zombi est l'esprit errant d'un défunt. Le *soucougnan* peut voler dans les airs et le *morphoisé* se transformer en animal. Les *dorlis* s'introduisent dans les maisons pour abuser des endormies, tandis que les diablesses, sublimes créatures juchées sur une charrette, subjuguent les hommes par leur beauté...

Croyances

L'ardeur colonisatrice des premiers Européens s'accompagna d'un fervent zèle missionnaire. Imposé aux esclaves, un catholicisme teinté de superstitions leur permit de conserver certaines croyances animistes. Le surnaturel et les pratiques magiques tiennent encore une grande place dans la vie quotidienne de certains Guadeloupéens.
Quimbois. C'est l'équivalent antillais du vaudou haïtien. On consulte les quimboiseurs, ou *séanciers*, pour des affaires délicates : déjouer la *malveine*, retrouver la chance en amour ou dans ses entreprises. Par des procédés divinatoires, ces *gadézafés* sont capables d'identifier la source du problème et de proposer un remède : bains, prières, talismans, philtres... Dépositaires de savoirs qui datent du temps de l'esclavage, les quimboiseurs sont les seuls capables de soigner la *blesse*, ce mal qui remonte au traumatisme originel de l'arrachement à la terre africaine.

Madras

ARCHITECTURE

Avant d'être esthétique, l'architecture traditionnelle guadeloupéenne est fonctionnelle. C'est à l'origine un habitat rural, adapté au climat et aux matériaux locaux. Tout en se évoluant au fil des siècles, ce modèle a résisté au temps.

La case

C'était la première maison des colons : des cloisons en roseau ou en branchages tressés, soutenues par des poteaux en bois dur, et un toit de chaume (paille, feuilles de canne ou palmes). À ce module de base s'ajoute, selon les besoins et les ressources, d'autres bâtiments, cuisine ou "case à eau" (lessive, toilette). Des planches, puis des pierres remplacent progressivement les tiges. À partir du 18e s., les toits se couvrent de bardeaux, puis de tuiles. Au 19e s. apparaissent des vérandas, les carbets. En ville, les cases sont en pierre au rez-de-chaussée et en bois pour les étages. Vous verrez les plus belles le long de la côte sous le vent, de Deshaies à Basse-Terre.

L'habitation de maître

Très tôt, les planteurs font construire de grandes demeures au cœur de leur domaine, souvent dressées sur un morne pour profiter des alizés. Les premières, inspirées des manoirs bretons ou vendéens, sont en pierre, ce qui n'est pas l'idéal sous les tropiques ! À partir du 19e s., la mode vient de Louisiane. Le bois remplace la pierre et une véranda prolonge l'habitation sur un ou trois côtés. Pas de fenêtres, mais des jalousies filtrant la lumière, tout en laissant passer l'air qui fait frissonner les rideaux de dentelle. Audessus, un grenier contribue à isoler l'habitation de la chaleur.

L'architecture métallique

À partir du 19e s., on utilise du métal importé de Louisiane pour la charpente des marchés couverts, des entrepôts et des sucreries industrielles. Léger, facile d'utilisation et d'entretien, il présente aussi l'avantage de mieux résister aux séismes et aux incendies. Les églises comme Saint-Pierre-et-Saint-Paul à Pointe-à-Pitre (p.45), et les maisons particulières – la belle maison Zévallos au Moule (p.72) –, adoptent aussi ce matériau.

ALI TUR (1889-1977)

Après le cyclone ravageur de 1928, les autorités métropolitaines chargent ce natif de Tunis de bâtir le plus vite possible des édifices publics (écoles, marchés, hôpitaux, églises, mairies, etc.) adaptés au climat de la Guadeloupe. Ainsi sont édifiés en béton armé près de cent bâtiments, telle la préfecture de Basse-Terre, de style Art déco, parfois orientalisant.

LANGUE ET LITTÉRATURE

Trois siècles durant, à défaut de production écrite, les conteurs furent les interprètes des sans-voix, berçant les nuits de leurs récits et comptines. La littérature guadeloupéenne est donc encore jeune, mais elle s'illustre aussi bien dans le roman que dans la poésie ou le théâtre.

La langue créole

Le créole n'est pas un patois, mais bien une langue, avec sa grammaire et ses règles. Il daterait du 17e s. Il s'est développé dans les plantations pour répondre au besoin de communication entre maîtres blancs et esclaves noirs. Les Blancs utilisaient alors un français simplifié, tel qu'on le parlait en Bretagne ou en Normandie. Les esclaves noirs s'approprièrent ces bases en y intégrant leurs accents phonétiques et la syntaxe des langues africaines. Au début du 20e s., la plantation est monolingue : du grand planteur au coupeur de canne, tous s'y expriment en créole. Le français est réservé à la famille du planteur blanc. Avec la scolarisation massive au 20e s., le français devient la langue première, celle dont la maîtrise favorise l'ascension sociale. Mais en tant que vecteur de la tradition orale, le créole a retrouvé sa vitalité. Il s'écrit et s'étudie désormais à l'université. Le poète **Hector Poullet**, attaché à revaloriser la terre et les croyances guadeloupéennes loin des clichés folkloriques, publie un *Bulletin de la créolité* à partir de 1975 et un dictionnaire créole guadeloupéen/français, avec **Sylviane Telchid** et **Danièle Montbrand** en 1984.

Publié en 2008

La revendication de la négritude

En 1934, le Martiniquais Aimé Césaire, le Guyanais Léon-Gontran Damas et le Sénégalais Léopold Sédar Senghor fondent la revue mensuelle *L'Étudiant noir*. C'est l'acte de naissance du mouvement de la négritude, qui clame haut et fort la beauté de l'homme noir et entend restituer sa part africaine

SAINT-JOHN PERSE (1887-1975)
Alexis Léger quitta très tôt la Guadeloupe pour n'y plus revenir. *Images à Crusoé* (1904) et *Éloges* (1911) témoignent de son attachement à son île natale. Mais sa carrière de diplomate et le goût des voyages menèrent ce poète de par le monde, et il affirma la vocation universelle de son œuvre. Il reçut en 1960 par le prix Nobel de littérature.

à l'Antillais. Malgré la déportation, l'expérience de la cale du bateau et l'esclavage, tout Noir antillais aurait conservé dans son inconscient un fond d'africanité, refoulé par trois siècles de servitude, mais susceptible d'être ravivé. Le mouvement de la négritude, tout en contestant l'ordre colonial, tente un retour aux sources en rendant hommage à la civilisation nègre. La théorie de la négritude commence à faire des émules dans les années 1960, au moment de la décolonisation de l'Afrique noire. Nombre d'intellectuels antillais empruntent alors le chemin inverse de la traite vers l'Afrique mère. C'est ainsi que la Guadeloupéenne **Maryse Condé** (née en 1937) enseigne de 1960 à 1972 en Afrique de l'Ouest (Guinée, Ghana, Nigeria, Sénégal). Son grand succès, *Ségou* (1984), est une fresque retraçant l'histoire du Mali de la fin du 18e s., à l'apogée de la traite transatlantique, à l'arrivée du colonisateur français, un siècle plus tard.

Auteurs de Guadeloupe

Maryse Condé revient en Guadeloupe en 1986 et son île natale lui inspire alors d'autres romans, comme *La Vie scélérate* (prix Anaïs Ségalas de l'Académie française en 1988) et *Traversée de la mangrove* (1989). **Simone Schwarz-Bart** (née en 1938) s'efforce elle aussi de rendre compte de l'univers guadeloupéen. Ses romans les plus connus sont *Pluie et vent sur Télumée Miracle* (1972), dans lequel elle restitue l'univers mental de la femme antillaise, et *Ti Jean l'horizon* (1979). **Gisèle Pineau** (née en 1956) fait une percée remarquée dans les années 1990 avec *La Grande Drive des esprits*, *L'Espérance-macadam* et *L'Exil selon Julia*, suivis depuis par bien d'autres romans. Le poète **Ernest Pépin** (né en 1950), qui se définit comme un militant culturel, est l'auteur de *Boucan de mots libres* (1990), *L'Homme-au-bâton* (1992) – l'histoire d'une jeune fille de bonne famille visitée la nuit par un *dorlis* – du *Tango de la haine* (1999) et de l'*Envers du décor* (2006). **Daniel Maximin** (né en 1947) s'est fait connaître avec deux romans épiques : *L'Isolé Soleil* (1981), qui évoque la Désirade, et *Soufrière* (1987). Dans *Tu, c'est l'enfance* (2004, prix Maurice Genevoix de l'Académie française), il relate ses jeunes années au pied de la Soufrière.

MUSIQUE

La musique créole, indissociablement liée à la danse et au chant, est le fruit d'une longue et douloureuse histoire. Tout commença dans les plantations, où les esclaves, interdits de lecture, n'avaient que les rythmes de bouche pour s'exprimer et se donner du cœur à l'ouvrage. Les maîtres finirent par autoriser le tambour, qui devint un moyen de communication.

Quadrille

Au début du 19e s., la musique créole s'élabore avec ses danses, parfois empruntées à la culture des maîtres. C'est ainsi que le quadrille est la seule danse d'origine française à s'être perpétuée. Le *balakadri* ("bal à quadrille") fait se succéder plusieurs danses aux rythmes et aux pas différents. À la tête de l'orchestre (accordéon, violon, guitare, batterie), le "commandeur" indique aux participants les pas à suivre. Cette tradition demeure vivace dans les zones rurales notamment en Grande-Terre et à Marie-Galante.

LE CHEVALIER DE SAINT-GEORGES (1745-1801)
Ce mulâtre natif de Basse-Terre reçut une bonne éducation qui permit à ses qualités physiques et talents artistiques de s'épanouir dans les salles d'armes et les salons parisiens. Mousquetaire, gendarme puis révolutionnaire, il fut aussi un violoniste virtuose et un compositeur doué ; il se distingua dans les œuvres pour quatuor à cordes.

Biguine

À la fin du 19e s., des musiciens noirs employés par la bonne société blanche pour animer ses soirées reprennent les danses européennes et y ajoutent tambour et paroles. Ainsi naît la biguine – de l'anglais *begin*, car c'est elle qui ouvre les bals. Dans les années 1920 officient l'orchestre Minerve et l'Orchestre créole de la chanteuse Moune de Rivel, qui comprennent banjo, clarinette, trombone et batterie. Dans les années 1930, la biguine connaît un succès international avec le cultissime *Ba moin en ti bo*. Elle gagne la métropole, étayant les belles soirées du Bal Nègre, de la Cabane Bambou ou de la Canne à Sucre. En 1936, le guitariste guadeloupéen Al Lirvat compose la biguine *Touloulou*, un standard repris par les formations d'aujourd'hui. Passé maître du trombone, il crée dans les années 1950 le *wabap*, un genre musical intégrant à la biguine des influences jazzy inspirées par sa rencontre avec Dizzy Gillespie.

Gwoka

Le *gwoka* est le genre musical guadeloupéen par excellence. Il utilise les tambours (*ka*) qui servaient jadis aux Nègres marrons à communiquer entre eux dans les mornes ainsi que le *boula*, qui impulse le rythme, et le *makè*, plus aigu, qui improvise. La partie vocale est assurée par un chanteur et un chœur. Lié au souvenir de l'esclavage, le tambour est resté longtemps méprisé. Il fallut attendre les années 1950 pour que le *gwoka* fasse ses premières apparitions publiques et qu'il trouve un maître en la personne de Marcel Lollia (1931-1984), alias Vélo. Dans les années 1970, les indépendantistes s'en emparent et en font un étendard de leur combat identitaire. Aujourd'hui, les *léwoz* (soirées où se joue la musique *gwoka*) se multiplient. Chaque année depuis 1987, un festival de *gwoka* a lieu à Sainte-Anne.

Zouk

Avatar de la biguine, le zouk (de *mazouk*, "mazurka") explose dans les années 1980 avec le groupe Kassav. Cette formation mêle synthétiseurs, cuivres et *gwoka* pour donner une sonorité résolument moderne aux musiques traditionnelles antillaises. En 1984, elle connaît un succès mondial avec *Zouk-la sé sèl médikaman nou ni* ("le zouk est notre seul médicament") sur l'album *Yélélé*. Kassav devient vite une légende. Le groupe fonctionne comme un collectif relativement libre, où chacun peut aller et venir et réaliser parallèlement ses propres albums en solo. D'autres orchestres lui emboîtent le pas, comme Zouk Machine dont la chanteuse, Tanya Saint-Val, se lance dans une carrière solo à la fin des années 1980. Sans oublier la Compagnie créole, qui réunit Guadeloupéens, Martiniquais et Guyanais et guarantit la réussite des réveillons français depuis les années 1980.

Facteur de *gwoka* apposant son sceau sur un tambour *ka*, Grande-Terre

GASTRONOMIE

La cuisine guadeloupéenne est à l'image de la société, relevée de multiples influences : amérindienne avec le piment, le manioc et le goût des viandes boucanées, africaine pour les acras et indienne pour les épices du colombo. Autre vedette de la table guadeloupéenne : le rhum aux innombrables déclinaisons.

Ce que vous trouverez dans vos assiettes

Pour commencer, les compagnons du ti-punch que sont les acras (beignets de morue ou de légumes) et le boudin créole (sang de cochon ou de bœuf, mie de pain et épices). Des poissons tropicaux (vivaneau, thazard, bonite, etc.) et des crustacés : langouste, crabe, *chatrou* (poulpe), lambi, *ouassous* (crevettes d'eau douce), etc. Concernant la viande, outre le poulet et le porc, on se régale volontiers de chevreau, ou cabri. Quelques préparations auxquelles vous n'échapperez pas : le colombo, importé par les travailleurs indiens au 19e s., subtil mélange d'épices dans lequel on fait mijoter viandes et fruits de mer. Le blaff est une préparation de poisson ou de crustacés pochés dans un bouillon parfumé. À ne pas confondre avec le court-bouillon, un mode de cuisson similaire, mais agrémenté de tomates, d'épices, de citron vert... La chiquetaille est un plat de morue grillée et déchiquetée, servie avec une sauce chien (oignons, citron, ail, piment). Et en encas, vous trouverez tout au long de la journée des *bokits*, sorte de gros beignets fourrés de morue, d'une saucisse, de fromage, etc.

Rayon fruits et légumes

Les fruits sont l'un des régals de la Guadeloupe. Vous trouverez sur les marchés de nombreuses variétés de bananes, toutes plus savoureuses les unes que les autres : de la "figue sucrée" de moins de 10cm de longueur, à la banane verte poyô avec laquelle on confectionne purées et gratins, en passant par la "figue-pomme" au parfum délicat. Figurent également sur les étals la carambole croquante et acide en forme d'étoile, le corossol à la chair blanche et parfumée, sans oublier le maracudja (fruit de la passion), la goyave, la mangue, la papaye, la pomme-cannelle... La prune de Cythère, acidulée, donne un excellent jus lorsqu'elle est verte. Les légumes se préparent souvent en gratin : giraumon (sorte de courge), igname, patate douce ou encore cristophine, en forme de poire blanche ou verte. Sans oublier le fruit à pain, dont la chair jaune pâle rappelle la pomme de terre.

Le rhum

Un rituel à l'apéritif : le planteur – mélange de sirop de canne, d'épices et de jus de fruits – ou si vous voulez un coup de fouet, le ti-punch – du rhum blanc, du sucre roux et du citron vert. Dans de nombreux établissements,

Fruit de l'arbre à pain, marché aux épices de Saint-François

on vous apportera une bouteille de rhum, des quartiers de citron vert, du sucre ou du sirop de canne. À vous de vous débrouiller ! À la maison, c'est toujours le maître des lieux qui le prépare : une cuillère de sucre au fond du verre sur lequel on écrase le citron et quand le sucre est dissous, on ajoute le rhum.

Il y a rhum et rhum

Acheminées vers les distilleries, les cannes sont traitées dans un délai de 36 heures après leur coupe. Leur jus, le vesou, est mis à fermenter une trentaine d'heures. L'ajout de levure vient accélérer le processus. Il est ensuite distillé sous l'autorité du "cuiseur", l'homme qui maîtrise le savant dosage des levures et le chauffage des alambics. Chaque cuiseur possède un savoir-faire dont il garde jalousement le secret. Au sortir des cuves, le rhum titre environ 90°. Il faudra l'additionner d'eau pour atteindre le pourcentage alcoolique souhaité. Puis vient le vieillissement en fût de chêne où le rhum blanc ne séjourne que trois mois, le temps de s'imprégner du parfum du bois sans en prendre la couleur. Le rhum ambré passe 12 à 18 mois en fût, un rhum vieux au moins trois ans, parfois bien plus. Seuls les rhums distillés à partir de pur jus de canne peuvent prétendre à l'appellation "rhum agricole". Les distilleries commercialisent également des "rhums industriels" fabriqués avec la mélasse, un résidu de sucrerie.

PP 919 459

Carnet pratique

Morne-à-l'Eau, Grande-Terre

INFOS UTILES

Pour préparer votre voyage, connaître les usages locaux, prévoir les sorties et les activités qui agrémenteront votre séjour.

AVANT DE PARTIR

BUDGET

VIE DE TOUS LES JOURS

La vie en Guadeloupe est sensiblement plus onéreuse qu'en métropole, notamment pour l'hébergement et la restauration touristique. De même, les denrées importées (fromage, beurre, vin, viande) coûtent de 20 à 30% plus cher. Les supermarchés proposent des produits locaux – confitures, conserves, etc. – à des prix plus abordables. Les fruits et légumes du marché et le poisson pêché dans les eaux de l'archipel sont très peu coûteux.

GAMME DE PRIX

Restauration	Hébergement
€ < 20€	€ < 80€
€€ 20-40€	€€ 80-150€
€€€ > 40€	€€€ > 150€

BUDGET DES VACANCES

Voici quelques ordres de grandeur pour un budget quotidien pour deux.
Petit budget : 100€/j. avec nuit dans un gîte simple où vous pourrez cuisiner le soir. Déjeuner dans un *ti' lolo*.
Budget moyen : 150€/j. Vous pourrez monter en gamme pour l'hébergement, vous offrir un bon déjeuner et un ti-punch en terrasse à l'heure de l'apéritif.
Budget confort : 200€/j. À vous les gîtes de charme, la possibilité de dîner dehors et de louer une voiture.

GAMME DE PRIX DU GUIDE

Restauration : prix moyen d'un repas (entrée + plat ou plat + dessert) hors boisson, ou premier menu du soir
Hébergement : prix moyen d'une chambre double en haute saison, petit déjeuner compris

CARTES ET APPLIS

La *Mini touristique Guadeloupe* de l'IGN est idéale pour sillonner l'archipel en voiture (1/80 000), mais l'appli *GPS Waze* fonctionne également très bien sur place. Le site Internet du parc national de Guadeloupe propose les topo-guides des plus belles randonnées. Chaque fiche téléchargeable comprend l'itinéraire détaillé et une foule d'informations sur ce que vous pourrez admirer en chemin.

www.guadeloupe-parcnational.fr

DÉCALAGE HORAIRE

La Guadeloupe vit toute l'année à “GMT moins 4” (quatre heures de moins que l'heure du méridien de Greenwich), soit cinq ou six heures de décalage avec la métropole selon la saison. Quand il est midi à

CLIMAT ET SAISONS

Saison touristique	La saison sèche, 15 déc.-fin avril, appelée carême
Températures moyennes	24°C ; maximum en milieu de journée : 29°C ; minimum nocturne : 20°C en bord de mer ; le thermomètre peut descendre à 8° au sommet de la Soufrière
Humidité	Entre 75 et 85%
Ensoleillement	Supérieur à 2 500 heures/an
Température de la mer	Entre 24 et 26°C
Météo France	www.meteofrance.gp

Pointe-à-Pitre, il est 18h à Paris en été (17h en hiver).

QUAND PARTIR ?

De **janvier à juin**, la saison du carême est la période la plus touristique. L'île bénéficie d'un climat sec et de températures relativement douces. Les **fêtes de Noël** sous les tropiques et le **carnaval** attirent les foules. Le début de l'activité sucrière et rhumière (février) est également propice à la visite des plantations et des distilleries. Pendant l'hivernage, de **juillet à décembre**, les températures s'élèvent un peu (jamais plus de 33°C), l'île entre dans sa saison chaude et humide, avec un pic de précipitations en septembre-octobre. À cette période, vous pourrez bénéficier de réductions de 15 à 50% dans l'hôtellerie.

DOUANES

Territoire français et, comme tel, rattaché à l'Union européenne, la Guadeloupe n'en a pas moins une fiscalité différente de la métropole. À votre arrivée ou au moment de quitter la Guadeloupe, vous devrez déclarer les marchandises que vous transportez et payer des taxes sur celles dont la valeur dépasse 1 000€. S'y ajoutent les franchises usuelles : 200 cigarettes ou 50 cigares, 2l d'alcool de moins de 22° ou 1l d'alcool de plus de 22°, etc.

Direction régionale des douanes
Basse-Terre ☎ 05 90 99 45 30

Douane française
☎ www.douane.gouv.fr

FORMALITÉS

Une carte d'identité valide est suffisante pour les ressortissants français. Mais emportez votre passeport si vous comptez sortir du territoire national en visitant une île voisine comme la Dominique (Commonwealth britannique). Il n'y a pas de vaccination obligatoire, sauf pour les personnes en provenance d'une région infestée par la fièvre jaune ou le choléra.

RENSEIGNEMENTS

Comité du tourisme des îles de Guadeloupe
8, rue Buffault 75009 Paris ☎ 01 40 62 99 07 www.lesilesdeguadeloupe.com ◷ Lun.-ven. 10h12-14h17 5, square de la Banque 97166 Pointe-à-Pitre ☎ 05 90 82 09 30 ◷ Lun.-jeu. 8h-16h, ven. 8h-13h

SITES INTERNET

guadeloupe.coconews.com
Ce site recense un certain nombre d'activités et d'évènements en Guadeloupe.

www.guadeloupe.fr
Un annuaire d'activités, des actualités, un agenda culturel détaillé...

www.guadeloupe.pref.gouv.fr
Site de la préfecture de région. Actualités, démarches, consignes et dispositifs de sécurité...

www.guadeloupe.franceantilles.fr
Le site du seul quotidien local.

guadeloupe-actu.com
Journal en ligne d'actualité locale, nationale et internationale.

www.lesilesdeguadeloupe.com
Le site Internet du Comité du tourisme des îles de Guadeloupe.

AGENDA

Carnaval, compétitions sportives, festivals.... tous les évènements sont prétextes à réjouissances avec musique, stands de restauration et de boissons. Les grands rendez-vous du calendrier festif ont tendance à se prolonger. Ainsi, tout au long du mois de décembre, on peut assister à des *chanté nwel* dans les bourgs et les quartiers, et le carnaval se prépare dès les premiers jours de janvier avec des parades en costume hebdomadaires.

LE CARNAVAL

Entre les préparatifs, les répétitions et les défilés eux-mêmes, le carnaval mobilise ses participants dès le dimanche de l'Épiphanie, au début de l'année. Vers la fin du mois de janvier, une reine du carnaval est élue dans chaque bourg et chaque lycée. Le carnaval "officiel" débute le Samedi gras et s'achève en fanfare le mercredi des Cendres. Les manifestations les plus importantes ont lieu à

JOURS FÉRIÉS

1er janvier	Nouvel An
Fév.-mars	Carnaval (du lundi gras au mercredi des Cendres)
mars-avril	Lundi de Pâques
1er mai	Fête du travail
8 mai	Victoire de 1945
Mai	Jeudi de l'Ascension
Mai-juin	Lundi de Pentecôte
27 mai	Fête de l'Abolition de l'esclavage
14 juillet	Fête nationale
21 juillet	Fête de Victor Schœlcher
15 août	Assomption
1er novembre	Toussaint
11 novembre	Armistice de 1914
25 décembre	Noël

Pointe-à-Pitre (la place de la Victoire en étant l'épicentre) et à Basse-Terre, tous les villages de Guadeloupe "font" leur carnaval. À cette période, tout fonctionne au ralenti.

FÊTES ET FESTIVALS

JANVIER-FÉVRIER

Fête des Grands-Fonds
Concours de bœufs-tirants, combats de coqs, défilés, etc.
Sainte-Anne Le 1er jan.

Festival régional et international du cinéma de Guadeloupe (FEMI)
S'attache à promouvoir le cinéma caribéen d'art et d'essai : courts longs métrages, documentaires souvent inédits et en avant-première. Les projections ont lieu dans différentes villes.
www.lefemi.fr Fin jan.-début fév.

Coup d'envoi du Carnaval
Nombreux défilés.
Fév.

MARS-AVRIL

Mi-carême
Défilé en rouge et noir un peu partout dans l'archipel.
Mars

Fête du crabe
Dégustation, concours, animations musicales.
Morne-à-l'Eau Week-end pascal

Guadarun Marathon des îles
En 6 ou 7 étapes, 150km à travers l'archipel.
La semaine suivant le w.-e. pascal

Karujet
Le championnat mondial de jet-ski.
Plage de Viard Petit-Bourg Basse-Terre
www.facebook.com/Karujet Avr. ou mai

MAI-JUIN

Terre de Blues
Concerts de haute volée qui attirent chaque année des artistes de renommée internationale. Au programme : du blues au sens large, ouvert aux musiques du monde. Il est difficile de trouver à se loger durant le festival, à moins d'avoir réservé suffisamment à l'avance.
Grand-Bourg Marie-Galante
terredeblues.com
4 j. à la Pentecôte

JUILLET-AOÛT

Tour de Guadeloupe à la voile traditionnelle
Met en compétition plusieurs dizaines d'équipages à bord de canots saintois à deux voiles autour de l'île-papillon.
www.tgvt.fr
Une dizaine de jours en juillet

Festival de gwoka
Sainte-Anne vit durant plusieurs jours au rythme des tambours traditionnels de la Guadeloupe. Le programme détaillé est disponible auprès du service municipal de tourisme (p.56)
Sainte-Anne Grande-Terre
1 sem. en juil.

Bokantaj Kadri-Ka
Une journée de danses et de musiques traditionnelles.
Trois-Rivières Basse-Terre En août

Fête des Cuisinières
Deux jours pleins de saveurs (p.48)
Pointe-à-Pitre Grande-Terre
1er w.-e. d'août

Fête des Marins-Pêcheurs
3 jours de festivités.
Beauséjour Désirade Autour du 15 août

Tour cycliste international de la Guadeloupe
L'évènement sportif le plus attendu de l'année en Guadeloupe.
Une dizaine de jours en août

NOVEMBRE-DÉCEMBRE

Arrivée de la Route du Rhum
Tous les quatre ans, arrivée des voiliers en provenance de Saint-Malo.
Prochaine édition : 2018.

Pointe-à-Pitre Grande-Terre
www.routedurhum.com

Chanté Nwel
Durant tout le mois de décembre, la fête de Noël se prépare : dans l'ensemble de l'archipel des chorales se produisent pour annoncer l'évènement (p.225).

TRANSPORTS

ALLER EN GUADELOUPE

Les compagnies Air Caraïbes, Air France et Corsair assurent des liaisons régulières et directes entre Paris et la Guadeloupe. Attention : les prix varient considérablement selon la saison et peuvent doubler à certaines périodes de l'année, notamment lors des vacances scolaires et des fêtes de fin d'année.

Aéroport international Guadeloupe Pôle Caraïbes
Quatre lignes de bus (AE1-AE4) du réseau Karu'lis (http://karulis.com) circulent entre l'aéroport, Pointe-à-Pitre, les Abymes, le Gosier et Baie-Mahault. Certains propriétaires de gîtes et de chambres d'hôtes vont chercher leurs clients à leur descente de l'avion et quelques grosses agences de voyages transportent leurs clients de l'aéroport aux hôtels de la côte sud. Les navettes de la société Steph'Taxi (www.stephtaxi.fr) relient l'aéroport à la gare maritime de Bergeron, à Sainte-Anne et Saint-François à des prix compétitifs. Voir aussi En taxi (p.242).
Morne Mamiel, Les Abymes (3km au nord de Pointe-à-Pitre) 05 90 21 14 72
www.guadeloupe.aeroport.fr

Air France
Deux vols quotidiens.
3654 www.airfrance.fr

Air Caraïbes
Plusieurs vols quotidiens, avec ou sans escale.
0820 835 835 www.aircaraibes.com

Corsair
Deux vols quotidiens.
3917 www.flycorsair.fr

Level
Quatre liaisons hebdomadaires entre Paris-Orly et Pointe-à-Pitre.
www.flylevel.com

SE DÉPLACER EN GUADELOUPE

LIAISONS INTER-ÎLES

Plusieurs compagnies maritimes assurent des liaisons entre la Guadeloupe et ses satellites, la Désirade, Marie-Galante et les Saintes. Vous pourrez dénicher des tarifs promotionnels sur leur site Internet.

L'Express des îles
De Pointe-à-Pitre, plusieurs liaisons quotidiennes avec Marie-Galante (à partir de 14,50€ AS) et une liaison hebdomadaire (sam.) avec les Saintes (17€ AS). Comptez 1h de traversée.
Gare maritime de Bergevin Pointe-à-Pitre 05 90 91 95 20
www.express-des-iles.com

Val Ferry
Plusieurs liaisons quotidiennes Pointe-à-Pitre–Marie-Galante (55min, 49€ AR). Également deux liaisons/j. entre Trois-Rivières (Basse-Terre) et les Saintes (Terre-de-Haut et Terre-de-Bas) 27€ AR.
Gare maritime de Bergevin Pointe-à-Pitre 05 90 91 45 15
www.valferry.fr

COMPAGNIES MARITIMES

	La Désirade	Marie-Galante	Les Saintes
De Pointe-à-Pitre		L'Express des Îles Val Ferry	L'Express des Îles Jeans for Freedom
De Saint-François	Comadile	Comatrile	Comatrile
De Trois-Rivières			Val Ferry/CTM Deher
De Basse-Terre			CTM Deher
De Marie-Galante			Comatrile

Comadile
Liaisons quotidiennes Saint-François–La Désirade avec l'*Archipel 1* (45min, 19€ AS).
Gare maritime Saint-François
06 90 49 49 33 www.comadile.fr

Comatrile
L'*Iguana Beach* relie Saint-François, Marie-Galante et les Saintes du mardi au dimanche. Tarif AS 32€, AR 39-44€.
Gare maritime Saint-François
05 90 22 26 31 comatrile.com

CTM Deher
Liaisons entre Trois-Rivières et les Saintes. Quatre départs/j., (25€ AR) dont deux avec escale à Terre-de-Bas (23€ AR). Également trois liaisons hebdomadaires entre la ville de Basse-Terre et Terre-de-Haut (20€ AS).
Gare maritime Trois-Rivières
05 90 92 06 39 ou 06 90 63 21 91
www.ctmdeher.com

Soleil des Îles
Navettes entre Terre-de-Haut et Terre-de-Bas (les Saintes) : quatre ou cinq rotations quotidiennes. 11€ AR.
Terre-de-Haut 06 90 50 36 28

TRANSPORTS EN COMMUN

Des lignes de cars desservent la plupart des localités importantes. Les horaires sont cependant assez aléatoires et ne permettent pas d'utiliser ce mode de transport pour découvrir l'archipel. Le week-end et après 19h en semaine, plus aucun véhicule ne circule.

LOUER UNE VOITURE

Indispensable si vous prévoyez de sillonner les deux îles principales et Marie-Galante. Toutes les sociétés internationales de location sont représentées à l'aéroport de Pointe-à-Pitre et de nombreux loueurs locaux officient dans les zones touristiques. Pratique si vous voulez vous offrir une journée ou deux d'excursion à partir de votre lieu de séjour. Les tarifs varient considérablement d'un prestataire à l'autre. Lisez attentivement votre contrat : un prix particulièrement attractif dissimule parfois un kilométrage très limité, voire non compris. Selon la catégorie du véhicule, comptez de 140 à 550€/sem. Le choix a tendance à se restreindre rapidement en haute saison, réservez dès que possible par Internet.

Les routes

La Guadeloupe possède un réseau routier très dense, qui rend accessibles le moindre bourg et la vallée la plus reculée de la Basse-Terre. Des nationales, d'une largeur variable, mais régulièrement entretenues, relient les localités principales. Les routes secondaires sont en revanche souvent étroites, sinueuses et en mauvais état. La faute aux conditions climatiques – chaleur, humidité, pluie – qui creusent des nids-de-poule et fissurent le bitume.

Méfiance en Basse-Terre : les petites routes sont particulièrement glissantes sous la pluie.

ATTENTION, BOUCHONS...
L'accès à Pointe-à-Pitre est particulièrement délicat le matin jusqu'à 9h. Tenez-en compte pour vos déplacements ou prenez votre mal en patience. De même, la route côtière qui traverse Sainte-Anne connaît son lot de bouchons aux feux. Préférez-lui la rocade qui contourne la ville.

La conduite
Ici, on aime le sport au volant. Ne cherchez pas à rivaliser, écartez-vous sur le bas-côté et laissez passer. Ne relâchez jamais votre attention car toute une faune (chiens, cabris, etc.), mais aussi des piétons sont susceptibles de traverser votre route de jour comme de nuit. Lorsqu'il pleut, en tombant sur une chaussée chauffée à blanc, l'eau fait naître un "verglas tropical" : vaporisée, la pluie forme en quelques minutes une couche glissante. Ne franchissez jamais un gué débordant ; sa profondeur peut être trompeuse et son débit augmenter en quelques secondes. De février à mai, à la saison de la récolte de la canne à sucre, les tiges tombées des camions sur la chaussée forment une pâte gluante qui compromet tout freinage.

EN TAXI
Tous les taxis sont équipés d'un compteur. Le prix d'une course de l'aéroport de Pointe-à-Pitre au centre-ville est d'environ 20€ en journée. Pour Sainte-Anne, comptez 30-40€, pour Saint-François 65€.

SUR PLACE

ARGENT

Vous trouverez partout des distributeurs automatiques de billets. Si les hôtels et de nombreux restaurants acceptent les paiements par carte bancaire, en revanche, les gîtes et chambres d'hôtes ne prennent souvent que les espèces. Il est parfois difficile de payer avec un chèque hors-place (tiré sur un compte métropolitain), sauf chez les commerçants qui disposent d'un compte en métropole.

Serveur interbancaire d'opposition
Pour toutes les CB françaises.
(+33) 442 605 303

HANDICAPÉS

Les aménagements pour personnes à mobilité réduite sont limités en Guadeloupe. Les seuls établissements à proposer des rampes d'accès sont les hôtels modernes de catégorie supérieure. Quelques gîtes commencent à s'équiper. Avant toute réservation, renseignez-vous auprès du propriétaire.

HEURES D'OUVERTURE

En Guadeloupe on vit à l'heure du soleil, qui se lève entre 5h30 et 6h et se couche entre 18h et 18h30, selon la saison. À la mi-journée, le rythme des activités ralentit en raison de la chaleur. Magasins et services publics ouvrent en général de 9h à 12h30 et de 15h à 18 ou 19h. Au restaurant, on peut déjeuner à partir de 11h30. Le service du dîner commence vers 18h30.

RESTAURATION

Nombreux dans les zones touristiques, un peu moins ailleurs, les restaurants vous permettront de déguster les spécialités créoles (p.232) avec, en vedette, la langouste. Dans les *lolos* (épiceries-bistrots), vous vous attablerez sans façon devant des recettes familiales, authentiques et savoureuses, avec des plats du jour entre 7 et 10€. Mais la façon la moins chère de goûter la cuisine locale est encore d'acheter des plats tout faits chez un traiteur et de les faire réchauffer dans votre gîte. Et si vous ne pouvez rompre avec vos habitudes alimentaires, vous pourrez opter pour l'un des nombreux établissements proposant une cuisine "métro".

SANTÉ

www.guadeloupe.ars.sante.fr
Le site de l'agence régionale de santé diffuse, notamment, la liste des établissements et professionnels de santé agréés.

SOLEIL

Vous vous rendez en Guadeloupe pour le soleil, mais il peut être un ennemi redoutable. Il frappe fort, y compris à travers les nuages, et on ne le sent pas en bateau ou en plongée. Il faudra donc couvrir votre tête en promenade, et votre dos si vous pratiquez le snorkeling. Pour éviter la déshydratation, buvez beaucoup d'eau avant même d'avoir soif. Celle du robinet est potable. À plus de 25°C, le corps a besoin de 2l d'eau par jour, et de 3l à plus de 30°C.

PIQÛRES

Moustiques

Région tropicale humide égale moustiques. La Guadeloupe ne fait pas exception à la règle. Premier conseil : portez des vêtements couvrants, de couleur claire, et appliquez un répulsif sur vos chevilles, genoux et poignets le matin et avant d'aller prendre un verre le soir en terrasse ou de vous coucher. Et ne croyez pas que les moustiquaires installées dans de nombreux hébergements sont là simplement pour la décoration.

Scolopendres

La scolopendre est un mille-pattes tropical qui rôde dans les cuisines et adore les maisons en bois. Il arbore souvent des couleurs vives, jaune ou orange, en contraste avec du noir, et peut mesurer une quinzaine de centimètres de long. Sa piqûre est comparable à celle d'une guêpe.

DENGUE

La dengue est transmise par le moustique *Ædes ægypti*, qui sévit principalement sous les tropiques. Les symptômes sont ceux d'une violente grippe, qui vous alitera une semaine et dont les effets pourront se prolonger un mois. Une bonne nouvelle : si vous ne séjournez qu'une semaine en

Guadeloupe, la dengue ne gâchera pas vos vacances, la période d'incubation allant de cinq à huit jours. Dès les premiers symptômes (fièvre, courbatures, maux de tête), consultez un médecin. La dengue est bénigne, mais il en existe des variétés hémorragiques qu'il convient de diagnostiquer au plus tôt.

ZIKA

Zika appartient à la même famille de virus que la dengue, les *Flaviviridae*. Il est transmis par les mêmes moustiques. Dans 70 à 80% des cas, l'infection passe inaperçue. Lorsqu'ils s'expriment, les symptômes s'apparentent généralement à un état grippal (légère fièvre, maux de tête, douleurs musculaires et articulaires, éruptions cutanées). Il n'y a, hélas, pas de traitement antiviral spécifique ni de vaccin actif sur ce virus redoutable, surtout pour les femmes enceintes en raison des risques de malformation du fœtus.

MALADIES PARASITAIRES

Bien que les vecteurs des principales maladies parasitaires aient été éradiqués, il peut en subsister dans les eaux stagnantes et polluées. Ainsi, le risque d'attraper la bilharziose est faible, mais il existe : ne marchez donc pas pieds nus dans la boue et ne vous baignez jamais dans une rivière ou un étang en aval d'une habitation. Le sable des plages les plus fréquentées peut provoquer des démangeaisons car les chiens y déposent des parasites. Allongez-vous plutôt sur une serviette et portez des tongs.

SÉCURITÉ

En Guadeloupe, où le respect des valeurs républicaines et de l'autre n'est pas un vain mot, ni l'insécurité ni les incivilités n'atteignent les niveaux métropolitains. Les actes délictueux sont rares hors de Pointe-à-Pitre et de certaines zones touristiques. Ici, on laisse volontiers la porte de son bungalow et les fenêtres de sa voiture ouvertes. Les endroits où l'on risque de se faire voler sont les plages du Gosier (celle des Salines notamment) et les abords de la place de la Victoire à Pointe-à-Pitre. À éviter dès le coucher du soleil.

SHOPPING

La plupart des souvenirs touristiques (les épices notamment) proviennent d'Asie ou de Madagascar. Parmi les produits purement locaux figurent les chapeaux de paille, les confitures et, bien sûr, le rhum. Toutefois, les rhums arrangés vendus sur les marchés ne sont pas toujours de qualité. Pour faire vos achats, mieux vaut mettre vos pas dans ceux des insulaires ou demander conseil au propriétaire de votre gîte. Et rappelez-vous que les bouteilles doivent voyager dans les bagages enregistrés en soute. Au risque de les casser. La solution : achetez du rhum dans la zone franche de l'aéroport (les prix sont presque les mêmes qu'en ville). Glissé dans un sac transparent scellé, il pourra voyager avec vous en cabine.

SPORTS ET LOISIRS

Faire du sport, c'est bon pour la santé et c'est amusant. En Guadeloupe, c'est aussi une façon d'approcher les richesses naturelles : falaises battues par les vagues, forêt tropicale, fonds marins, etc.

BAIGNADE EN MER

Les plus belles plages longent le littoral sud de la Grande-Terre (de Sainte-Anne à Saint-François) et le nord-est de la Basse-Terre (de Sainte-Rose à Deshaies). Côté Atlantique, notamment sur la côte orientale de la Grande-Terre et certaines plages du nord de la Basse-Terre, la violence des rouleaux et des courants rend la baignade dangereuse. Ne vous éloignez pas trop du bord et surveillez les enfants. Côté Caraïbe, la mer est une vraie piscine avec peu de vagues, peu de houle et peu de courant.

CANYONING

Le canyoning, qui consiste à descendre des cours d'eau, notamment des cascades et des gorges en rappel, est le meilleur moyen pour découvrir la forêt tropicale. Ce sport ne réclame ni un corps d'athlète ni un entraînement de légionnaire, sauf peut-être pour les canyons les plus accidentés. Il faut cependant être convenablement équipé. Pour cela, mieux vaut vous adresser à un professionnel tel que **Vert intense** (p.150) ou **Canopée** (p.140), qui de plus vous donnera des informations sur les milieux naturels constituant le cadre de vos aventures.

RANDONNÉE

Avec une cinquantaine de sentiers (ou traces) balisés et entretenus, vous trouverez certainement de quoi faire travailler vos mollets. Il y en a pour tout le monde, de la promenade tranquille à l'exigeante randonnée au long cours. Mais dans tous les cas, c'est la meilleure façon de découvrir les richesses sauvages de la Guadeloupe.

Bon à savoir

Pluie et relief compliquent parfois la progression. Les précipitations gonflent subitement les cours d'eau que franchissent certains itinéraires et rendent les sols boueux. Les dénivelés, parfois très importants, réservent certains parcours aux marcheurs aguerris. La végétation dense du massif forestier de la Basse-Terre obstrue parfois de beaux points de vue. De même, la Soufrière, volcan en activité et point culminant des Petites Antilles, est souvent drapée de nuages qui lui donnent un aspect fantomatique. Les marches au long cours nécessitent un équipement adapté et des réserves d'eau et de nourriture suffisantes. Consultez la météo et ne partez jamais seul ni après 15h, la nuit tombe vite ! Le téléphone portable fonctionne partout, sauf au fond des vallées et dans les sous-bois. Sur le site Internet du parc national de la Guadeloupe, vous trouverez les topo-guides téléchargeables de la plupart des sentiers balisés de l'archipel et un bulletin mensuel de l'état de ces "traces".

www.randoguadeloupe.gp

Rando Guadeloupe

Cette association regroupe des accompagnateurs professionnels chevronnés.

guadeloupe.ffrandonnee.fr

PLONGÉE SOUS-MARINE

La Guadeloupe baigne dans une mer chaude (26 à 29°C), assez peu agitée. Les zones intéressantes peu profondes sont légion et la faune est foisonnante, alors jetez-vous à l'eau ! Vos vacances pourront sans doute être l'occasion d'oser un baptême de plongée. Une expérience à la portée de tous. Vous trouverez dans ce guide les adresses de prestataires dignes de confiance.

Randonnée palmée
Si, décidément, les bouteilles ne vous disent rien, équipez-vous de palmes, d'un masque et d'un tuba et promenez-vous à la surface de l'eau. La vie marine est profuse, y compris à faible profondeur dans les mers tropicales. Attention : n'oubliez pas de couvrir votre dos – un simple tee-shirt fera l'affaire car dans l'eau, on ne sent pas l'ardeur du soleil.

SPORTS NAUTIQUES

Vous pourrez aussi faire de la voile, de la planche, du surf, du bodyboard... et vous adonner au kitesurf. Mais attention, danger : les médecins locaux ne comptent plus les orteils fracturés et les épaules démises, par contact brutal avec un rocher, un cocotier (le vent tourne parfois) ou simplement la surface de l'eau, qui "durcit" avec la vitesse. Le kitesurf est pratiqué et enseigné sur les plages de Sainte-Anne, de Saint-François et du Gosier.

TÉLÉCOMMUNICATIONS

TÉLÉPHONE MOBILE

Vous pouvez utiliser votre téléphone mobile en Guadeloupe autant que vous voudrez. Les surcoûts liés au roaming ont disparu sur l'ensemble du territoire national : les ultramarins téléphonent au même coût que les hexagonaux.

INTERNET

L'immense majorité des hébergements, les gîtes et chambres d'hôtes les plus modestes inclus, mettent gratuitement leur connexion wifi à la disposition de leurs clients. Il en va de même pour de nombreux cafés et restaurants.

URGENCES

NUMÉROS UTILES

Samu
☎ 15

CHU de Pointe-à-Pitre
Route de Chauvel ☎ 05 90 89 10 10 (standard)

Crossag
Sauvetage en mer.
☎ 05 96 70 92 92 (en Martinique)

Pompiers
☎ 18

Police secours
☎ 17

Centre antipoison
☎ 05 90 89 11 20

Médecine d'urgence
Pas de numéro unique pour l'archipel, appelez le 15, le 18, ou consultez *France-Antilles*, qui publie chaque jour la liste et le numéro de téléphone des médecins de garde.

US ET COUTUMES

Les Guadeloupéens sont très attachés aux marques de politesse et de civilité. Une tenue vestimentaire soignée est considérée comme un signe de respect d'autrui. Évitez donc les tenues trop décontractées. Au restaurant, il faudra parfois vous armer de patience. Sachez cependant que cette apparente nonchalance n'est en aucun cas de la désobligeance à votre égard.

Héberge-ments

SE LOGER

Si le parc hôtelier est assez limité et plutôt haut de gamme, on trouve dans tout l'archipel des appartements, gîtes et chambres d'hôtes. Nombre d'établissements consentent des réductions importantes en basse saison, de mai à octobre. Sauf mention contraire, les prix indiqués ici sont ceux d'une nuit pour deux personnes, petit déjeuner compris, en haute saison.

HÔTELS

Les hôtels de la Grande-Terre se concentrent sur la côte sud, entre Le Gosier et Saint-François. Il s'agit le plus souvent de grosses structures. En Basse-Terre, le choix se limite à quelques établissements de charme. Les hôtels des Saintes sont ceux qui offrent le meilleur rapport qualité-prix de l'archipel. En haute saison (l'hiver donc), les établissements exigent souvent un séjour de plusieurs nuits. Certains ferment en septembre.

GÎTES RURAUX, MEUBLÉS ET CHAMBRES D'HÔTES

Ce sont eux qui offrent le meilleur rapport qualité-prix. Ils disposent généralement du wifi gratuit et d'un coin cuisine, pratique pour le petit déjeuner ou pour faire réchauffer les plats que vous aurez achetés chez un traiteur (bien moins chers qu'au restaurant). Vous trouverez des hébergements de ce type à tous les prix, du bungalow tout simple à la villa hollywoodienne.

GÎTES DE FRANCE www.gitesdefrance-guadeloupe.com **ASSOCIATION GUADELOUPÉENNE D'ÉCOTOURISME (AGE)** www.guadeloupe-ecotourisme.fr

Vous trouverez aussi des gîtes, meublés et chambres d'hôtes labellisés sur le site de **CléVacances** (www.clevacances.com), et d'autres offres encore, mais ne présentant pas les mêmes garanties, sur les sites de centrales de réservations et plateformes communautaires comme **Antilles Location** (www.antilleslocation.com), **Le Hamac** (http://le-hamac.com), **AirBnB** (www.airbnb.fr), **Abritel** (www.abritel.fr), **Homelidays** (www.homelidays.com), **Hometogo** (www.hometogo.fr), **Housetrip** (www.housetrip.fr), etc.

LA GRANDE-TERRE

POINTE-À-PITRE

The Green Hostel €

La première auberge de jeunesse de Guadeloupe se veut maison d'art éco-responsable. Face à la mer, les visiteurs de passage seront immergés au cœur de la culture créole partagée par des artistes locaux. Cinquante couchages proposés, en dortoir (à partir de 25€ la nuit), en chambre individuelle (à partir de 60€ la nuit), en résidence d'artistes. Cuisine partagée. Snack-bar sur un rooftop végétalisé.

POINTE-À-PITRE (plan 2, B2 n°51) Quai Lardenoy 05 90 44 67 45

Hôtel Saint-John Perse €€

L'un des rares hôtels du centre-ville, le Saint-John Perse loue 44 chambres simples mais confortables, dont certaines donnent sur le Petit Cul-de-Sac marin et le ballet des paquebots de croisière. Double 100€ ; petit déj. buffet 10€.

POINTE-À-PITRE (plan 2, A2 n°50) Quai Ferdinand-de-Lesseps 05 90 82 51 57 saint-john-perse.com

Hôtel Les Bananiers ♥€

Ambiance familiale et décontractée dans ce petit hôtel tranquille installé dans un quartier résidentiel du Gosier, à 1km de la plage. Les quatre chambres et quatre studios (avec terrasse et coin cuisine) sont disposés autour de la piscine, parmi les bouquets jaune vif des allamandas. Les chambres sont assez simples, mais la literie est correcte. Accueil cordial et bon rapport qualité-prix. Double 90€.

LE GOSIER Périnet Rue des Phares-et-Balises (1km à l'est du centre-ville) 05 90 84 10 91 www.les-bananiers.com

Résidence Bleu marine €

Dans un quartier assez urbanisé mais paisible, un jardin tropical, une piscine et la plage du Petit-Havre à quelques pas : une halte sympathique à petit prix. Les huit appartements (un studio et sept T1 pouvant accueillir quatre pers.) sont équipés d'une cuisine, mais on pourra vous préparer un dîner sur demande. Barbecue, machine à laver, service de location de voitures (avec accueil à l'aéroport). Studio 60-80€.

LE GOSIER Plage de Petit-Havre 13, chemin de la Plage (7km au sud-est de Pointe-à-Pitre) 06 50 12 80 63

Hôtel Le Petit Havre €€

Sur les hauteurs de Petit-Havre, à 5min de la plage, 12 chambres bien équipées (clim., TV, réfrigérateur), celles sous les toits possédant le plus de charme. Piscine. Double à 95 et 130€ selon l'exposition.

LE GOSIER Petit-Havre Route de la plage (7km au sud-est de Pointe-à-Pitre) 05 90 85 20 83 www.hotelpetithavre.com

Cap Sud Caraïbes €€

À 200m de la plage, ce petit hôtel caché derrière ses murs joue la carte de la discrétion. Les huit chambres, simples et assez spacieuses, revêtent toutes des couleurs différentes. Demandez la turquoise (belle vue sur la mer et les îles), l'orange ou la tournesol. Piscine. Double 125-145€ selon l'exposition.

LE GOSIER Petit-Havre Chemin de la plage (7km au sud-est de Pointe-à-Pitre) 05 90 85 96 02

Auberge de la Vieille Tour €€€

Ce 4-étoiles loue 103 chambres vastes et dotées de grandes baies vitrées sur la mer. Les espaces communs, salons et bars, très chics, comprennent un restaurant gastronomique. La plage de la Vieille Tour, une crique de sable blanc, est sans doute la plus charmante du Gosier. Double à partir de 300€.

LE GOSIER Montauban (7km au sud-est de Pointe-à-Pitre) 05 90 84 23 23 auberge-vieille-tour.fr

SAINTE-ANNE

Alizés Bungalows €

Les neuf bungalows sont disséminés sous les cocotiers d'un jardin soigneusement entretenu, à 10min à pied de la plage. La simplicité règne, mais le confort est tout à fait suffisant : cuisine équipée, terrasse... et machine à laver à disposition. À partir de 60€ pour deux.

SAINTE-ANNE 249, rue Lethière 05 90 85 85 91 www.alizes-bungalows.fr

Christophine €

Deux bungalows et un studio dotés chacun d'une cuisine et d'une terrasse donnant sur un jardin luxuriant. Un coin tranquille dans le haut de la ville. Bungalow pour deux 500€/sem., studio 420€. Pas de CB.

SAINTE-ANNE 9, lotissement Marguerite Morne Valette 05 90 88 08 21 www.christophine.fr

Les gîtes d'Olive €

Dans son domaine en pleine campagne, Olivia loue sept ravissants bungalows, meublés avec goût dans un esprit créole et contemporain, et pourvus chacun d'une terrasse. Villa à partir de 490€/sem. Petit déj. 8€ ; table d'hôtes 10, 16 ou 20€ selon la formule.

SAINTE-ANNE Richeplaine (12km à l'est de Sainte-Anne, 4km du centre de Saint-François) 06 90 59 33 38 lesgitesdolive.com

Casa Boubou ♥€€

Dans un jardin enfoui sous les balisiers, les bananiers et les bougainvilliers, dix bungalows confortables (clim., cuisine équipée, TV, minichaîne, coffre-fort) et aux jolies couleurs pastel, façon case créole. Piscine. De 75 à 155€. Trois nuits minimum.

SAINTE-ANNE Durivage (sortie ouest dir. Pointe-à-Pitre, puis "La Toubana") 05 90 85 10 13

La Toubana Hôtel & Spa €€€

Cette résidence hôtelière de luxe a installé ses 32 bungalows au sommet d'une petite falaise. Vue sublime sur la mer pour la plupart d'entre eux. Restaurant, piscine à débordement, salle de fitness, spa, plage privée. De 300 à 950€ la nuit pour deux selon la saison et le confort.

SAINTE-ANNE Lieu-dit Fonds Thézan (2km à l'ouest de Sainte-Anne, route assez raide sur la g., dir. Le Gosier) www.toubana.com

SAINT-FRANÇOIS

Maracudja ♥€

À 15min de la plage des Raisins-Clairs, ces six bungalows (pour deux à six pers.) ouvrent sur un jardin reposant et agrémenté d'une piscine. L'ensemble est simple et confortable (TV, clim., hamac, cuisine extérieure). Prévoyez 500€/sem. Pas de CB.

SAINT-FRANÇOIS (plan 3, A2 n°30) Bellevue (2km à l'ouest du bourg, sur la route touristique) 06 90 49 20 38 www.gite-maracudja.fr

Sunset Surfcamp €

Ce "gîte sportif" bien campé à la sortie ouest de Saint-François loue huit chambres doubles ou triples plutôt dépouillées, mais pourvues d'une bonne literie et d'une salle de bains privative. Billard, ping-pong, belle piscine, wifi, salon TV en terrasse. Prêt de vélos, stages de surf et de kitesurf. La double revient à 75€/nuit et 460€/sem. Petit déj. 10€, table d'hôtes 25€. Cuisine à disposition.

SAINT-FRANÇOIS (plan 3, A2 n°34) Route touristique (N4) Sèze 06 90 41 66 69 sunsetsurfcamp.com

La Métisse €€€

Ce petit hôtel plutôt luxueux veille à tout : ambiance intime dans les sept chambres, peignoir siglé, petit déjeuner servi sur la terrasse privative, piscine et jacuzzi donnant sur un parc... et massages à la demande. Double 200€.

SAINT-FRANÇOIS (plan 3, C1 n°31) 66, les Hauts de Saint-François (quartier résidentiel sur la route de la pointe des Châteaux) 05 90 88 70 00

Amaudo Hôtel ♥€€

Difficile de se détacher du panorama (les îles au loin, la Basse-Terre à l'ouest) qu'offrent les dix chambres, très soignées et décorées dans le style colonial. Piscine panoramique, agréable jardin, accueil charmant. Double 150-190€. Petit déj. 18€.

SAINT-FRANÇOIS (plan 3, A2 n°32) Anse à la Barque (7km à l'ouest du bourg) 05 90 88 87 00 www.amaudo.fr

Le Village de Bragelogne €€

À 10min de voiture du bourg, dans une riante campagne, 17 villas et bungalows avec terrasse pour deux à six personnes. Bon confort et décoration dans des teintes acidulées. Vaste jardin clos avec piscine. Comptez de 100 à 120€ pour deux (trois nuits minimum).

SAINT-FRANÇOIS Bragelogne (dir. Sainte-Anne, puis à dr. à 3km) 05 90 88 57 84 www.villagedebragelogne.fr

Bwa Chik Hôtel et Golf €€€

Cet hôtel joue la carte du moderne chic. Décoration épurée, meubles design, expositions temporaires dans le lobby et 54 chambres tout confort, donnant sur le golf ou la piscine entourée de son jardin. À deux pas de la marina et de ses bars et restaurants. Double 160€, petit déj. 14€.

SAINT-FRANÇOIS (plan 3, C1 n°33) Av. de l'Europe 05 90 88 60 60 bwachik.com

LE MOULE

Le Domaine du Vieux Môle ♥€€

Un ensemble de bungalows disséminés au creux d'une ravine aménagée en jardin et débouchant sur la mer, tous joliment agencés, confortables et bien équipés (clim., cuisine avec lave-vaisselle, lave-linge), Piscine et accès direct à l'anse Patate. Double de 96 à 107€. Sur commande, petit déj. (9€) et plats (16-18€) à savourer sur sa terrasse.

LE MOULE Route de la Rosette (5km à l'ouest du bourg, passé le musée Edgar-Clerc) 05 90 88 65 69

Les Gîtes d'Arles

Dans un luxuriant jardin clos, trois bungalows avec chambre, salon, cuisine et terrasse. Belle piscine, spa et hammam à partager. À 5min en voiture de la plage et à 10min de Saint-François. Comptez 90€/jour pour deux.

LE MOULE Zévalos Route de la Cour-des-Braves (4km au sud-est du bourg) 05 90 23 54 55 lesgitesdarlesguadeloupe.fr.gd

Voir aussi **Capeli Beach Bungalow** (p.43).

ANSE-BERTRAND

Les Algues de la Chapelle €

Une adresse d'une tranquillité rare. Ces trois bungalows et deux appartements climatisés, pouvant accueillir deux, trois ou quatre personnes, dominent la plage de la Chapelle. Agréable piscine et excellent accueil. Comptez 65 à 160€ pour deux (deux nuits minimum).

ANSE-BERTRAND 23, rue de la Chapelle 05 90 20 27 50 www.lesalguesdelachapelle.com

Domaine de la Grande Vigie €€

Six bungalows (pour deux à quatre pers.) perchés sur une falaise, dont quatre profitent d'une vue somptueuse sur la Basse-Terre, Montserrat et Antigua. Les deux autres n'ont qu'un aperçu de la mer mais donnent sur le parc fleuri. Piscine panoramique et possibilité de commander des plats cuisinés. Accueil à l'aéroport. De 665 à 850€/sem. pour deux, location de voiture 25€/j. Pas de CB. Réservez longtemps à l'avance.

ANSE-BERTRAND Pointe de la Grande-Vigie (5km au nord-est du bourg) 05 90 22 14 74 www.domainedelagrandevigie.com

LA BASSE-TERRE

PETIT-BOURG

Les gîtes de la Lézarde €

L'ensemble réunit chambres d'hôtes, gîtes et cases créoles au cœur d'un opulent jardin, sur les hauteurs de Petit-Bourg. Dans cet environnement paisible, avec vue sur le Petit Cul-de-Sac marin et la montagne, vous pourrez tester la piscine et la salle de sport (gratuit) ou le spa (massages payants). Comptez 330-500€/sem. Table d'hôtes le soir (25-30€), petit déj. 11€.

PETIT-BOURG Chemin de la Glacière 19, L'Espérance Vernou (env. 13km à l'est du bourg par la D1) 05 90 38 78 12 www.lesgitesdelalezarde.com

CAPESTERRE-BELLE-EAU

Gîtes Latentouasie €€

Quatre gîtes confortables aux airs de chalets, posés sur les hauteurs de Sainte-Marie. Chacun d'eux dispose d'une grande terrasse couverte donnant sur le jardin et la piscine. Et un carbet où préparer un barbecue et prendre un verre avec les propriétaires (métropolitains). Pas de table d'hôtes le soir, mais vous pouvez commander des plats cuisinés qui seront déposés dans votre réfrigérateur (13€). Comptez 85€/jour pour deux, petit déj. compris. Pas de CB.

SAINTE-MARIE Rue de la Distillerie (7km au nord de Capesterre par la N1, puis à g. par la D53 ; à 200m de la distillerie Longueteau) 05 90 86 41 26 www.latentouasie.com

TROIS-RIVIÈRES

Gîtes Coco & Zabrico ♥€

Cinq bungalows indépendants, pouvant accueillir jusqu'à six personnes, disséminés dans un jardin fleuri de 3 000m². Vue sur mer pour les deux plus grands. Petite piscine, balançoires et coin barbecue. Bon accueil (premiers dîner et petit déj. offerts si vous louez au moins une semaine). Petit déj. (5€) et dîner (à partir de 12€/pers.) sur commande. De 430 à 520€/sem. pour deux.

TROIS-RIVIÈRES Route de Gaigneron 05 90 92 83 50 ou 06 90 67 71 73 www.cocoetzabrico.fr

Bel Z'Iguane ♥€€

Deux hébergements soignés pour contempler l'azur, les Saintes et la Dominique : un gîte romantico-kitsch (deux chambres) et un studio coup de cœur donnant sur la piscine et la mer. Studio 80€ la nuit. Plats préparés sur commande (de 20 à 25€ pour deux).

TROIS-RIVIÈRES 14, lotissement Tolbiac 2 05 90 89 21 26

Kas' a Flo ♥€€

Des hébergements confortables, clairs et aux teintes gaies : deux F3 (jusqu'à six pers.) avec vue sur la mer et deux studios (jusqu'à trois pers.) ouvrant sur le jardin. On craque pour la piscine, d'où l'on peut contempler les Saintes à loisir. Petit déj. (6€) et autres repas (15€) sur commande. Studio 80€ (430€/sem.). Gîte 145€ pour quatre (595€/sem.). Pas de CB.

TROIS-RIVIÈRES 21, lotissement Tolbiac 1 Chemin de La Regrettée (en face de la gendarmerie) 05 90 94 31 75 giteskasaflo.com

L'Îlot Fruits ♥€€

Un petit paradis logé sur les hauteurs de Trois-Rivières, à 360m d'altitude. Il règne une douce quiétude dans le jardin fleuri bien ventilé, aux arbres croulant sous les fruits. Les quatre charmants bungalows (pour deux-quatre pers.), suffisamment espacés les uns des autres, possèdent chacun une terrasse avec les Saintes et la Dominique pour horizon. Ils se partagent une piscine. Comptez 100€ pour deux.

TROIS-RIVIÈRES 72 A, route de la Regrettée (4km au nord de l'embarcadère) 06 90 54 93 00 ilot-fruits.com Fermé en juin

Jardin Malanga ♥€€€

Perché au-dessus de Trois-Rivières, cet hôtel (trois chambres doubles et trois cottages dotés de deux chambres chacun) marie habilement calme, luxe et raffinement. Il se niche dans un parc paysager offrant une magnifique vue à 360° et nanti d'une piscine panoramique. Comptez 290€. Table d'hôtes 38€.

TROIS-RIVIÈRES 60, route de l'Hermitage (4km au nord de l'embarcadère) 05 90 92 67 57 www.jardinmalanga.com

LA SOUFRIÈRE

Les Cycas ♥€€

Quatre studios, quatre duplex pour quatre-cinq personnes et un bungalow pour six, tous meublés à l'ancienne et pourvus de beaux lits en acajou, d'une cuisine aménagée et d'une terrasse. Le tout au cœur d'un vaste parc paysager aux arbres centenaires. Studio 76-95€.

SAINT-CLAUDE Route de Matouba (800m au nord du bourg) 05 90 32 56 26 www.lescycas.gp

Les Bananes vertes €€

Dans un jardin avec piscine, trois chambres d'hôtes et cinq écolodges (chauffe-eau solaire et système de récupération de l'eau de pluie), dont l'un est perché dans les arbres. Accueil chaleureux de Laurence et Éric, accompagnateurs en montagne et fondateurs de Vert intense (p.150). Chambre double à 95€ la nuit et 490€ la semaine, lodge à partir de 140€ la nuit et de 700€ la semaine. Dîner sur commande (21€).

SAINT-CLAUDE Impasse des Gardénias Route de Choisy 05 90 99 34 73 www.lesbananesvertes.fr

Habitation Matouba ♥€€

Coup de cœur pour le pavillon colonial (deux-trois pers.), aux jolis meubles anciens. À l'orée du parc, qui offre une vue splendide sur la mer des Caraïbes, deux duplex (quatre-cinq pers.) et un charmant studio. Tout le mobilier est en acajou, un bois dont le parfum, fort mais agréable, éloigne les moustiques. Le jardin fleuri d'espèces rares attire tout ce que la Guadeloupe accueille d'oiseaux. Comptez 130€ pour deux.

SAINT-CLAUDE Route de Matouba (1km au nord-ouest du bourg) 06 90 56 56 08 www.habitationmatouba.com

VIEUX-HABITANTS

Les Cocotiers €

Le panorama de votre terrasse d'abord : une vue sublime sur le littoral et un inoubliable coucher de soleil. Deux studios mitoyens (60€ chaque en basse saison), qui peuvent être loués ensemble. Passionnée de nature, Anne Marty vous indiquera les plus belles balades à faire.

VIEUX-HABITANTS 664, chemin de l'Étang (3km au nord du bourg) 05 90 98 33 18 www.bungalows-cocotiers-guadeloupe.com

Dampierre Locations €

De beaux gîtes habillés de bois, avec sa terrasse, dans un parc de 2 500m^2. Vous aurez le choix entre deux bungalows dans la verdure et deux studios accolés à la maison des propriétaires. La souriante patronne prépare de bons plats (8-12€ pour deux). Petit déj. 6€. Studio 45€.

VIEUX-HABITANTS Chemin de la plage de l'Étang (3km au nord du bourg, 400m au-delà de la plage de l'Étang) 05 90 98 53 91 www.dampierre-locations.com

Domaine de Vanibel €

Une des adresses les moins chères du secteur : cinq gîtes pas très grands, mais meublés avec goût et situés dans un beau jardin. Comptez env. 500€/sem.

VIEUX-HABITANTS Cousinière Caféière (4km à l'est du bourg par la D13, fléché) 05 90 98 40 79 www.vanibel.fr

Habitation Getz €€

Virginie et Benoît vous accueillent dans cette habitation caféière datant de 1780, et y louent deux jolies chambres d'hôtes (115€) et trois cabanes perchées dans les arbres (125-145€), le tout décoré avec soin. Au petit déj., pain, confitures maison et fruits du jardin.

VIEUX-HABITANTS Route de Géry (3km au nord-est du bourg par la N2, puis fléchage) 06 90 58 70 20 www.habitation-getz.com Oct.-août

Habitation L'Oiseau ♥€€

Évelyne Guillod a transformé la demeure construite par ses grands-parents en 1916 en une maison d'hôtes pleine de charme. Les cinq chambres sont lumineuses, élégamment meublées et décorées. Cuisine familiale à la table d'hôtes (sur rés., 25 et 15€ pour les enfants). Double de 90 à 130€.

VIEUX-HABITANTS Route de la Grande Rivière (1km à l'est du bourg par la D27 ; à g., en contrebas de la route) 06 90 48 84 00 ou 05 90 92 43 96 www.habitationloiseau.fr

BOUILLANTE

Les Jardins de l'Espérance ♥€

Une adresse attrayante, noyée sous la flore tropicale. Cinq gîtes climatisés (jusqu'à six pers.) présentant une jolie décoration aux couleurs vives et une literie de qualité. Belle piscine au pied d'un superbe mur de végétation naturelle (acajous, poiriers, lianes). Prévoyez 540-760€/sem.

BOUILLANTE Chemin de l'Habituée-Négresse Birloton (route de Birloton Caféière, 3km au sud-est de Malendure) 05 90 98 88 27 www.gite-bouillante-jdle.com

La Koumbala ♥€

Au bord d'une ravine forestière, deux ravissants bungalows colorés et parfaitement tenus par Isabel. Mauve et vert lagon : les tons tout en harmonie sortent de l'ordinaire. Terrasse avec hamac pour profiter du jardin tropical et de ses colibris. Belle piscine avec vue sur les îlets Pigeon. De 400 à 590€/sem. selon la saison et le bungalow. Vous seront offerts un planteur maison le soir de votre arrivée et le petit déjeuner du lendemain matin.

BOUILLANTE Pigeon, Route de Poirier (2,5km au sud-est de Malendure) 05 90 26 43 79 www.koumbala.com

Gîte Mayo €€

Perché sur les hauteurs, le jardin fleuri abrite cinq chambres d'hôtes vastes et lumineuses, dont quatre regardent vers la mer. Même panorama sur les îlets Pigeon et la baie de Malendure de la terrasse où le copieux et délicieux petit déjeuner est servi. Cuisine à disposition. Petite piscine. Comptez 85€.

BOUILLANTE Morne Tarare Pigeon (1km au sud-est de Malendure) 05 90 80 34 60 www.gite-mayo.com

Gwo Caillou

Les cinq bungalows en bois rouge sont noyés dans la végétation. Dépaysement garanti et et fraîcheur bienvenue après une journée au soleil !

Les hébergements, dont la décoration puise dans l'artisanat local, ne manquent de rien : cuisine bien équipée, hi-fi, clim. et ventilation. Pas de TV mais des hamacs et une piscine cachée dans la verdure. En haute saison, comptez 715€/sem. pour deux adultes et deux enfants, et 1015€ pour six personnes. Le premier petit déj. est offert.

BOUILLANTE Route de la Glacière Pigeon (4km au sud-est de Malendure, en quittant la N2 pour tourner à g. juste après le pont de la rivière Bourceau – fléché)

Habitation Massieux €€

Cette maison de planteur du 19e s. a conservé son caractère d'antan (belle cour aux airs d'hacienda, vieux piano, livres partout...). L'écolodge en bois, tout confort, est une merveille avec son immense terrasse (100-130€ jusqu'à six pers.). Les trois chambres d'hôtes (84€), assez rustiques, n'ont pas forcément le même cachet – préférez la Gauguin. Table d'hôtes (cuisine créative) 35€.

Route de Marquis Thomas (7km au sud-est de la plage de Malendure par la N2 puis à gauche avant Thomas) 05 90 98 89 80 www.habitation-massieux.com

Antilles Passion €€

Cette agence loue de luxueuses villas du côté de Pigeon et de Bouillante. Certaines sont accrochées à flanc de falaise, face aux îlets Pigeon. Toutes possèdent une piscine et, à défaut d'une vue sur le large, un jardin verdoyant. À partir de 650€/sem.

Pigeon 06 90 40 40 55 www.antilles-passion.com

POINTE-NOIRE

Gîtes Beaugendre €

Dans un jardin paradisiaque, deux coquets bungalows avec vue sur la mer de la terrasse comme du fond de son lit ! Les propriétaires sont aux petits soins. Comptez 510€/sem.

POINTE-NOIRE Chemin de Morphy (3km au nord du bourg) 05 90 98 29 41 gitebeaugendre.fr

Villa Rose Caraïbes €

Quatre bungalows pour deux à cinq personnes, et deux chambres d'hôtes, entourés d'un somptueux jardin tropical. Le soir, les patrons passent aux fourneaux : vous vous régalerez d'un colombo de requin aux patates douces ou d'un pavé de daurade aux fruits de la passion. 500€/sem. Table d'hôtes 21,50€.

POINTE-NOIRE Chemin de Varin Gommiers (4km au nord du bourg prendre à droite le chemin de Gommiers Nord, puis le chemin Belle Hôtesse) 05 90 99 96 62 www.villarosecaraibes.com

Les Manguiers Otantik €€

Pas de vue sur la mer, mais un parc arboré au bord de la rivière Baille-Argent. Assez simples, les six villas (pour deux-six pers.) sont plaisantes et bien équipées (clim., cuisine, TV). Petit déjeuner et dîner sur commande 24h avant. Comptez de 60 à 130€/nuit selon la saison. La jolie plage de Petite-Anse est à 850m (15min à pied et 3min en voiture).

POINTE-NOIRE Résidence Raynal 99, chemin Guillaume-Saint-Phy, (3km au nord du bourg) 05 90 92 43 95

Les Pavillons de Ti T'anse €€

Cette petite résidence hôtelière est installée à l'arrière de la plage de Petite-Anse. Quatre bungalows en bois rouge abritent des studios et des F2 simples et fonctionnels. Ceux du haut bénéficient d'une vue dégagée. Petite piscine. À partir de 120€/nuit.

POINTE-NOIRE Plage de Petite-Anse (5km au nord du bourg, au-delà de Baille-Argent) 09 72 16 39 98

Beauséjour Guest House €€

En contrebas de la caféière Beauséjour, les quatre bungalows (jusqu'à quatre pers.) possèdent tous une terrasse panoramique sur la mer et une cuisine équipée. Ils sont meublés dans la plus pure tradition créole et ont un charme fou. Comptez 750€/sem. Repas 15-20€, petit déj. 8€.

POINTE-NOIRE Chemin de Thomy Gros Morne (4km au sud-est du bourg par la N2 puis la D16 dir. Acomat à gauche) 05 90 98 10 09 www.beausejour-guest-house.com

Bungalows du parc aux Orchidées €€

Les trois gîtes du parc floral (p.151) permettent de profiter de la deuxième collection d'orchidées des Caraïbes. Noyés sous la végétation, les bungalows offrent un bon confort (cuisine extérieure, hamac, barbecue, meubles en bois rouge) et, pour le plus grand, une vue surplombant le parc. Piscine, aucun vis-à-vis, calme garanti. À partir de 57, 77 ou 85€/j. selon la taille et le confort.

POINTE-NOIRE 723, route de Trou-Caverne (3,5km au nord-est du bourg) 05 90 38 56 77 www.parcauxorchidees.com

Acomat-Bellevue ♥€€

Trois bungalows au sommet d'un morne, dans un paradis tropical qui domine l'anse Caraïbe. Comptant chacun deux chambres, deux terrasses, un grand séjour et une cuisine équipée, ils sont aménagés avec goût – douche extérieure pour le côté nature. Belle piscine panoramique. Accueil convivial. Comptez 800€/sem. Livraison de repas créoles (15-20€).

POINTE-NOIRE Chemin de Thomy (4km au sud-est du bourg par la N2 et la D16) 05 90 99 90 63 www.acomat-bellevue.com

West Indies Cottage ♥€€

Dans un magnifique et paisible jardin planté d'arbres fruitiers, vous pourrez dormir dans un moulin à vent, une cabane perchée en lisière de la forêt tropicale, un carbet avec son jardin aquatique ou encore dans une luxueuse roulotte à la ravissante terrasse. Table d'hôtes 18-22€. De 650 à 950€/sem.

POINTE-NOIRE 62, chemin des Plaines (2km au sud du bourg par la N2 et la D17) 05 90 92 96 17 www.westindiescottage.com

DESHAIES

Gîtes Bleu outremer €

Deux gîtes attenants (pour deux et quatre pers.), tout en bois, face à l'azur, dans un jardin peuplé d'orchidées et d'oiseaux. Pas mal de charme à l'intérieur des studios, avec un caractère rustique assumé (pas de clim. ni de TV). Accueil prévenant de Dominique et Nathalie. Comptez 420-900€/sem.

DESHAIES Pointe-Batterie (1,5km au sud du bourg, sur la route de Pointe-Batterie) 05 90 28 45 62 bleuoutremer.over-blog.com

Au jardin des colibris ♥€€

Des hébergements pour deux à six personnes, dispersés parmi les *tendacayous* et les bananiers. Pas besoin de climatisation : l'endroit est naturellement ventilé et bénéficie de l'ombre des grands arbres du Jardin botanique voisin. Mention spéciale pour la cabane 100% bois (deux-quatre pers.), nichée dans les arbres (étonnante douche extérieure). Piscine. De 150 à 275€ la nuit pour deux.

DESHAIES Villers (1,4km au sud du bourg, juste après le Jardin botanique) 05 90 28 52 68 www.aujardindescolibris.com

Ecolodges Karet €€

Mobilier en rotin, vaste terrasse ombragée avec vue sur la mer... Ces Canadiens expatriés ont tout compris de l'art de vivre créole. Dans un beau jardin, ils ont construit trois magnifiques bungalows pouvant accueillir quatre personnes (760€/sem. pour deux). La plage de Grande-Anse est à 300m.

DESHAIES 442, allée du Cœur Ziotte (2km au nord-est du bourg par la N2 et la D18) 05 90 28 47 74 ecolodgeskaret.com

Piton bungalows €€

Nichés dans la végétation, les huit bungalows ont beau être proches les uns des autres, on s'y sent chez soi. Tous disposent de spacieuses terrasses-salons-cuisines et des douches tout en bois, agrémentées de plantes vertes. Piscine. Repas 25€ sur rés., plat 15€. Prévoyez 830€/sem.

DESHAIES 7, impasse Pomme-Rose Caféière (3km au nord-est du bourg par la N2 puis la D18) 05 90 28 47 55 www.pitonbungalows.com

Caraïb'Bay Hôtel ♥€€€

Posées dans un jardin luxuriant, les six maisonnettes colorées abritent chacune deux duplex de 56m² pour deux à cinq personnes. Intérieur en bois, kitchenette (pas de TV). Bar, piscine et plage à 300m. Également trois splendides villas pour trois, quatre et huit personnes. Prévoyez 184€/nuit pour deux.

DESHAIES Allée du Cœur, Ziotte (2km au nord-est du bourg par la N2 puis la D18) 05 90 28 54 43 www.caraibbayhotel.com

Habitation Tendacayou ♥€€€

Cabanes dans les arbres ou cases créoles, tout ici a été réalisé et décoré par Georges et Sylvie. Chacun des 12 bungalows est unique. Le plus étonnant ? Le Château Mango (six couchages) construit sur plusieurs niveaux dans un manguier : une maison de maître dans un arbre. Piscine et table d'hôtes renommée (p.159). De 209 à 506€/nuit.

DESHAIES Matouba (1km au sud-est du bourg dir. "Gendarmerie-Matouba", puis "Les Poissons rouges") 05 90 28 42 72 www.tendacayou.com

La Villa du Jardin botanique ♥€€€

Bâtie sur l'ancienne propriété de Coluche, cette immense villa (400m²) offre une vue à couper le souffle sur le Gros Morne et la baie de Deshaies. Ses quatre grandes chambres bénéficie chacune d'une salle de bains au beau carrelage mexicain. Cuisine d'été, piscine. À partir de 2 000€/sem. Entrée permanente et libre au Jardin botanique. Le domaine abrite également deux bungalows (à partir de 460€/sem.).

DESHAIES Jardin botanique Villers (1,3km au sud du bourg) 05 90 28 43 02 www.villa.jardin-botanique.com

SAINTE-ROSE

La Créolina ♥€

Dans la verdure, face à la mer, deux appartements en rez-de-jardin (pour quatre-six pers.) et deux studios avec terrasse. La cabane Mahogany, traversée par un acajou (550€/sem.), est parfaite pour les couples. À partir de 450€/sem. (deux nuits minimum). Piscine et Jacuzzi.

SAINTE-ROSE Chemin de Lachaise (2,5km au sud-est du bourg) 05 90 84 65 89 www.la-creolina.com

Habitation du Comté €€€

Cette ancienne demeure de maître mêle les styles colonial et Art déco. Elle abrite désormais un restaurant gastronomique (p.166) et un hôtel

3 étoiles de charme avec piscine. Aux huit chambres spacieuses et climatisées s'ajoute un ravissant bungalow (jusqu'à quatre pers.). Double de 120 à 290€, bungalow 800€/sem.

SAINTE-ROSE Comté de Lohéac (2,5km au nord-ouest du bourg) 05 90 21 78 81 www.hotel-restaurant-guadeloupe.fr

LES SAINTES

TERRE-DE-HAUT

Bungalows Éden Mango €

Au cœur d'un jardin tropical, Cécile et Philippe louent deux bungalows indépendants (l'un pour trois-sept pers., l'autre pour deux-cinq pers.). Charmants, tranquilles, propres et bien équipés (clim., TV). Comptez 80€, tarif dégressif à partir de trois nuits. Transfert des bagages assuré.

TERRE-DE-HAUT (plan 6, C1) Chemin de Marigot (500m au nord-est du bourg) 06 90 53 76 16 www.eden-mango.fr

Chez Tonton Fernand €€

Dans sa jolie maison avec jardin, Tonton Fernand, une figure locale, a aménagé deux appartements de 90m^2 pouvant loger deux adultes et deux enfants sur une mezzanine. Il sait prendre soin de ses hôtes et partagera avec eux son potager bio et le punch fait avec les fruits qu'il cultive. 540€/sem., 90€/nuit.

TERRE-DE-HAUT (plan 6, C1) 78, impasse de la Plage (500m à l'est de Terre-de-Haut, sur la route de Grande-Anse, non loin du cimetière) 05 90 99 56 73 ou 06 90 60 23 84 tontonfernandbelenus@wanadoo.fr

Les villas de l'anse du Figuier ♥€€

L'une des adresses les plus séduisantes des Saintes. Accrochés sur le flanc ouest du morne à Craie, les trois gîtes (chambre, cuisine, salle de bains et mezzanine) dominent l'anse du Figuier et offrent une vue éblouissante sur le large. Bonne literie, propreté impeccable. 180€/nuit jusqu'à quatre pers., 1155€/sem.

TERRE-DE-HAUT (plan 6, C1) Anse du Figuier (1,5km au sud du bourg) 05 90 99 88 10 www.anse-figuier.com

Lô Bleu Hôtel €€

Cet hôtel élégant mais décontracté loue onze chambres climatisées décorées par des artistes locaux. Deux d'entre elles bénéficient d'un splendide panorama sur l'îlet à Cabrit. Petit déj. (10€) pris au bord de l'eau. Double de 126 à 148€ en haute saison.

TERRE-DE-HAUT (plan 6, C1) Fond-Curé 05 90 92 40 00 lobleuhotel.com

Le 480 €€

Un pied-à-terre de charme que cette belle maison créole remplie de meubles anciens et de bibelots, posée sur un morne dominant la rade. Neuf chambres (131-166€), dont six avec terrasse. Piscine. Restaurant (? ? ?).

TERRE-DE-HAUT (plan 6, C1) 480, rue de la Savane (en retrait du littoral, dans le sud du bourg) 05 90 99 50 99 petitssaints.com
Fermé début mai-fin oct.

Bois-Joli €€€

À la pointe sud-ouest de l'île, 22 chambres dans un bâtiment en béton sans grand charme. Choisissez plutôt l'un des six bungalows (avec terrasse) installés à quelques pas de la plage. Belle piscine panoramique. Double 152-225€, bungalow 210€.

TERRE-DE-HAUT (plan 6, C2) Route du Bois-Joli (env. 2km au sud-ouest du bourg) 05 90 99 50 38 www.hotelboisjoli.fr

TERRE-DE-BAS

Rêve de Robinson €

Toutes les *kaz*, nichées dans un jardin fleuri et arboré, ont une magnifique vue sur la mer. Vous pourrez opter pour le "Nid des amoureux", une hutte au cœur des bois d'Inde. Vous serez à 10min à pied de la plage principale. Prévoyez 80€ (prix dégressifs à partir de deux nuits).

GRANDE-ANSE (plan 6, B2) Route Nord 07 89 28 15 29

Coco d'Îles €

Sur les hauteurs de Grande-Anse, deux villas de style créole, meublées de bois et tout confort : "Coco fesse" (trois ch., 115€ pour quatre) et "Coco à l'eau" (deux ch., 95€ pour quatre). Chacune dispose d'une grande terrasse, avec vue imprenable sur la baie des Saintes. Également deux hébergements plus modestes : "Ti Coco" (75€ pour deux) et "Ti Bambou" (85€ pour deux).

GRANDE-ANSE (plan 6, B2) Rue de la Plage 06 90 98 98 39 www.locationlessaintes.fr

MARIE-GALANTE

GRAND BOURG

La Kallina €

Six bungalows (pour deux-six pers., avec TV, clim., cuisine ou réfrigérateur) et huit chambres simples mais correctement équipés. Pas de vue sur la mer (pourtant à 100m à peine) mais une piscine parmi les lauriers-roses. La plage la plus proche est à 1km. Clientèle familiale. Bungalow de 65 à 80€/nuit selon la saison. Petit déj. 7€.

GRAND-BOURG (plan 7, B4) Route des Basses (env. 4km au sud-est du centre-ville, sur la route littorale) 05 90 97 01 35 www.lakallina.com

Le Grand Palm ♥€€

Un havre de tranquillité à 50m d'une plage de sable fin. Disséminés dans un jardin luxuriant, les cinq bungalows (pour deux-six pers.) possèdent une terrasse, une cuisine aménagée, une excellente literie et une décoration plaisante. Piscine. 110-160€/nuit pour 2. Petit déj. 11€. Espace bar disponible. Pas de CB.

GRAND-BOURG (plan 7, B4) Pointe des Basses (4km à l'est du centre-ville, à dr. avant l'aéroport) 05 90 97 73 95 www.legrandpalm.net

Isola Verde ♥€€

Dans un parc accroché à flanc de colline, où lézarder des jours entiers en profitant de la vue sur la mer, cinq villas pour deux personnes chacune, impeccables, bien équipées et sobrement décorées. Deux d'entre elles disposent d'une piscine balnéo privative. Les enfants de moins de 12 ans ne sont pas admis. Bungalow 600€/sem. Pas de CB.

GRAND-BOURG (plan 7, B4) Corniche des Basses (4km à l'est du centre-ville) 05 90 97 70 61 ou 06 90 32 87 09

SAINT-LOUIS

Au village de Ménard ♥€€

Cette paisible résidence hôtelière compte huit studios et huit villas (dont une pour sept pers.). Pas de vue sur la mer, mais un vaste et agréable jardin avec piscine. La plage de l'anse du Vieux-Fort est à 2km, mais les propriétaires louent des voitures (38€/j.) ! Studio à partir de 90€. Petit déj. 12€.

SAINT-LOUIS (plan 7, B1) Section Vieux-Fort (8km au nord du bourg, 2km après Vieux-Fort) 05 90 97 09 45 www.villagedemenard.fr

Habitation Bioche €€

À 2km de Saint-Louis, sur les hauteurs de l'île, trois bungalows (jusqu'à six pers.) aux airs de chalets, orientés plein ouest vers la Guadeloupe et les Saintes. Les chambres sont bien équipées (clim., ventilateur et moustiquaire), mais le panorama et la piscine attirent les clients dehors ! Petit jardin tropical. De 85 et 95€ la nuit. Également deux appartements tout confort (95€/nuit et 570/sem.).

SAINT-LOUIS (plan 7, B2) Route des Sources Section Saint-Charles (dir. Grand-Bourg et à dr. à 2km) 05 90 97 00 39 www.habitation-bioche.com

CAPESTERRE-DE-MARIE-GALANTE

Hôtel Soleil levant ♥€

Du haut de sa colline, l'hôtel offre des vues exceptionnelles sur la côte de Capesterre et, au loin, sur la Dominique. Le bâtiment principal abrite huit chambres et le vaste parc des bungalows. Restaurant, hammam, salle de fitness et service de massages. Double 55€, bungalow à partir de 70€, petit déj. 10€.

CAPESTERRE-DE-MARIE-GALANTE (plan 7, C4) Les Hauteurs 05 90 97 31 55 lesoleillevant.fr

Le Ti Faré ♥€

Au pied de sa maison, Cathy a aménagé une petite cabane sur pilotis, où elle accueille avec gentillesse les visiteurs en quête de simplicité. Moins de 20m², mais parfaitement agencés : literie confortable, linge de maison de qualité, salle de bains, cuisine. Et, en prime, une vue admirable sur le large. Comptez 69€.

CAPESTERRE-DE-MARIE-GALANTE (plan 7, C4) Section Pichery (3km à l'ouest du bourg) 06 90 76 93 88

Le M Hôtel ♥€€

Cet écrin de luxe et de sérénité loue dix chambres (avec terrasse pour les plus vastes) donnant sur la mer. Aménagements modernes et de bon goût, accueil cordial, cuisine savoureuse : tout est réuni pour un séjour agréable. Double 120-138€. Petit déj. buffet 15€ ; bar à partir de 18h.

CAPESTERRE-DE-MARIE-GALANTE (plan 7, C4) Section Brumant (6km à l'ouest du bourg) 05 90 97 32 95 www.lemhotel.fr

LA DÉSIRADE

Hôtel Oasis €

Si ce petit hôtel installé à 300m de la plage à Fifi n'offre pas de vue sur la mer, on y est au calme et à proximité des rares restaurants ouverts le soir. Chambres à l'étage et studios – avec deux grands lits, terrasse et petite cuisine – au rez-de-chaussée. C'est simple et très propre. Double 59€, studio 66€.

BEAUSÉJOUR (plan 8, B2) 05 90 20 02 12 ou 06 90 58 94 99 www.oasisladesirade.com

Alizéa ♥€

Ce couple qui s'est mis au vert à la Désirade vous réserve un accueil vraiment chaleureux. Les quatre bungalows pour deux pers. (avec cuisine et clim.) ont été construits de main de maître par Patrice, et leurs couleurs méditerranéennes choisies par Viviane. Tous proposent une belle vue sur la mer. Comptez 70€ la nuit. Pas de CB.

LE SOUFFLEUR (plan 8, C2) Panneau indicateur à g. de la route en venant de Beauséjour 06 90 44 84 79 gites-alizea.com

Club Caravelles €

Les six gîtes en duplex (pour deux-six pers.) disposent chacun d'une cuisine moderne et d'une terrasse, et ils se partagent une piscine. À une minute à pied de l'anse à Mulets, crique charmante d'où vous pourrez nager jusqu'à la plage du Souffleur. Comptez 75€. Petit déj. 7€. Transfert gratuit et ménage fait tous les trois jours.

LE SOUFFLEUR (plan 8, C2) Sur la dr. 500m après la plage 05 90 20 04 00 www.desiradoo.com

Gîtes du Bord de mer ♥€€

Trois villas dans un grand jardin face à la mer, à bonne distance les unes des autres. Belle terrasse, cuisine, lave-linge et coin salon avec canapé-lit. Salon de jardin et barbecue à disposition. La plage de l'anse Petite-Rivière est à 100m. Comptez 90€ pour deux, 140€ pour quatre. Pas de CB.

BAIE-MAHAUT (plan 8, C1) Route de la Petite-Rivière 05 90 20 03 04 ou 06 90 32 62 28 www.gitesdesirade.com

LEXIQUE

MOTS DE BASE, EXPRESSIONS COURANTES

Oui Wi (si)
Non Awa
Bonjour Bonjou
Bonsoir Bonswa
Bonne journée Bon lajounen
Bienvenue Bonvini
Au revoir Ovwa
S'il vous plaît Tanpri souplé
Merci (beaucoup) Mési (onpil)
Pardon Padon
Excusez-moi Eskisé
Comment ça va ? Sa ou fé ?
Ça va Sa ka maché
Quelque chose Kèchòy, an bagay
Quelqu'un Moun
Pourquoi ? Pouki ?
Pas de problème Pa ni poblèm
Qu'est-ce-que c'est ? Ka sa yé ?
Qui est là ? Ka ki là ?
Je m'appelle Non anmwen sé
Comment dit-on ? An kijan yo ka di ?
Je n'ai pas compris An pa a konpwann
Ce n'est pas possible Pa ni moyen
Je voudrais... Mwen té ké vlé...
Donne(z)-moi Ba mwen
Je n'ai plus Mwen pa ni ankò
Santé ! An noumenn !
C'était délicieux ! Sa tébon toubolman !
L'addition, s'il vous plaît Pri, souplé
Où sont les toilettes ? Kikoté sé twalet ?
Au secours Anmwé

PRONOMS

Je/moi An/Mwen
Tu/toi/vous (sing.) Ou
Il/elle/lui I/li
Nous Nou
Vous (plur.) Zo/zòt
Ils/elles/leur Yo
Mon/ma/mes An mwen
Ton/ta/tes A w
Son/sa/ses A y
Notre/nos An nou
Votre/vos A zòt
Leur/leurs A yo

PRÉPOSITIONS, CONJONCTIONS

Avec Épi, èvè
Sans San
Pour Pou, ba
Et É, Épi
Donc Kon-sa-yé-la
Comme Kon
Beaucoup On lo, on pakèt, on pil, on pilo

VERBES, CONJUGAISON

Aller Alé
Arriver Rivé
Attendre Atann
Avoir Ni, tin
Boire Bwè
Chanter Chanté
Croire Akwé
Demander Mandé
Danser Dansé
Dire Di
Donner Ban, bay
Finir Fini
Manger Manjé
Offrir Ofè
Ouvrir Ouvè
Partir Boujé
Regarder Gadé
Savoir Sav
Tenir Kenbé
Travailler Woulé
Tituber Bigidi
Vendre Vann

Conjuguer Les temps sont marqués par différentes particules précédant le verbe : *ka* (présent), *té ka* (imparfait), *ké* (futur), *té ké* (conditionnel).
L'absence de particule marque un passé composé.
Je chante Mwen ka chanté
Je chantais Mwen té ka chanté
Je chanterai Mwen ké chanté
Je chanterais Mwen té ké chanté
J'ai chanté Mwen chanté
Je veux Mwen vlé

Je voulais Mwen té ka vlé
Je voudrai Mwen ké vlé
Je voudrais Mwen té ké vlé

ADJECTIFS

Beau Bèl
Grand Gran
Petit Piti, ti
Jeune Jenn
Vieux
Bon Bon
Mauvais Mové
Idiot Kouyon, tèbè
Élégant Zout
Ivre Boulé

COMPTER

Combien ? Konmen ?
Zéro Zéwo
Un Yonn
Deux Dé
Trois Twa
Quatre Kat
Cinq Senk
Six Sis
Sept Sèt
Huit Uit
Neuf Nèf
Dix Dis

LE TEMPS QUI PASSE

Quand ? Ki tan ?
Quelle heure est-il ? Ki lè i yè ?
Aujourd'hui (matin/midi/soir) Jòdila (maten/midi/swè)
Hier Yè
Demain Dèmen
Ce soir O swa-la
Demain soir Dèmen o swa
Autrefois An tan lontan
Longtemps Lontan
Parfois Dé-fwa
Lundi Lendi
Mardi Madi
Mercredi Merkrèdi
Jeudi Jédi
Vendredi Vandrèdi
Samedi Sanmdi
Dimanche Dimanch

DIRECTIONS

Où est ? Oti ?
Où puis-je trouver ? Ola an pè touvé ?
Ici Ési
Est-ce près/loin ? Es koté/lwen ?
Nulle part Pon koté
Quelque part An tchèk pa
Tout droit Toudwèt
Gauche Goch
Droite Dwèt
Devant Douvan
Derrière Dèyè
En bas Anba
En haut An ho
Sur Asi
Dans Adan
Nord Danlno
Sud Lisid
Est Pa ovan
Ouest Lwes
Allons-y An nou allé

GLOSSAIRE

Acoma(t) Arbre de la forêt tropicale.
Béké Descendant des premiers colons européens, aussi appelé Blanc-pays.
Biguine Rythme traditionnel, né au début du 20e s., mêlant banjos, clarinettes, trombones et batterie.
Carbet Grande hutte commune des hommes chez les Indiens Caraïbes.
Carbet pique-nique Ensemble en bois constitué d'un abri, d'une table et de bancs.
Carême Saison sèche (jan.-juin).
Case-nègre La case, de 8-10m^2, dans laquelle le propriétaire de plantation logeait une ou plusieurs familles d'esclaves.
Caye Récif corallien frangeant, peu éloigné des côtes, généralement à fleur d'eau.
Chabin, chabine Personne de couleur à la peau et aux yeux clairs, avec des cheveux tirant sur le jaune (d'où l'appellation yellow dans les îles anglophones).
Colibri Oiseau-mouche (long de 8 à 15cm) au plumage irisé.

Coolie Terme désignant une personne d'origine indienne venue travailler sous "contrat" après l'abolition de l'esclavage.
Courbaril Arbre réputé pour la dureté de son bois.
Diablesse Personnage surnaturel prenant la forme d'une très belle femme, qui entraîne un cavalier dans des danses effrénées avant de l'inviter à la suivre en un lieu où il se perdra.
Dorlis Esprit malin qui abuse des femmes pendant leur sommeil.
Flamboyant Arbre à grandes branches couvertes de fleurs rouges ou jaunes de mai à août.
Fromager Grand arbre (kapokier) réputé abriter des esprits.
Gadézafés Quimboiseur (cf. Quimbois).
Gwoka (gros-ka) Musique traditionnelle de la Guadeloupe qui se joue avec des tambours.
Hivernage Saison humide et pluvieuse (juil.-déc.).
Léwoz Rassemblement traditionnel autour du gwoka.
Lolo Petite épicerie.
Mancenillier Arbre du littoral dont la sève est un poison violent. Ses fruits, très toxiques, ressemblent à de petites pommes.
Mangrove Forêt littorale inondée en permanence ou à certaines périodes seulement.
Maringouin Sorte de gros moustique.
Marron Désignait les esclaves qui avaient fui l'habitation et se réfugiaient dans les mornes pour vivre en liberté (marronnage).
Morne Colline aux pentes escarpées.
Mulâtre/mulâtresse Métis(se).
Piton Sommet, souvent un volcan.
Pitt Arène où se déroulent des combats de coqs ou de mangoustes.
Quimbois Procédés magiques utilisant les plantes et la sorcellerie.
Roucou Plante dont les graines rouges du fruit sont utilisées pour fabriquer de la teinture.
Saintoise Canot de pêche originaire des Saintes.
Saline Zone lagunaire calme et peu profonde composée de sable et de mares d'eau suamâtre où les oiseaux trouvent une nourriture abondante.
Savane Étendue plantée d'herbe, pré.
Sec Haut-fond.
Trace Sentier tracé en forêt ou sur le littoral.
Usine centrale Usine de production de sucre apparue au XIXe siècle, qui plaça sous contrat les planteurs.
Vidé Défilé masqué de fin de carnaval auquel tous sont conviés à se vider de leurs inhibitions.
Yen-yen Moucheron piqueur et suceur de sang particulièrement féroce.
Zombie Esprit nocturne et maléfique du vaudou.
Zouk Au début du 20e s., ce terme désignait un bal, aujourd'hui, une musique très rythmée.

GASTRONOMIE

Acra Beignet, le plus souvent à base de morue, parfumé aux fines herbes. Plus ou moins relevés, les acras accompagnent souvent les punchs.
Avocat-pays Avocat énorme et très goûteux.
Balaou Petit poisson effilé à chair fine.
Banane Désigne ici les bananes plantains. Riches en amidon, elles sont consommées cuites.
Banane-pomme Petite banane servie au dessert ou au goûter.
Bébélé Soupe épaisse et pimentée composée de tripes, de fruit à pain, de petites bananes vertes, de dombrés (boulettes de farine pétrie) et de petits concombres. C'est une spécialité de Marie-Galante.
Bè-rouj Saindoux teinté de roucou, salé et épicé.
Blaff Mode de cuisson des crustacés ou du poisson rappelant le court-bouillon, sans tomate, avec condiments (persil, cives, ail, oignon, thym, bois d'Inde).
Blanc-manger Sorte de flan à base de lait, de jaunes d'œufs, de vanille et de

noix de coco. Se déguste froid.
Bokit Beignet farci (de morue, de poulet, de saucisse, d'œuf ou fromage) et servi chaud.
Boudin créole Incontournable, il accompagne souvent les punchs. Le plus populaire est le boudin noir, à base de sang de cochon, de mie de pain et d'épices. On trouve également du boudin blanc pimenté ou encore du boudin au lambi ou aux oursins.
Bouquet garni En Guadeloupe, il comprend du thym, du persil et de l'oignon-pays, parfois aussi du laurier et du bois d'Inde.
Cabri Biquette locale, au goût parfois très fort.
Calalou Viendrait du terme caraïbe *calao*. C'est une soupe épaisse mêlant feuilles de choux caraïbe, ou malanga, queue de porc ou bœuf salé et crabe. Très apprécié pendant les fêtes de Pâques, il s'accompagne de riz blanc.
Carambole Fruit en forme d'étoile, d'un jaune-vert translucide, croquant et acide.
Cassave Galette à la farine de manioc.
Chatrou Poulpe.
Chiquetaille Morue grillée et déchiquetée servie avec une sauce chien. Se prend souvent dans les campagnes en milieu de matinée, avec une petite salade de concombres et du pain.
Chodo Entremets sucré au lait et aux œufs servi à l'occasion des baptêmes et des communions.
Christophine Légume blanc ou vert pâle en forme de poire, accomodé en gratin ou farci.
Cirique Crabe de mer.
Cive Variété de ciboule très utilisée dans la cuisine antillaise.
Colombo Ragoût de poisson (à chair ferme, comme le requin ou l'espadon), de poulet, de cabri ou de porc parfumé au colombo (mélange de graines de coriandre, de cumin, de poivre noir, de moutarde, de curcuma, de gingembre, de racines de safran et de piment moulus).
Corossol Gros fruit vert laiteux, à la peau couverte d'aspérités. Sa chair blanche est juteuse, acidulée et très parfumée.
Court-bouillon Le court-bouillon n'est pas le blaff : c'est une façon bien particulière de préparer certains poissons dans une sauce à base de tomates, de roucou, d'épices et de citron vert. Se mange avec du riz blanc.
Crabes De terre, de mer ou de forêt, ils se dégustent nature, en colombo ou farcis. Les crabes de forêt se mangent toute l'année, agrémentés d'une sauce relevée. Avant de les consommer, on les "purge" une semaine au moins en les nourrissant de mangues, de piments, de maïs et de bananes.
Dombrés Boulettes de farine pétrie mises à cuire avec des haricots rouges, du bœuf, du porc salé, du crabe.
Daurade coryphène Long poisson pélagique.
Doucelettes Bonbons moelleux au lait de coco et au sucre de canne.
Féroce d'avocat Doit son nom au piment qui accompagne l'avocat, préparé également avec de la morue et de la farine de manioc.
Fruit à pain Gros fruit rond à la peau alvéolée. Sa chair jaune pâle rappelle celle de la pomme de terre.
Giraumon Potiron local à peau verte.
Goyave Fruit tout rond, tout jaune, entièrement comestible et très parfumé.
Igname Tubercule comestible d'origine africaine.
Kako anmè Bâtons de cacao amer (cacao nature) vendus sur les marchés.
Lambi *Strombus gigas*, gros mollusque gastéropode aujourd'hui protégé. Délicieux en brochette accompagné d'une sauce chien.
Lime Citron vert.
Macadam Court-bouillon de poisson (morue) épaissi de riz très cuit.
Madère Tubercule également nommé dachine ou encore chou-chine.
Maracuja Fruit de la passion.
Matété à crabes Crabe cuit avec du

riz. Se déguste en particulier le lundi de Pâques, le lundi de Pentecôte, à la plage ou en pique-nique.
Orange-pays Orange caraïbe à la peau jaune-vert à maturité, plus juteuse et acidulée que celle de Méditerranée.
Ouassou Grosse crevette d'eau douce qui ressemble à une écrevisse. Les élevages de Pointe-Noire fournissent les restaurants de l'île. Se cuisine à la nage (en blaff), grillée ou flambée. Chair très fine et parfumée.
Piment végétarien Beaucoup de saveur, mais sans le feu du piment ordinaire. On le reconnaît sur les étals à sa forme en goutte d'eau.
Poisson rouge Cf. Vivaneau.
Pomme-cannelle Fruit de couleur verte, ressemblant à une pomme de pin.
Poulet boucané Poulet cuit dans un gros barbecue fermé avec des morceaux de canne à sucre.
Poyo Banane.
Prune de Cythère Fruit acidulé au noyau épineux.
Sauce chien Elle se prépare avec des oignons-pays, des oignons-France, du citron, de l'ail, du thym, du laurier et du piment. Très appréciée avec les poulets rôtis ou boucanés, c'est l'une des sauces les plus consommées aux Antilles.
Schrub Liqueur d'orange au rhum, préparation de Noël.
Sirop de batterie Sirop de canne noir et épais souvent utilisé dans la préparation du punch et des gâteaux. On appelait "batterie" la dernière chaudière de concentration du sirop.
Soupe verte, soupe Zabitan Soupe de légumes traditionnellement préparée le lundi pour faire passer les toxines des viandes du dimanche.
Tamarin La pulpe qui entoure les graines contenues dans ses cosses est utilisée pour acidifier les plats.
Thazard Cousin du thon.
Titiris Poissons fréquentant l'embouchure des rivières, si petits qu'on les pêche avec une moustiquaire en guise de filet.
Tourment d'amour Gâteau à la noix de coco. Spécialité des Saintes.
Trempage Mélange pimenté et roulé dans une feuille de bananier. Contient pain rassis, hachis de chair de poisson, écrevisse, viande (les restes de repas de fête) et légumes-pays.
Vivaneau Poisson rouge très apprécié pour sa chair ferme et parfumée. On le cuisine grillé, accompagné d'une sauce chien.

INDEX

GUADELOUPE

Auteurs Jean-Louis Despesse
Et Joëlle Bah-Dralou, Frédéric Denhez, Élisabeth Mauris, Thierry Théault
Jacques Adélaïde-Merlande, Sabine Albertini, Daniel Bégot, Loïk Corre, Wilfrid Démonio, Léo Élisabeth, Circé Épifanie, Marina Estampes-Barthélémie, Laetitia Fernandez, Vincent Noyoux, Marie-Ange Phalente, Henry Petitjean-Roget, Michel-Claude Touchard

Directrice éditoriale Hélène Firquet
Responsable éditoriale Christina Beckers
Responsable artistique Flora Monnin
Édition Anne-Valérie Cadoret, Florence Lagrange
Mise à jour, editing Mathilde Hamel

Conception graphique Elhadi Yazi
Infographie Stéphane Jungers
Cartographie EdiCarto

Publicité Régie publicitaire KETIL Media 76, bd de la République 92100 Boulogne-Billancourt
Responsable de clientèle Vincent Buffin Tél. 01 78 90 11 40

Gallimard Loisirs 5, rue Gaston-Gallimard 75328 Paris Cedex 07
Tél. 01 49 54 42 00 coupsdecoeur@gallimard-loisirs.fr guides-gallimard.fr/geoguide-coups-de-coeur/
La collection GEOGuide a été créée en association entre Prisma Presse/GEO et Gallimard Loisirs

Numéro d'édition 434051 - ISBN 978-2-7424-6400-5
Impression Lego (Italie) **Photogravure** Nord Compo (Villeneuve-d'Ascq)

Avis aux GEOVoyageurs Entre l'enquête effectuée sur le terrain et la parution du guide, les établissements mentionnés peuvent avoir fermé et certaines informations s'être périmées. Renseignez-vous auprès des prestataires pour organiser vos déplacements et votre séjour et pensez à réserver.
N'hésitez pas à nous faire part de vos commentaires et de vos corrections à : coupsdecoeur@gallimard-loisirs.fr !

PEFC
PEFC/18-31-280

Cartes

- Autoroute et 2x2 voies
- Route principale
- Route secondaire
- Autre route
- Piste
- Mangrove
- Liaison maritime
- Zone urbaine
- Site remarquable
- Sommet

Altitude (en mètres)

- Moins de 50
- De 50 à 100
- De 100 à 200
- De 200 à 500
- De 500 à 1 000
- Plus de 1 000

Plans

- Axe urbain
- Espace vert
- Cimetière
- Aéroport
- Gare maritime
- Gare routière
- Bâtiment remarquable

Crédits photographiques

ILLUSTRATION RÉALISÉE EN PARTENARIAT AVEC hemis-Fr

3 - © Klikk/Fotolia.fr **4** - haut à gauche © Aurélien Brusini/hémis.fr, haut à droite © Aurélien Brusini/hémis.fr, bas à gauche © Jon Arnold/hémis.fr, bas à droite © Aurélien Brusini/hémis.fr **6**- © Quality Master/Shutterstock.com **10** - © Aurélien Brusini/hémis.fr **11** - haut © Hervé Hugues/hémis.fr, bas © Franck Guiziou/hémis.fr **12** - haut © Franck Guiziou/hémis.fr, bas © Franck Guiziou/hémis.fr **13** - © Tuul et Bruno Morandi/hémis.fr **14** - © Ludovic Maisant/hémis.fr **15** - haut © Ludovic Maisant/hémis.fr, bas © Stéphane Lemaire/hémis.fr **16** - © Franck Guiziou/hémis.fr **17** - haut © Patrick Frilet/hémis.fr, bas © Rafal Gadomski/Alamy/hémis.fr **19** - © Tuul et Bruno Morandi/hémis.fr **20** - © Franck Guiziou/hémis.fr **22** - © Aurélien Brusini/hémis.fr **24** - © Aurélien Brusini/hémis.fr **27** - © Franck Guiziou/hémis.fr **28** - © Aurélien Brusini/hémis.fr **30** - © Franck Guiziou/hémis.fr **32** - © Aurélien Brusini/hémis.fr **34** - © Aurélien Brusini/hémis.fr **38** - haut © Pays Guadeloupe/Shutterstock.com, bas à gauche © Aurélien Brusini/hémis.fr, bas à droite © Thanthima Lim/Shutterstock.com **39** - © Ludovic Maisant/hémis.fr **40** - haut © Thomas Lenne/Alamy/hémis.fr, bas © Capeli Beach Bungalow **41** - © Ariane Tahar **42** - © Ana Lucio Aguilar **43** - © Franck Guiziou/hémis.fr **45** - © Aurélien Brusini/hémis.fr **48** - © Calek/Shutterstock.com **50** - © Aurélien Brusini/hémis.fr **52** - © Chez Margaux **54** - © Tuul et Bruno Morandi/hémis.fr **57** - © Tuul et Bruno Morandi/hémis.fr **58** - © Richard Soberka/hémis.fr **60** - © Cartoville/Gallimard Loisirs **63** - © Gil Giuglio/hémis.fr **65** - © Aurélien Brusini/hémis.fr **67** - © Aurélien Brusini/hémis.fr **71** - © Jean Du Boisberranger/hémis.fr **73** - © Vouvraysan/Fotolia.fr **75** - © Rabouan-Fiori/hémis.fr **76** - © Benny Marty/Alamy/hémis.fr **79** - © Halyna Rubets/Shutterstock.com **81** - © Aurélien Brusini/hémis.fr **82** - © Franck Guiziou/hémis.fr **84** - © Bertrand Gardel/hémis.fr **87** - © Aurélien Brusini/hémis.fr **88** - © Aurélien Brusini/hémis.fr **90** - © Tuul et Bruno Morandi/hémis.fr **94** - haut © Aurélien Brusini/hémis.fr, bas à gauche © Jean Du Boisberranger/hémis.fr, bas à droite © Jon Arnold/hémis.fr **95** - © Aurélien Brusini/hémis.fr **96** - © Aurélien Brusini/hémis.fr, **97** - haut © Aurélien Brusini/hémis.fr, bas © Boivin Nicolas/Shutterstock.com **98** - © My Trendy Agency **99** - © Aurélien Brusini/hémis.fr **101** - © Rabouan-Fiori/hémis.fr **102** - © Aurélien Brusini/hémis.fr **104** - © imagebroker/Alamy/hémis.fr **105** - © Aurélien Brusini/hémis.fr **107** - © Aurélien Brusini/hémis.fr **109** - © Richard Soberka/hémis.fr **110** - © Aurélien Brusini/hémis.fr **111** - © Africa Studio/Shutterstock.com **113** - © Hervé Hugues/hémis.fr **114** - © Sylvain Cordier/hémis.fr **116** - © Robert Machado/Fotolia.fr **117** - © StockFood/hémis.fr **119** - © Aurélien Brusini/hémis.fr **120** - © Distillerie Bologne **122** - © Tedwynnie/Fotolia.fr **125** - © Aurélien Brusini/hémis.fr **126** - © Aurélien Brusini/hémis.fr **128** - © Aurélien Brusini/hémis.fr **131** - © ASK Images/Alamy/hémis.fr **133** - © Jon Arnold/hémis.fr **134** - © Shaiith/Shutterstock.com **135** - © from my point of view/Shutterstock.com **137** - © Claude Thibault/Alamy/hémis.fr **139** - © Aurélien Brusini/hémis.fr **141** - © Seaphotoart/Fotolia.fr **142** - © O Z'épices **143** - © S Alluno **145** - © Aurélien Brusini/hémis.fr **146** - © Photofort 77/Shutterstock.com **149** - © Franck Guiziou/hémis.fr **151** - © Aurélien Brusini/hémis.fr **153** - © Michel Renaudeau/hémis.fr **155** - © Aurélien Brusini/hémis.fr **156** - © Aurélien Brusini/hémis.fr **158** - © Stéphane Frances/hémis.fr **159** - © Haveseen/Fotolia.fr **161** - © Franck Guiziou/hémis.fr **162** - © Aurélien Brusini/hémis.fr **164** - © Aurélien Brusini/hémis.fr **167** - © Marie-Laure Tombini/hémis.fr **168** - © Ludovic Maisant/hémis.fr **172** - haut © Aurélien Brusini/hémis.frn bas © Ludovic Maisant/hémis.fr **173** - © Aurélien Brusini/hémis.fr **174** - haut © Franck Guiziou/hémis.fr, bas © Gil Guilherme/Shutterstock.com **175** - © Franck Guiziou/hémis.fr **176** - © DR **177** - © Gil Giuglio/hémis.fr **179** - © Marek Slusarczyk/Alamy/hémis.fr **180** - © Franck Guiziou/hémis.fr **183** - © Richard Soberka/hémis.fr **184** - © Matthieu Colin/hémis.fr **186** - © Shaiith/Shutterstock.com **188** - © Hervé Hugues/hémis.fr **191** - © Edoardo Nicolino/Alamy/hémis.fr **195** - © Franck Guiziou/hémis.fr **196** - © Aurélien Brusini/hémis.fr **198** - © Benoit Stichelbaut/hémis.fr **200** - © Gil Giuglio/hémis.fr **203** - © Jean -Marie Liot/hémis.fr **204** - © Kreol West Indies **207** - © Marc Dozier/hémis.fr **209** - © Thierry Grun/Alamy/hémis.fr **210** - © Aurélien Brusini/hémis.fr **211** - © Raphael Salzedo/Alamy/hémis.fr **212** - © Robert Harding/hémis.fr **216** - © Ludovic Maisant/hémis.fr **218** - © Rabouan-Fiori/hémis.fr **220** - © Marzolino/Shutterstock.com **224** - © Hervé Hugues/hémis.fr **226** - © Bertrand Gardel/hémis.fr **231** - © Aurélien Brusini/hémis.fr **233** - © Hervé Hugues/hémis.fr **234** - © Aurélien Brusini/hémis.fr **248** - © Aurélien Brusini/hémis.fr